Karlheinz A. Geißler

# Anfangs-situationen

Was man tun und besser lassen sollte

5. Auflage

*»Nur herein, Ferguson.
Wir haben gerade
über Sie gesprochen«*

Beltz Verlag · Weinheim und Basel

3

*Über den Autor:*

Karlheinz A. Geißler, Jg. 1944, lebt, lehrt und schreibt in München und vielen anderen (möglichst schönen) Orten. Er beschäftigt sich mit den grundsätzlichen Dingen des Lebens, des Lehrens und des Lernens.

Die Deutsche Bibliothek – CIP-Einheitsaufnahme

*Geißler, Karlheinz A.:* Anfangssituationen : was man tun und besser lassen sollte / Karlheinz A. Geißler. – 5., völlig neu bearb. Aufl. – Weinheim ; Basel : Beltz, 1993
  (Beltz Weiterbildung : Training)
  ISBN 3-407-36303-6

5., völlig neu bearbeitete Auflage 1993

Lektorat: Ingeborg Strobel

© 1989 Beltz Verlag · Weinheim und Basel
Herstellung: Klaus Kaltenberg
Satz: Satz- und Reprotechnik GmbH, Hemsbach
Druck: Druckhaus Beltz, Hemsbach
Umschlaggestaltung: Bernhard Zerwann, Bad Dürkheim
Printed in Germany

ISBN 3-407-36303-6

# Inhaltsverzeichnis

Für Jonas,
der noch am Anfang ist,
der viel lacht, weint, hüpft und spielt
und von dem man als Erwachsener
viel über Anfänge lernen kann

PS: und die weiteren Auflagen auch für Tim

Nur immer ein Buch herauszugeben wenn man etwas Rundes zu sagen hat ist menschlicher Stolz, gibt es denn nicht noch mehr Figuren als die Rúnde die alle auch schön sind, die Schlangen-Linie halte ich für ein Buch für die dienlichste und ich hatte schon in dieser Linie geschrieben ehe ich wußte daß Hogarth etwas über dieselbe geschrieben hatte, oder ehe Tristram Shandy seiner Manier *en Ziczac* oder *Ziczac à double Ziczac* bekannt machte, so ohngefähr:

*Lichtenberg, G. Ch.: Sudelbücher, Bd. 1, München 1968, S. 81/82*

# Zum Anfang 1

## Mit dem Anfang stehen wir noch am Beginn

Redewendungen (das sind in unserem Fall Bauernregeln des sein Feld bestellenden Pädagogen) beherrschen die Szene. »Aller Anfang ist schwer«, dies die einem Naturgesetz nahekommende Volksweisheit. Sie entspricht anscheinend in einem solchen Ausmaß unseren Erfahrungen, daß es einer detaillierten Beschäftigung mit dem »Anfang« erst gar nicht bedarf. Nun könnte man es dabei bewenden lassen, ein Buch über »Anfangssituationen« wäre überflüssig.

Aber entgegen einem Trend zum Exotischen in der Pädagogik halte ich das Bekannte, das Selbstverständliche (in dem sich meist mehr Exotisches finden läßt als dort, wo es üblicherweise gesucht wird), für das, was wissenschaftlicher Beschäftigung zuallererst und am allermeisten bedarf. Denn, so Hegel (1970, S. 35), »das Bekannte überhaupt ist darum, weil es *bekannt* ist, nicht *erkannt*«.

Die Aufgabe heißt also in Anlehnung an Bloch (1977, S. 11): Mit einem starken Fernrohr die nächste Nähe durchdringen,

etwa so

Bei Kierkegaard (1847, zitiert nach Kamper 1979, S. 172) findet man ein Motto für dieses Buch:

> »... *Das, was überhaupt die Menschen am wenigsten beschäftigt, ist gerade, was mich am meisten beschäftigt: der Anfang – um den Schluß kümmere ich mich nicht viel –, am wenigsten um das, was vorgeht (...). Es ist der Anfang, von dem ich etwas lernen soll.«*

Nun läßt sich mit Hegel- und Kierkegaard-Zitaten sehr leicht die Erwartung fördern, dieses Buch beschäftige sich auf eher philosophische Art und Weise mit dem Thema »Anfang«. Dies ist nicht der Fall. Ebensowenig aber ist das Thema ausschließlich aus der Perspektive der Wissenschaft von der Erwachsenenbildung behandelt. Dies allein aus dem naheliegenden Grund, daß diese Wissenschaft von der Erwachsenenbildung selbst noch zu sehr an ihrem Anfang steht, als daß ein solches Thema aus ihr heraus alleine sinnvoll zu entwickeln wäre. (Mit dieser Anfangssituation sich näher zu beschäftigen, wäre sicher vielversprechend und auch spannend – aber auch das ist nicht der Inhalt des hier Dargelegten).

Auch meine Ratschläge und Hinweise für die Praxis sind in diesem Sinne zu verstehen. »Alles wirklich Brauchbare besteht aus Aushilfen« (Negt/Kluge 1981, S. 1283), Aushilfen für eine wandernde Baustelle, mit der die Erwachsenenbildung zu vergleichen wäre. Die möglichst reibungs-losen Anfänge sind nicht mein Ziel.

Daher wird der Leser auch kaum Anklänge an die üblichen pädagogischen Handlungsanweisungen (z.B. Schemata) finden. Diese sind mit ihrem rationalistischen Schein pseudokonkret und damit zu praxisfern, um all das Subjektive, das Überraschende, das Unsichere, das Schöne, das Bedrohliche usw. abbilden, erfassen und erklären zu können. Sie zerstören es, anstatt es zu erhalten.

Daher bietet das Buch, »wie eine Bonbonmischung auf dem Markt, ein Bündel von Vorstößen, parallel vorstoßenden Versuchen an; keiner soll das Ganze erklären, sie sollten ein begrenztes Punktlicht sein, dann schon wieder Szenenwechsel. Ich stelle mir vor, daß jeder sich herausnimmt, was er von dieser (...) Pralinenschachtel brauchen kann, und was ihm nicht schmeckt, mag er ausspucken – er muß nur aufpassen, daß er dabei nicht den Kern der Sache zufällig ausspuckt« (Hoffmann-Axthelm 1982, S. 20).

> Im ersten Aufkeimen sind alle Dinge zart und schwach. Gleichwohl muß man mit scharfem Auge auf die Anfänge achten. Denn wie man an einem Dinge, solange es noch klein ist, das Gefährliche nicht entdeckt, so entdeckt man nachher, wenn es ausgewachsen ist, kein Gegenmittel mehr dawider.
>
> *Montaigne, Essais*

## Notwendige Anmerkung zu einem nicht gelösten Problem

Mit einem mir sehr wichtigen Problem bin ich beim Schreiben nicht zu Rande gekommen – auch diese Notiz ist keine Lösung (vielleicht ein schlechter Ersatz für eine Lösung): Es gibt (glücklicherweise) in der Erwachsenenbildung Dozenten und Dozentinnen, Teilnehmer und Teilnehmerinnen. Dies sprachlich auch zum Ausdruck zu bringen, ist mir in den Texten nicht gelungen. Habe ich im Manuskript versucht, an jeder einschlägigen Stelle immer wieder darauf aufmerksam zu machen, daß es zwei Geschlechter gibt, so sträubte sich mein Sprachgefühl gegen diese buchhalterische Zwanghaftigkeit (besonders dann, wenn eines dieser Geschlechter auch noch ein Klammerdasein fristen mußte). Außerdem scheint mir hierdurch nur sehr vordergründig etwas gelöst.

Eine Lösung habe ich nicht.

Auch den Begriff des »Dozenten« halte ich nicht für glücklich, aber auch hierfür ist mir keine bessere Alternative eingefallen. Hinweisen möchte ich jedoch darauf, daß der Begriff ohne den Ballast zu verstehen ist, der ihm aus dem häufigen Gebrauch im universitären Lehrbetrieb anhaftet.

## Kleine, vom Leser zu vervollständigende Charakterkunde des Anfangs

Der **Optimist:**
»So knüpfen ans fröhliche Ende
Den fröhlichen Anfang wir an.« (Kotzebue)

Der **Skeptiker:**
Gibt es ein Leben nach dem Anfang?

Der **Pessimist:**
This is the first day of the rest of your life.

Der **Christ** (als Dozent):
Am Anfang war das Wort. (Joh 1,1)

Der **Wahlkämpfer:**
Wir brauchen einen Neuanfang!

Der **Weitgereiste:**
In Linz beginnt's.

Der **Dialektiker:**
A wie Anfang – Anfang wie A

Der **Ökonom:**
»Der Anfang ist die Hälfte des Ganzen« (Aristoteles: Politik V, 4)

Der **Altphilologe:**
»Dimidium facti, qui coepit, habet.« (Horaz, Episteln I, 2)

Der **Frühaufsteher:**
»Wer das erste Knopfloch verfehlt, kommt mit dem Zuknöpfen nicht zu Rande.«
(Goethe, Maximen und Reflexionen)

Der **Zögerer:**
Erst besinn's, dann beginn's!

Der **Ignorant:**
»Die Anfänge sind immer unschuldig und sogar scheinbar unwichtig.«
(Lem, Die vollkommene Leere, S. 146)

# *Ach ja, die Anfänger* 2

>»Im Anfang war die Erde leer,
Am Ende sind's die Köpfe mehr.«
Matthias Claudius

*Reporter:* Was hatten Sie gleich nach der Geburt für einen Eindruck von der Welt?

*Valentin:* Als ich die Hebamme sah, die mich empfing, war ich sprachlos. – Ich hatte diese Frau in meinem ganzen Leben noch nicht gesehen.

*Karl Valentin*

## Das Ereignis

Ein mit zwei Studienabschlüssen, einer Promotion und etlichen Zusatzqualifikationen hoch dekorierter Erwachsenenbildner mit demokratischer Gesinnung begibt sich voller Engagement in die Praxis.

Erwartungsvoll blicken ihn zweiundzwanzig Personen am ersten Kursabend an. Es sind die leichte Blutleere im Kopf und der Druck in der Magengegend, die das Zurückblicken schwer machen. Er war kein Profi, keiner von denen, die sich meilenweit von ihren Anfängen entfernt hatten. Er war beim Anfangen ein Anfänger.

Die Notsituation ließ ihn einen festen Halt suchen, und diesen fand er im Evangelium des Johannes (die vier Semester Theologie waren doch praxisrelevanter, als er bisher vermutet hatte): »Am Anfang war das Wort«, dies wurde ihm zur Aufforderung, seine Sprache wiederzufinden. (Und daß ihm nicht das Goethesche Motto »Am Anfang war die Tat« einfiel, lag daran, daß er sich in dieser Situation wahrlich nicht faustisch fühlte.)

Und was macht man, wenn man sich unsicher fühlt? Man macht die eigene Unsicherheit zu der der anderen. Dieser Logik folgend wandte sich der Dozent an die Teilnehmer des Kurses (auch Teilnehmerinnen waren darunter, aber die Bedrohung, die von den Anwesenden ausging, ließ eine differenzierte Wahrnehmung nicht mehr zu): »Was«, so seine als Angebot gedachte Formulierung, »was würden Sie gerne als erstes tun: Sich gegenseitig vorstellen, oder soll ich Ihnen erst einmal etwas von mir erzählen, oder wünschen Sie etwas über den Inhalt der Veranstaltung zu erfahren?« Die Antwort: Schweigen – und danach Schweigen, Schweigen, Schweigen. Die Situation wurde bedrückend – für alle. Der Dozent erinnert sich zum zweiten Male: »Am Anfang war das Wort.« Und da es sonst niemand ergreift, tut er es wieder: »Ich schlage vor, wir stellen uns zuerst einmal alle gegenseitig vor ...«

In der nach 60 Minuten folgenden Pause spricht Frau Müller Herrn Huber, den sie bereits aus einem der vorhergehenden Kurse kannte, in der Cafeteria an: »Unser Kursleiter hat ja pädagogisch ganz schön was drauf, so viele Möglichkeiten anzufangen, das imponiert mir.« »Ja«, meint Huber, »drei unterschiedliche Möglichkeiten, aber was hat's ihm genützt?«

## Anfängertypen

Bildungsarbeit, besonders diejenige mit Erwachsenen, besteht zu einem großen Teil in der Bewältigung von Anfangssituationen. Immer wieder wird angefangen – aber wo und wie?

Eben nicht am Anfang, wie dies die Verführung durch den Schöpfungsmythos suggeriert. Wir fangen an, aber nicht am Anfang (und wir ruhen ja auch nicht mehr am siebten Tage aus). Wir beginnen irgendwo in der Mitte, ohne zu wissen, wo diese liegt.

12

Dies ist eine doppelte Herausforderung (als Bedrohung und als Chance): Wir fangen an unseren Anfängen an und müssen doch immer mit den Folgen der bereits vorher stattgefundenen Anfänge umgehen. Mit Böllerschüssen, Knallfröschen, Raketen, Bleigießen und Glockenläuten soll der Anfang lautstark verkündet werden (die alten Geister werden erschreckt – damit Platz für neue da ist, die dann ein Jahr später wieder einen Schreck bekommen werden), und wir greifen dabei auf alte Traditionen zurück. Es hat schon Tradition, daß wir die Anfänge traditionell begehen. Zuviel Anfang, das macht Angst: »Die Erde war ohne Form und leer und Finsternis war auf der Fläche der Tiefe.«

Zwar wollen wir alle immerfort wissen, wer angefangen hat, aber was am Anfang war, das interessiert uns nur selten. Wer übernimmt die Verantwortung für den Anfang (oder wer bekommt sie aufgehalst). »Man kann«, so eine geläufige Gruppendynamiker-Weisheit, »anfangen wie man will, man muß nur die Verantwortung für das, was man macht, übernehmen.« Den Teilnehmern in Gruppen ist egal, wie angefangen wird, sie benötigen nur die Befriedigung ihrer Sehnsucht nach dem guten Hirten, der den Weg durchs soziodynamische Labyrinth weiß und alle freundlich akzeptierend begleitet. Das ist aber manchem »Verantwortlichen« für dem Lehr-/Lernprozeß dann doch zuviel: Was tun?

Der eine bringt das Unvertraute (und damit die unvertrauten Teilnehmer) auf Abstand, indem er den Anfang verschiebt. So wie jener Mann, der sich neue Schuhe kauft und vom Verkäufer darauf hingewiesen wird, daß diese am Anfang etwas drücken könnten. »Macht nichts«, sagt dieser, »ich ziehe sie dann eben erst drei Wochen später an.«

Verschiebt jener den Anfang (illusionär) nach hinten, so versuchen andere, ihn nach vorne zu verlegen: Ein Politiker, der viel unterwegs zu sein hat, soll einmal einem Kollegen in einer vertraulichen Situation gestanden haben, daß er immer am Tage vor seiner Abreise unangenehm aufgeregt sei. Gewohnt, für jedes Problem eine rasche Lösung anbieten zu können, empfahl ihm der Gesprächspartner in Zukunft doch einen Tag früher aufzubrechen. Glücklich derjenige, der solche Ratgeber hat.

In der Bildungsarbeit mit Erwachsenen sind diese Techniken dann pädagogisch legitimiert. Die einen machen einen Vorkurs und versuchen so, einen Anfang vor den Beginn zu schieben. Der Anfang wird quasi geprobt nach dem Motto: »Es ist leichter nicht einzusteigen als wieder auszusteigen.« Der Anfang wird, wie im Buch, durchs Vorwort verschleiert. Tucholskys Ratschlag wird ernstgenommen: »Fangt nie mit dem Anfang an, sondern immer drei Meilen vor dem Anfang!« Die anderen tun so, als gäbe es keinen Anfang, als hätte man schon vieles gemeinsam erlebt und hinter sich gebracht. Es sind jene Dozenten, die den Teilnehmern am Beginn wenig mehr als das »Du« anbieten und damit das Gefühl vermitteln, bereits gemeinsam in jenem Boot zu sitzen, das es erst zu zimmern gilt. Mit Inbrunst schütteln diese auch, bevor man ein Wort miteinander geredet hat, oder weiß, wer da kommt, einem die Hand – manchmal sogar gleich beide. Mag sein, daß das unangenehme Gefühl dabei davon herrührt, daß es sich um eine sozial tolerierte Reduktionsform handelt, die eine Einheit zu besiegeln suggeriert, »indem man die eigene Körpersubstanz in die des anderen fließen läßt« (Fenichel).

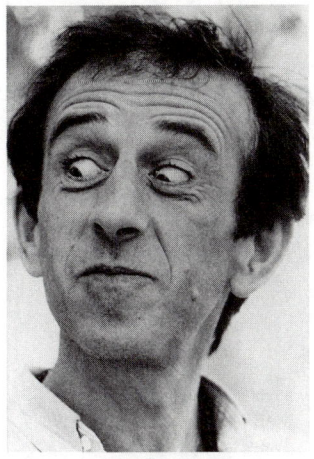

»Über meinen Anfang
mache ich
mit keine Sorgen«
*Paul Valery*

13

**Ein anderer Anfang**

*Same procedure
as every year*

*James:* Good evening,
Miss Sophie, good evening.

*Miss Sophie:* Good evening,
James.

*James:* You are looking
very well this evening,
Miss Sophie.

*Miss Sophie:* Well, I am
feeling very much better,
thank you, James.

*James:* Good, good ...

*Miss Sophie:* Well,
I must say that everything
looks very nice.

*James:* Thank you
very much, Miss Sophie,
thank you.

*Miss Sophie:* Is everybody
here?

*James:* Indeed, they are,
yeah, yes.

*Dinner for one*

Nur in Nuancen unterscheiden sich davon jene Lehrenden, die das, wofür sie bezahlt werden (nämlich die Bedingungen und die Möglichkeiten für einen ertragreichen Lehr-/Lernprozeß zu entwickeln), den Lernenden zuschieben. Sie verfahren wie die Betreiber öffentlicher Verkehrsmittel, die die Verantwortung für das schmerzhafte Straucheln in Anfahrtssituationen ihren Chauffeuren abnehmen und an die Fahrgäste »delegieren«. Sie befestigen Schilder, die eine auf dem Markt demnächst zu erwartende Dozentenversicherung wahrscheinlich auch für Räume, in denen Lehr-/Lernprozesse stattfinden, zur Auflage machen wird, wie z.B.: »Jeder Fahrgast ist verpflichtet, sich einen festen Halt zu verschaffen.« Ja wie denn, wenn der Nachbar auch nicht weiß, woran er sich festhalten soll? Oder wenn der Fahrer es den Fahrgästen zeigen will, wie gut er es mit dem Individualverkehr aufnehmen kann. Das Wissen um den Sachverhalt, daß »anfangen« ursprünglich die Bedeutung von »anfassen« hatte, darf man den Verursachern solcher Schildermalerei getrost verweigern.

Da gibt es aber auch noch den dritten Typus von anfangenden Dozenten. Ihnen liegen die Anfänge. Sie ziehen Gewinn aus dem Hausherrenbonus am Beginn sozialer Prozesse, die ja einer psychosozialen Notsituation ähnlich sind. Hier können sie sich als Retter aufspielen, als jene Mächtigen, die sich der Chancen einer Anwendung von Notstandsgesetzen bewußt sind. Allen wird immer versichert: »Wir wollen ja nur Euer bestes.« Solche Dozenten brauchen die mit diesem Hausherrenbonus gekoppelte erhöhte Aufmerksamkeit, den großen Einfluß und die idealen Selbstdarstellungsmöglichkeiten. Sich an den Schöpfungs- und Stiftungsmythen orientierend, treten sie in den mikrokulturellen Nullagen als jene auf, die Himmel und Erde, Tag und Nacht, Gut und Böse trennen, die das Chaos zum Paradies zu machen versprechen und Ordnung (ihre Ordnung) für alle stiften. Diesen Typus trifft man noch in einer machiavellistischen Variante an: »Alles Schreckliche muß am Anfang stehen.« Entsprechend treten diese Dozenten als der personifizierte Urknall in die interaktive Leerstelle ein, um die manchmal enttäuschte Hoffnung zu provozieren, daß sich daraus produktive Ordnung entwickeln würde. Ahnend, daß der Gruppenanfang einem unbeleuchteten Raum gleicht, in dem sich die Teilnehmer vorsichtig tastend aufeinander zubewegen, setzen solche Dozenten den grellen Blitz, der aber leider häufig nicht zur Erleuchtung, sondern nur zur Blendung führt. Die Angst, die sie selber haben, die jagen sie den anderen ein – das kennt man ja aus vielerlei Erfahrungen (auch bei sich selbst).

Solche Erfahrungen scheint schon Flaubert gemacht zu haben: »... jetzt rückt wieder der Schulbeginn ran mit seiner beschissen steifen Miene ... Was soll's, scheiß' der Hund drauf.« (Brief an E. Chevalier vom 28.9.1834)

# Der Anfang als Fall: 3
## Zwei Beispiele

»Und doch ist der Anfang von etwas seit je dazu geeignet zu verführen, wie nichts sonst. Er ist das Versprechende schlechthin und der Trost gegen das Abgestandene, daß es nicht bleiben muß.«

*E. Bloch*

Frau Müller und Herr Meier (der Verbreitung dieser Namen korrespondiert die Häufigkeit der gezeigten Handlungsmuster in Anfangssituationen von Lehr-/Lernprozessen) bieten an der örtlichen Volkshochschule je einen Kursus »Englisch für Anfänger« an. Das Interesse dafür ist, nimmt man die Zahl der Anmeldungen als Indikator, recht hoch. Je 22 Teilnehmer haben sich für beide Veranstaltungen, die sich über ein Semester erstrecken und die jeweils donnerstags von 19.30–21.00 Uhr stattfinden werden, eingeschrieben. Beide Dozenten, Herr Meier und Frau Müller, sind anerkannte und ausgewiesene Fachleute auf ihrem Gebiet (Lehrer am Gymnasium für das Fach »Moderne Fremdsprachen« bzw. promovierte Anglistin). Beide haben sich – unabhängig voneinander – auf diese nebenberufliche Beschäftigung in der Volkshochschule vorbereitet, und dies besonders intensiv, da sie erstmalig in der Erwachsenenbildung tätig werden. Trotz dieser vielfältigen Gemeinsamkeiten verlief bei Herrn Meier der erste Kursabend vollkommen anders als bei Frau Müller.

## Herr Meier betrat den Raum …

Herr Meier betrat, zwei Bücher und einige lose Blätter unterm rechten Arm, den in der Kursankündigung angegebenen Raum in der Hauptschule des Ortes pünktlich um 19.30 Uhr. 18 der 22 eingeschriebenen Teilnehmer waren anwesend. In dem mit 32 Plätzen ausgestatteten Raum wurden jene Zweiertische von den anwesenden Teilnehmern bevorzugt, die sich in deutlicher Entfernung vom Lehrer-/Dozentensitzplatz befanden. Einige wenige Teilnehmer saßen alleine am Tisch, die meisten zu zweit, und für vier Teilnehmer war es wichtig, so nahe beieinander zu sitzen, daß sie zwei Tische zusammenrückten. Für Herrn Meier entstand hinsichtlich seines Platzes im Raum keinerlei Entscheidungsproblem, zu deutlich waren ein Tisch und ein Stuhl, dieser als einziger mit Armlehne ausgestattet, von den anderen Tischen und Stühlen räumlich abgegrenzt.

So eindeutig und unzweifelhaft waren die Sitz- und Blickrichtung der im Raum anwesenden Teilnehmer auf diesen Ort ausgerichtet, daß – auch dann, wenn Herr Meier seine eigene Lokalisation im Raum als Problem gesehen hätte – er kaum anders hätte handeln können, als gerade diesen räumlich hervorgehobenen Platz für sich in Besitz zu nehmen. Herr Meier legte seine zwei mitgebrachten Bücher und die losen Blätter vor sich auf den Tisch, streifte die Armbanduhr ab und legte sie in den für sein Wahrnehmungsfeld günstigsten rechten oberen Tischquadranten.

Er sagte, relativ schnell und etwas zu leise, »guten Abend« und setzte sich. Waren die Gespräche zwischen den Teilnehmern, an denen sich nicht alle Anwesenden beteiligten, schon beim Hereinkommen von Herrn Meier weitgehend verstummt, so schauten jetzt auch jene vier Teilnehmer erwartungsvoll angespannt zum Dozenten Meier, die sich sichtbar als Untergruppe deutlich gemacht hatten. In dieser Situation fiel Herrn Meier der »Sicherheitsabstand« zwischen ihm und den Teilnehmern auf: »Meine Damen und Herren, hier vorne sind noch genügend Plätze frei, ich fände es schön, wenn Sie etwas mehr nach vorne rücken könnten.« Unterstützt wurde diese Bitte durch eine Handbewegung, die die freien Plätze markierte und die den Vorgang des Heranrückens abbildete. In dieser Weise angesprochen, standen, sichtbar mehr widerwillig als erfreut, drei an ihren Tischen vereinzelt sitzende Teilnehmer auf und gingen nach vorne. Die übrigen Teilnehmer blieben auf ihren Plätzen, so daß der Erfolg der Aufforderung (ebenso wurde dies auch von Herrn Meier interpretiert) als zweifelhaft angesehen werden mußte. Nur ganz kurz kam dann bei Herrn Meier die aus der Enttäuschung über die weitgehend abgeschlagene Bitte entstandene Idee auf, das Ganze mit mehr Aufforderungscharakter zu wiederholen. Doch das Risiko, daß es auch beim zweiten Mal nicht zu dem von ihm gewünschten Ergebnis kommen könnte, schien ihm doch zu hoch. So war der von ihm verspürte Druck, all die vielen Dinge auch noch erledigen zu müssen, die er sich in seiner intensiven Planung vorgenommen hatte, auch soweit problemlösend, daß er mit einem guten Pädagogengewissen das Thema zu wechseln begann.

Es war noch einiges zu tun, speziell solches, was ihm von dem Institutionsvertreter aufgetragen worden war, und dessen Wichtigkeit von ihm hoch eingeschätzt wurde. Herr Meier prüfte also die Anwesenheit und verglich die Namen der eingeschriebenen Teilnehmer mit jenen der Anwesenden. Er tat dies, indem er anhand der ihm zugeschickten Vorlagen in alphabetischer Folge jeweils einen Vor- und Zunamen vorlas und wartete, ob der jeweilig benannte Teilnehmer mit einem meist sehr rasch ausgerufenen »hier« (einige sagten »ja«) signalisierte, daß er auch da sei. Herr Meier hakte ab. Wichtiger als die Zuordnung von Namen und anwesenden Personen war ihm dabei die exakte Erfüllung der bürokratischen Vorgaben. Es war daher auch kein Problem für ihn, am Ende dieses Vorganges festzustellen, daß von den Eingeschriebenen zu Beginn der ersten Stunde einige nicht anwesend waren.

Als ohne vorheriges Klopfzeichen eine Frau die Tür öffnete und hereintrat, fragte Herr Meier sie sofort, noch bevor sie einen Platz gefunden hatte, nach ihrem Namen. Seine Reaktion auf die erschrocken wirkende Erfüllung seiner Aufforderung war der ihn entlastende Haken hinter dem genannten Namen auf der noch vor ihm liegenden Liste. Ergänzt wurde dieses Verfahren durch die exakte Erledigung dessen, was dem »verehrten Herrn Dozenten Meier« von einem ihm unbekannten Institutionsvertreter in einem vervielfältigten Schreiben aufgetragen wurde; insbesondere einiges zu den Kursgebühren. Herr Meier entlastete sich dadurch, daß er die einschlägigen Absätze des an ihn gerichteten Briefes vorlas. Man merkte ihm an, daß er (besonders dort, wo es das Geld betraf) durch die Form, durch die er die Rahmenbedingungen des Kurses bekanntgab, zu diesen auf Distanz ging. Daß er hier nur die Funktion eines Erfüllungsgehilfen ausübte, wollte er die Anwesenden auch spüren lassen. Verstärkt wurde dieser Eindruck durch die »Übergangsformulierung«, daß er nun mit den leider nicht zu vermeidenden organisatorischen Hinweisen am Ende sei und man endlich »anfangen« könne.

Mit einem flüchtigen Blick auf die Uhr nahm Herr Meier eines seiner beiden Bücher in die Hand und hob es, sichtbar bemüht, es allen Teilnehmern auch zu zeigen, in die Höhe. Dies nun, so Herr Meier, sei das Buch, das sie sich alle zulegen müßten, nicht vergessend, daß er für einen Sonderpreis bei einer Sammelbestellung von mindestens zehn Stück sorgen könne. Nach diesem Buch, so Herr Meier, werde im Kursus vorgegangen. Eine Tafelanschrift, die Autor, Titel, Verlag sowie Preis nannte, ließ den Kauf für alle unverzichtbar erscheinen.

Er wolle nun mit dem ersten Abschnitt beginnen, sagte Herr Meier, und verteilte Fotokopien der ersten beiden Seiten aus dem Lehrbuch, da er ja davon ausgegangen sei, daß das Buch noch nicht im Besitz der Anwesenden wäre. Die durch das Ausgeben der Blätter entstandene Unruhe war ursächlich durch die (nur informell geäußerte) Idee entstanden, daß es doch ideal sei, wenn man immer so gezielt vom Dozenten versorgt werden würde und man den Kauf des Buches auf diese Weise möglicherweise sparen könnte. Aber dies wurde nicht offizielles Thema. Der Dozent Meier ergriff, zehn Minuten nachdem er den Raum betreten hatte, erneut das Wort, die erste Lektion begann, und der Kursus nahm »seinen« Verlauf …

> »Es gibt Leute, die glauben, alles wäre vernünftig, was man mit einem ernsthaften Gesicht tut.«
>
> *Georg Christoph Lichtenberg*

## Frau Dr. Müller betrat den Raum …

Für Frau Müller war die äußere Situation vergleichbar. Auch zu ihrem Kursus meldeten sich 22 Teilnehmer an, von denen 18 anwesend waren, als die Dozentin Müller die Lehr-/Lernsituation durch ihr Erscheinen eröffnete. Frau Müller – im Unterschied zu Herrn Meier ohne Bücher und ohne sonstiges Material, jedoch mit einer Handtasche ausgestattet – betrat den Raum. Auch ihr fiel sogleich auf, daß sich die anwesenden Teilnehmer vornehmlich auf diejenigen Plätze gesetzt hatten, die von dem für den Lehrer/Dozenten vorgesehenen Stand- bzw. Sitzort möglichst weit entfernt waren. Auch sie interpretierte, nachdem sie sich zu dem für sie vorgesehenen Platz begeben, sich aber noch nicht hingesetzt hatte, die auffällige Distanz zwischen sich und den Teilnehmern als »Sicherheitsbereich«, der nicht zuletzt aus der Unsicherheit der Anwesenden darüber zu erklären war, nicht zu wissen, was denn auf sie zukommen würde.

Diesen Eindruck nun formulierte Frau Müller sogleich, nachdem sie allen einen »guten Abend« gewünscht hatte. »Ich bin etwas weit von Ihnen entfernt und muß immer, wenn ich hier vorne bleibe, über mehrere leere Tische hinwegreden, um Sie anzusprechen.« Sie fuhr, ohne die Reaktion der Teilnehmer abzuwarten, mit einem konstruktiven Vorschlag fort, der auch als eine Erklärung ihrer gleichzeitig ablaufenden Handlungsweise gelten konnte: »Ich werde einen der freien Tische und Stühle dort nehmen und mich näher zu Ihnen setzen, und ich fände es gut, wenn auch Sie die Distanz zu den übrigen Teilnehmern und zu mir verringern.« Während Frau Müller diesen Satz formulierte, führte sie die von ihr beschriebene Handlung auch aus. Einige Teilnehmer rückten geringfügig ihre Tische

und Stühle in Richtung auf den neuen Platz der Dozentin Müller. Dieser fiel es schwer zu beurteilen, ob dies eine mehr symbolische Handlung der Teilnehmer war, die die Akzeptanz ihrer eigenen Aktion zum Ausdruck brachte oder ob dies als eine vom Widerstand gekennzeichnete Pflichtübung der Teilnehmer gegenüber der Dozentenautorität zu verstehen war. Obgleich Frau Müller der ersten Interpretation zuneigte, denn sie empfand Erleichterung und Freude, versuchte sie sich auf keine der beiden Alternative als Deutung des Interaktionsgeschehens festzulegen.

Der Aussage, »ich finde, so wie wir jetzt zueinander sitzen, ist es sehr viel angenehmer«, schloß sie den Wunsch an, nun erfahren zu wollen, mit wem sie denn dieses Semester zusammen arbeiten würde. Sie würde z.B. gerne wissen, wie die Teilnehmer denn hießen, wer von den Anwesenden andere Teilnehmer bereits kennen würde, warum sie hergekommen seien, was sie mit ihren erhofften Englischkenntnissen später anfangen wollten. Beginnen, so Frau Müller, wolle sie, indem sie etwas von sich, ihrer Person und ihren Vorstellungen bezüglich dieses Kurses sagen möchte. Sie berichtete, daß sie diese Dozententätigkeit hier neben ihrem Hauptberuf als Anglistin ausübe, erstmalig an der Volkshochschule arbeite und vom örtlichen Leiter der Volkshochschule anläßlich einer Ausstellungseröffnung im Stadtmuseum »nebenbei« angesprochen worden sei, ob sie nicht Interesse habe, im nächsten Semester einen Englischkursus durchzuführen.

Lange, so Frau Müller, habe sie sich das überlegt, da dies eine Belastung für ihre Familie, besonders für ihre beiden 10 und 12 Jahre alten Kinder darstellen würde; erst nach Absprache mit ihrer Familie habe sie sich entschlossen, das Angebot des Volkshochschulleiters anzunehmen. Sie interessiere sich dafür, mit Erwachsenen zu arbeiten, da hier die Inhalte weniger als in der Schule an einem vorgegebenen Lehrplan ausgerichtet werden und man mehr von den Interessen und Wünschen der Teilnehmer ausgehen könne.

Frau Müller war stolz auf diese gelungene Überleitung, denn sie bat anschließend die Teilnehmer, bei ihrer individuellen Vorstellung über den Grund ihres Kursbesuches auch etwas zu sagen; dies wäre für sie und das, was sie ihnen anbieten möchte, sehr wichtig. Um ihrer Bitte handelnd Nachdruck zu verleihen, sprach sie sogleich die ihr am nächsten sitzende Teilnehmerin an und bat sie, sich vorzustellen und die Motive ihres Kursbesuches zu erläutern. Entsprechend der Offenheit, die Frau Müller bei ihrer Vorstellung zeigte, nannten die Teilnehmer ihre Namen und schilderten die sehr verschiedenartigen Gründe, die sie bewogen hatten, an dem Kursus teilzunehmen.

Aus diesen Motiven ergaben sich auch erste Hinweise auf die Erwartungen an das Lernergebnis. Für die Beteiligten war es nicht so sehr der genannte Name als vielmehr der geäußerte Grund ihres Kommens, der die Identifikation des einzelnen in dieser Situation erleichterte. Alle Anwesenden wußten jetzt z.B., daß die beiden Teilnehmer, die ganz hinten rechts in der Ecke saßen, nicht freiwillig gekommen waren, sondern daß ihr Personalchef sie mehr oder weniger dazu verpflichtet hatte, wenn sie für den zweimonatigen Auslandsaufenthalt (Montage) in Indien in die engere Wahl kommen wollten. Dafür übernahm auch der Betrieb die Kosten ihres Kursbesuches. Deutlich wurde auch, daß die Mehrzahl der Teilnehmer eher aus privaten Gründen am Volkshochschulkurs teilnahm, so z.B. um sich im nächsten Urlaub besser verständigen zu können, um die Kinder bei Hausaufgaben in Englisch zu unterstützen usw. Zwei nebeneinander sitzende und offensichtlich gut bekannte Teilnehmerinnen nannten keine direkten Verwertungszwecke. Ihnen war bei der Vorstellung wichtig hervorzuheben, daß sie bereits seit sechs Jahren gemeinsam Kurse an der Volkshochschule besuchten und sich diesmal entschlossen hätten, einen Englischkursus zu belegen.

Kurz unterbrochen wurde die Reihumvorstellung durch einen neu hinzukommenden Teilnehmer, der nach einem Blick in den Raum, irritiert durch die für eine Lehrveranstaltung für ihn ungewohnte Sitzordnung, fragte, ob dies der Englisch-Anfängerkurs sei. Frau Müller bestätigte dies und bat ihn, sich zu ihnen zu setzen. Sie erklärte ihm, daß man gerade bei der gegenseitigen Vorstellung sei und auch er etwas über sich sagen solle, nachdem die anderen Teilnehmer dies getan haben würden.

Frau Müller schloß dann die Phase der Vorstellung mit dem auf nur mäßig Resonanz stoßenden Vorschlag ab, nachzufragen, wenn jemand noch Zusätzliches wissen möchte. Die zwei hierauf folgenden Teilnehmerinitiativen beschränkten sich allerdings darauf, man möge jene Namen wiederholen, die nicht verstanden worden waren.

Die kurze Schweigesituation danach sah die Dozentin Müller als günstige Gelegenheit an, den Teilnehmern mitzuteilen, daß sich 22 Personen eingetragen hätten und daß, wie sie ja feststellen könnten, drei nicht gekommen seien. Sie fragte die Anwesenden, ob sie von dem einen oder anderen der drei wüßten, warum diese nicht hätten kommen können. Einer der beiden vom Betrieb zum Kursus Verpflichteten bemerkte daraufhin, daß sie sich zu dritt eingeschrieben hätten, der Arbeitskollege Huber jedoch den Betrieb zu wechseln gedenke und daher nicht zum Kursus kommen werde. Frau Müller zog die von der Institution zugeschickte Einschreibliste aus ihrer Handtasche und strich den Namen Huber durch. Sie informierte die Teilnehmer, daß es sich bei diesem Papier um die Liste der angemeldeten Teilnehmer handele, die sie von der Leitung der Volkshochschule erhalten hätte, und daß es auch noch Organisatorisches zu klären gebe, sie dafür aber gerne die letzten zehn Minuten dieser heutigen Kurseinheit benutzen wolle.

Und nun, so fuhr Frau Müller fort, nachdem man schon etwas mehr von jenen wisse, mit denen man in den nächsten Monaten Englisch lernen werde, möchte sie einiges über ihre Vorstellungen bezüglich des Kurses, über die Rahmenbedingungen, die möglichen Inhalte und besonders über die Methoden der Vermittlung und die Art des Umgangs miteinander sagen. Dies dauerte ca. 15 Minuten und war so offen formuliert, daß Möglichkeiten zum Nachfragen gegeben waren, die auch genutzt wurden. Betont wurde von Frau Müller nochmals sehr deutlich ihre Absicht, die sichtbar gewordenen verschiedenen Motive für den Kursbesuch und die individuellen Ziele der Teilnehmer zu erfüllen. Frau Müller hob hervor, daß solches nur gemeinsam möglich sei und daß die Zielerreichung nicht ausschließlich in ihrer Verantwortung liegen würde. Dieses demonstrierend fragte sie die Teilnehmer, wie sie sich denn den Kursus und die Rolle der Lehrenden dort vorgestellt hätten. Die Antworten kamen nach einer längeren Schweigephase sehr zögernd, zunehmend aber entwickelte sich ein intensives Gespräch; hierbei wurde u.a. auch Widerspruch gegen einzelne Teilnehmeräußerungen erstmalig in Worten ausgedrückt. Frau Müllers Aufgabe bestand mehr und mehr darin, die Diskussion zu strukturieren. Die Dynamik dieses Gesprächs wurde von ihr nur mit Anstrengungen (und nach dreimaligem Anlauf) so weit reduziert, daß sie sich Gehör für den Vorschlag verschaffte, die einzelnen Gesichtspunkte und die Personen, die diese vertraten, an der Wandtafel zu notieren.

Dies nahm einige Zeit in Anspruch. Frau Müller jedoch hatte mit einem irgendwie »schnelleren Vorgehen« gerechnet. Da sie auch von den Teilnehmern vermutete, daß diese zunehmend unter »Zeitdruck« standen und von ihr erwarteten, daß sie endlich mit der ersten Lektion beginne, machte sie ihr Vorgehen zum Thema. Mit der ersten Lektion, so Frau Müller, werde sie erst am folgenden Donnerstag beginnen. Dies deshalb, weil sie sich auf die Teilnehmer, deren Interesse, deren Ziele und Wünsche einstellen und die Lehrinhalte bis zum nächsten Donnerstag auch danach aufbereiten wolle. Außerdem halte sie es ja für eine etwas absurde Situation, daß 20 Personen vorhaben, kontinuierlich etwas miteinander zu lernen, ohne daß sie sich kennen würden. Hierfür bräuchte man eben etwas Zeit. Diese Situationsanalyse, die ja auch eine Rechtfertigung des Handelns von Frau Müller war, wirkte für die Teilnehmer in der Tat erleichternd, obgleich damit bei ihnen nicht alle Zweifel ausgeräumt waren, ob dies wohl ein »richtiger« Anfang war.

*Oben rechts: Der Autor am Anfang seiner Bildungskarriere (5.4.1951)*

## Zwei Anfänge – was weiter?

Zwei unterschiedliche Anfangssituationen, jedoch keine ungewöhnlichen. Welche von den beiden ist besser? Welche sinnvoller? Welche genügt den Kriterien »guter« Erwachsenenbildung (welche sind dies?) eher?

Fragen, die wohl jeder, der in der Bildungsarbeit tätig ist, sogleich an die Lektüre dieser beiden Fälle anschließt und die zeigen, daß das Anfangen eine immer wieder von neuem zu bewältigende, eine unter hoher Unsicherheit stehende, eine risikoreiche, abenteuerliche Leistung ist. Daß Antworten darauf so eindeutig und kurz sind wie die Fragen, wird wohl kaum erwartet (und würde das Vorhaben, darüber ein ganzes Buch zu schreiben, lächerlich erscheinen lassen).

Es sind, wie aus der Gliederung ersichtlich, einzelne (nicht immer miteinander verbundene) Aspekte, über die ich brauchbare Antworten zu finden versuche. Übergreifend jedoch sind es die zwei folgenden grundlegenden Perspektiven, die die weiteren Ausführungen bestimmen:

*1. Was macht das Spezifische des Anfangs aus, was geschieht in Anfangssituationen, was ist das Generelle der Situation »Anfang in Bildungsprozessen« (Erwachsenenbildung)?*

Und darauf aufbauend:

*2. Welches sind die Folgen, die potentiellen Folgen von pädagogischen Handlungen in Anfangssituationen? Welche Probleme sind pädagogisch anzugehen, und wie können sie angegangen werden?*

Liegt der Schwerpunkt der ersten Perspektive mehr auf der Analyse (vgl. die Kapitel 4–6), so jener der zweiten auf dem adäquaten Dozentenhandeln in Anfangssituationen (vgl. besonders die Kapitel 7–13). Beides nun wird im Text, ebenso wie in der Realität und den daran orientierten beiden Falldarstellungen, nicht randscharf voneinander getrennt.

Erst die Kombination beider Gesichtspunkte, in dem aus der Analyse Aspekte fürs didaktische Handeln und aus der praktischen Erfahrung Aspekte für die Analyse gewonnen werden, macht das Geschriebene auch für den sogenannten Praktiker in der Erwachsenenbildung fruchtbar.

Die soziale Situation »Anfang« und deren sinnvolle Bewältigung wird im Mittelpunkt der Betrachtung stehen. An den beiden »Anfangs-Fällen«, dem mit Herrn Meier und dem mit Frau Müller, will ich dies in einem ersten Versuch verdeutlichen.

Herr Meier macht die sozialen Probleme seiner Anfangssituation nur in Ansätzen zum

Wer steilen Berg erklimmt,
hebt an mit ruhigem Schritt.
(Norfolk)

*Shakespeare,
König Heinrich VIII. I, 1*

Zentrum seines Handelns. Er ist speziell daran interessiert, sehr schnell »zur Sache« (zum Inhalt) zu kommen und nimmt an, daß dies die Kursteilnehmer ebenso wünschen. Wichtig ist für ihn das zu vermittelnde Fachwissen; darauf hat er sich gründlich vorbereitet. Unter mehreren Konzepten, wie man den Englischunterricht für Anfänger systematisch gestalten kann, hat er das ihm am geeignetsten erscheinende ausgewählt. Dies ist sein Orientierungsmaßstab in der ersten Kurseinheit und wird es auch voraussichtlich in den folgenden Stunden bleiben.

Diese didaktische Konzeption läßt zwar einigen Spielraum für die Teilnehmerbedürfnisse im Kursus; zentrales Erfolgskriterium des Unterrichts ist die möglichst vollständige Realisierung jener Systematik, die dem »Erlernen der englischen Sprache« (in dem Konzept, für das sich der Dozent Meier entschieden hat) zugrunde liegt. So wie die institutionellen Kontrollbedürfnisse (in unserem Beispiel die Liste mit den Namen und die Überprüfung der Anwesenheit mit dem Hinweis auf die Entrichtung der Kursgebühr) in einer solchen Perspektive als störend, mindestens aber als Verzögerung des »eigentlichen« Anfangs von Herrn Meier interpretiert wird, so ist alles das, was vor dem Beginn der ersten Lektion abläuft, zwar notwendig, aber doch eben nicht der »Anfang«.[1]

Ordnet man einen solchen Anfang, wie ihn der Dozent Meier in unserem Beispiel realisiert, einem Kurstypus zu, so ist dies sicher der in der Erwachsenenbildung (aber auch in anderen Bildungsbereichen wie z.B. dem der Schule) am meisten praktizierte, der übliche. Der vom Dozenten angebotene *Fachinhalt* (es ist das, was die Teilnehmer als das für sie notwendige Wissen interpretieren) bestimmt den sozialen Umgang in der Lehr-/Lerngruppe. Die Variationsbreite dieses Veranstaltungstyps besteht besonders dort, wo es den Dozenten in unterschiedlicher Art und Weise gelingt, die feststehenden Inhalte interessant, abwechslungsreich und originell durch Verfahren und Methoden zu vermitteln. *Vernachlässigt* wird (dies sicher bewußt und gezielt), wie das Beispiel des Kursanfangs von Herrn Meier zeigt, das *besondere Interesse* der einzelnen Teilnehmer, die Umsetzung der Inhalte in deren Lebens- und Verwertungssituationen. Der häufig aus der Wissenschaft gewonnene Lerngegenstand und dessen Sachstruktur (in unserem Beispiel die englische Sprache) haben Priorität gegenüber allem anderen innerhalb der Lernsituation, z.B. gegenüber individuellen Interessen, gegenüber subjektiven Problemlagen, spontanen Wünschen; letztlich gegenüber individueller, sozialer und gesellschaftlicher Realität, die im Kursus unmittelbar und/oder vermittelt vorhanden ist.[2]

1  »Wann fangen wir denn endlich an« ist ja auch die häufig gehörte (oder aus Mimik und Gestik ablesbare) Frage der Teilnehmer, die dem Vorgehen von Herrn Meier spiegelbildlich entspricht.
2  Nun wird zwar gesellschaftliche Realität über die Fachinhalte zu berücksichtigen versucht, diese erhält jedoch hierdurch notwendigerweise eine andere Perspektive und einen anderen Stellenwert, als wenn sie selbst Ausgangspunkt des Lernprozesses werden würde.

24

Die Grobstruktur der Rollenverteilung (Kompetenzverteilung) im Lehr-/Lernprozeß ist, ohne daß dies zum Thema gemacht worden wäre, handelnd entschieden worden: Der Dozent ist der Fachmann (für das angebotene Thema), der die soziale Situation des Kurses maßgeblich aufgrund seiner Fachautorität strukturiert – und zwar ausgerichtet an jenen Notwendigkeiten, die aus der inhaltlichen Sachstruktur gewonnen wurden. Die Teilnehmer sind in der Komplementärsituation. Ihre Aufgabe ist es, das angebotene Wissen aufzunehmen, sich anzustrengen, es zu verstehen und im Falle nicht gelungener Vermittlung nachzufragen. Im übrigen haben sie sich in die von der Expertenrolle des Dozenten bestimmte soziale Struktur einzupassen.

Für Frau Müller, die Dozentin im zweiten Fall, ist anderes (besser: auch anderes) zu Beginn des Lehr-/Lernprozesses wichtig. Ein zentraler Schwerpunkt für sie sind die Handlungsmöglichkeiten, die Interessen, die Wünsche, die Hoffnungen der einzelnen *Teilnehmer* – und ihre eigenen ebenso (diese werden z.B. dort deutlich, wo Frau Müller ihrem Impuls, sich zu den Teilnehmern zu setzen, nachgibt). Die Dozentin Müller deutet zu Beginn des Kurses an, bzw. sie läßt es die Teilnehmer erfahren, daß sie die soziale Situation »Englisch für Anfänger« vom Denken, Wollen und Handeln der Teilnehmer mitstrukturieren lassen möchte. Die Lebenssituation der Teilnehmer (Problemstellungen der Alltagspraxis), die aktuelle Kurssituation und der Fachinhalt (sowie dessen System) gemeinsam bilden die Grundlage der Situationsgestaltung. Zwar sind auch hier die Rollen von Lehrendem und Lernenden unbestritten, die Kompetenzen hinsichtlich der Bestimmung des Lernininhaltes (Auswahl, Eingrenzung, Breite, Tiefe usw.) liegen jedoch nicht ausschließlich bei der Lehrenden. Es ist, wenn dies auch in der Fallsituation nicht eindeutig dargestellt wurde, zu vermuten, daß sich die Teilnehmer an der Inhaltsauswahl beteiligen sollen und daß die Dozentin sich für die Erreichung der Kursziele mitverantwortlich fühlt, also kein allgemeines »gleich-gültiges« Ziel, das von allen gleichermaßen und möglichst optimal zu erreichen ist, vorgibt.

Das dies eine komplizierte Balancearbeit speziell in Anfangssituationen ist, wird die Gestaltung der sozialen Situation zum zentralen Problem. Dafür ist Zeit notwendig – im Beispiel wird sie auch genommen – und dafür ist es nötig, daß die soziale Situation selbst zum Inhalt (Thema) eines Lehr-/Lernprozesses wird.

### An-Fang

»Wie war das eigentlich mit dem ersten Schultag? Hatte man uns nicht gesagt, daß wir nun lernen werden? Waren wir nicht am ersten Schultag elend enttäuscht, daß wir nicht lernten, daß wir ungelernt nach Hause entlassen wurden? War nicht die Frage der Mutter, was wir nun gelernt hätten, so etwas wie eine Beleidigung? Hätten wir nicht am ersten Schultag erkennen können, was auf uns zukommt? Haben wir vielleicht am ersten Schultag nichts gelernt, weil noch nichts prüfbar war? Hatte uns die Mutter nicht eine andere Schule versprochen? Waren wir nicht alle – auch jene, die später »faule« Schüler waren – unheimlich darauf erpicht, zu lernen, zu lernen, zu lernen?

War dieser erste Schultag vielleicht nicht so etwas wie der Abschied von der Lernwilligkeit? (…)

Die ersten Stunden in der Volksschule beginnen mit Beleidigungen. Der Erstkläßler hat erwartet, daß er mit seinem Schuleintritt jetzt auch zu den »Großen« gehöre. Er begegnet nun aber einem kindischen Gesprächston, wie er ihn von seiner Mutter zu Hause längst nicht mehr kennt. Er lernt nicht – was ihm versprochen wurde – das A und das B und das C, sondern er wird mit kindischen Spielen scheinbar zum Lernen verführt. Er wird von Anfang an wie einer behandelt, der nicht lernen will. Er wird vorerst zur Lern-Unwilligkeit verführt. Man nennt das Didaktik oder Methodik, und diese Methodik hat Methode.«

*Bichsel, P.: Arbeitserziehung. Die heutige Schule als Ersatz für die Kinderarbeit. In: Freibeuter Nr. 5, 1980, S. 77/78*

# Die Soziodynamik von Anfangssituationen

# 4

»Beisammen sind wir,
fanget an!«

J.W. Goethe, Faust

Und wie dies zu machen ist,
das steht auch dort:

»Am Anfang war die Tat«

Anfangssituationen ähneln sich trotz der Verschiedenheit von Teilnehmer und Dozenten, trotz der Unterschiede in der Themenstellung, in der Zielsetzung und den räumlich-zeitlichen Bedingungen. Um diese *Gemeinsamkeiten* soll es in diesem Abschnitt gehen.

## Die übliche Situation

Im Anfange schuf Gott Himmel und Erde / und die Erde war ohne Form und leer / und Finsternis war auf der Fläche der Tiefe.

Die Teilnehmer betreten den Veranstaltungsraum vereinzelt und setzen sich meist in »angemessener Entfernung« voneinander an Tische. Sie sagen leise und etwas verlegen beim Hereinkommen zu den bereits Anwesenden »Guten Tag«, holen ihre Unterlagen heraus, blättern darin, schauen im Raum umher, und wenn der Dozent einen, besser: seinen Platz eingenommen hat, ist die gesamte Aufmerksamkeit auf ihn gerichtet. Er bestimmt den Anfang, und dies erwarten auch die Teilnehmer. Anders als von den übrigen am Lehr/Lernprozeß Beteiligten wird vom Dozenten, ohne daß dies verbal ausgedrückt wird, verlangt, daß er Kommunikationsangebote an die Teilnehmer macht, daß er initiativ wird, um die für den Lehr-/Lernprozeß notwendigen sozialen Beziehungen aufzubauen. Die Form, die Intensität solcher Angebote wird abgewartet, zögernd wird darauf reagiert, meist nur durch Mimik und Gestik. Der Dozent äußert sich in dieser Situation vorsichtig, die Teilnehmer verhalten sich ebenso zurückhaltend, distanziert, unauffällig und beobachtend.

Was sind nun, so die Frage, der hier weiter nachgegangen werden soll, die *sozialen Momente einer solchen Situation*, die sich so häufig wiederholt, auch wenn sie schon oftmals erlebt und durchlebt wurde? Alle am Lehr-/Lernprozeß Beteiligten, Teilnehmer und Dozenten, befinden sich in einer gefühlsmäßig sie bestimmenden gemeinsamen Situation. Keiner kann sich dieser sozialen Grundstimmung entziehen. Auch dann nicht, wenn er vorinformiert ist oder bereits viele Anfangssituationen in Bildungsveranstaltungen mitgemacht hat. Das wiederholte Erleben von Kursanfängen mag zwar die Unsicherheit etwas reduzieren, grundsätzlich jedoch ist sie auch in diesen Fällen da. Das allen gemeinsame Gefühl, die kollektive Stimmung, resultiert aus der Erfahrung der Isoliertheit, des Getrenntseins, der gegenseitigen Fremdheit. Paradox formuliert: Die *Gemeinsamkeit der Beteiligten ist, daß sie (noch) nichts gemeinsam haben.* Dies verbindet sie. Eingespielte Verhaltensweisen, Routinen des Alltags, gelten nicht mehr, da ja unsicher ist, was überhaupt gilt. Der Boden schwankt.

Max Pagés (1974, S. 81) macht deutlich, daß solche gemeinsamen Stimmungen und Gefühle nicht nur für die Situation des Bildungsprozesses und deren Anfänge, sondern für Gruppen generell gilt:

»*In jeder Gruppe existiert zu jedem Zeitpunkt ein vorherrschendes Gefühl, das von allen Mitgliedern der Gruppe mit individuellen Nuancen geteilt wird. Dieses zumeist unbewußte Gefühl beherrscht das Leben der Gruppe auf allen Ebenen. Die These gliedert sich in folgende Elemente:*

*Zu jedem Zeitpunkt werden von allen Mitgliedern Gefühle geteilt.*
*Diese sind zumeist unbewußt.*
*Sie äußern sich auf allen Ebenen des Gruppenlebens.*
*Die individuellen Gefühle stehen in Beziehung zu den kollektiven Gefühlen.«*

Teil einer sichtbaren und spürbaren Vielheit zu sein, einer inhaltlich noch leeren Vielheit, in der die Folgen des eigenen Tuns kaum absehbar sind, dies ist das vorherrschende Gefühl aller Beteiligten in Anfangssituationen. Unsicher ist, wieweit die Erwartungen erfüllt werden, wieweit die aus dem Alltag mitgebrachten Selbstverständlichkeiten weiter Geltung haben. Um der Gefahr der Enttäuschung zu entgehen, um nicht mit möglichen konträren Positionen in Konflikt zu geraten, wird von den meisten Teilnehmern (verbale) Kommunikation vermieden; es wird passiv Orientierung gesucht. Die Teilnehmer erwarten Aktivitäten zur Reduktion ihrer Unsicherheit, aber sie erwarten diese nicht von sich, nicht von ihren Mitteilnehmern, sondern vom Dozenten. Von diesem wissen sie, daß er institutionell abgesicherte Sanktionsgewalt hat; sie wissen aber nicht, welche das ist und wie er sie ausübt. Es ist die Suche nach einem Halt, die alle Teilnehmer untereinander, und auch den Dozenten mit den Teilnehmern, vereint.

Der Dozent stellt in der unstrukturierten, unübersichtlichen, »leeren Situation« den zentralen, deutlich sichtbaren, institutionell herausgehobenen Orientierungspunkt dar. Auf ihn sind die »Hintergrunderwartungen« der Teilnehmer gerichtet. Er kann diese Erwartungen erfüllen oder auch enttäuschen – in beiden Fällen jedoch bleibt er die zentrale Person. Es wäre schlichte Realitätsverleugnung, wenn er dies nicht wahrhaben möchte.

Solches kann man in Veranstaltungen, wo die Erwartungen der Teilnehmer absichtlich enttäuscht werden (um diese Erfahrungen selbst zum Lerninhalt zu machen), immer wieder sehen. Wie Teilnehmer dies erleben und in einem Bild ausdrücken, berichtet K. Buchinger (1981, S. 60/61) anschaulich (wobei für Therapeut hier Dozent gelesen werden kann):

*»Die Gruppenteilnehmer werden als Kreise, die selbst im Kreis angeordnet sind, gezeichnet. Diese sind durch einige Striche als Köpfe gekennzeichnet, allerdings so, daß sie sich nicht voneinander unterscheiden. Charakteristisch ist in dem Bild, an das ich denke, daß sie keine Ohren haben. Der Therapeut wird innerhalb dieser kreisförmigen Anordnung als durch Farbe und Gestalt unterschieden dargestellt. Er ist ein erkennbares, identifizierbares Individuum, körperlich und in einem Stuhl sitzend. Um diese Gruppierung ist ein Kreis, der alles zusammenhält, und für den die Farbe, in der der Therapeut gezeichnet ist, verwendet wurde.*

Das Anfangen ist eine seltsame Sache. Wenn ich nicht darüber nachdenke, weiß ich, was anfangen ist, denke ich aber darüber nach, weiß ich es nicht.

*Sloterdijk 1988, S. 31, von Augustinus inspiriert*

*In diesem Bild werden die Unterschiede zwischen den Teilnehmern nicht wahrgenom-*
*men bzw. verleugnet. Die Teilnehmer werden nicht vollständig dargestellt – nur ihre*
*Köpfe sind vorhanden – und sie können sich über ihre Köpfe, man kann interpretieren:*
*rational oder rationalisierend, auch nur schwer verständigen, denn sie haben keine*
*Ohren, sie hören einander nicht. Dennoch vermittelt das Bild den Eindruck der Ord-*
*nung, des Zusammenhalts. Der Therapeut wird als einziger von allen unterschieden, er*
*hat einen Körper. Und daß der Kreis um die ganze Gruppe in seiner Farbe gezeichnet*
*wurde, läßt vermuten, daß er als Garant des Zusammenhalts der Gruppe gesehen*
*wird.«*

Auch wenn sich der Dozent als »Gleicher unter Gleichen« versteht (und solches Verständnis liegt sehr häufig der Bezeichnung »Teamer« zugrunde) – er ist es nicht. Er ist vorerst
der einzig Prominente, und er bleibt es auch, wenigstens für eine längere Weile. Die Un-
gleichheit zwischen Dozent und Teilnehmer ist der zentrale Fixpunkt, an dem sich die im
Meer der Möglichkeiten und Risiken schwimmenden Teilnehmer orientieren und evtl.
festhalten können (und auch mal ausruhen; warum eigentlich nicht?).

Es würde die Anfangskrise eher verstärken, d.h. die Belastung für die beteiligten Subjekte entscheidend erhöhen (und dies wiederum bedeutet, daß mit einem Ansteigen der
Verunsicherung die Chance sinkt, die Krisensituation »Anfang« produktiv inhaltlich und
methodisch zu nutzen), wenn ein Dozent etwa folgendermaßen die Veranstaltung beginnen würde:

*»Guten Tag meine Damen und Herren. Ich bin Ihr Teamer Karlheinz Geißler. Wir sind*
*hier zusammen die nächsten fünf Tage auf einem Bildungsurlaubsseminar, d.h., wir*
*wollen gemeinsam etwas lernen. Ich habe mit Absicht ›wir‹ gesagt, da ich ›uns‹ als*
*Gemeinschaft von Lehrenden und Lernenden verstehe. Nicht nur Sie wollen lernen,*
*auch ich will etwas lernen …«*

Der gute Wille sei einem in dieser oder einer ähnlichen Art beginnenden Dozenten nicht
abgesprochen, auch nicht seine demokratischen An- und Absichten. Problematisch ist jedoch, daß der Dozent dabei in einer Art und Weise handelt, die in ihrer Wirkung eher
undemokratisch ist: Er nimmt den Teilnehmern ihren (einzigen) Halt, er enttäuscht die
Erwartungen, er orientiert nicht, obgleich er Orientierung geben könnte (hierzu an anderem Orte mehr, vgl. den Abschnitt: Seminarregeln als Lernkontrakt).

Zu Beginn von Bildungsveranstaltungen herrscht ein »interaktiver Notstand«. Dieser
drückt sich besonders dadurch aus, daß diese soziale Lage nicht zum Thema gemacht wird;
besser: nicht zum Inhalt werden kann, da ja auch hierzu die notwendigen Orientierungen
für die Teilnehmer fehlen. Die soziale Situation »Anfang« hat einen Überschuß an (internen) Möglichkeiten. Diese verursachen Unsicherheit, d.h., sie müssen notwendigerweise
reduziert werden. Um zu erörtern, wie dies geschehen könnte, ist es notwendig, den Blick
auf die üblichen Teilnehmerreaktionen in solchen Anfangsphasen zu richten.

## Die Suche nach Orientierung

»Wir verwenden das Wort *Orientierung* im buchstäblichen Sinne.[1] Seefahrer oder Wanderer orientieren sich an den Sternen oder an festen Wegemarken der Küste oder der Landschaft. Sie bestimmen den Punkt, wo sie stehen. Das Bedürfnis nach Orientierung ist praktischer gerichtet als bloße Erkenntnis. Es bezieht sich aber auch nicht einfach aufs Handeln. Wenn ich mit dem Sextanten Gestirne, die am Himmel aufgegangen sind, anmesse und die Sternenörter mit dem Horizont vergleiche, so betreibe ich Orientierung. Die Sterne sind dafür geeignet, weil sie von mir oder anderen Menschen nicht verrückbar, der Praxis entzogen sind. Sie treiben das Schiff nicht an, das geschieht durch den Wind, die Segel oder durch Maschinen. Orientierung mißt das Beziehungsverhältnis; sie ist Voraussetzung von Arbeit, aber von ihr abgesetzt, eine Teilarbeit, nämlich die *eine* Hälfte der Steuerarbeit.«

1 Duden, Bd. 7: Das Herkunftswörterbuch.Etymologie der deutschen Sprache, Mannheim 1989, Stichwort: *Orient*, »im Gegensatz zu Okzident. Das Wort orientieren erscheint in der deutschen Sprache im 18. Jahrhundert aus frz. s'orienter: ›sich zurechtfinden, sich umsehen, sich erkundigen, sich ausrichten‹. Auszugehen ist dabei von einer ursprünglich geographischen Bedeutung ›die Himmelsrichtung nach dem Aufgang der Sonne zu bestimmen‹.« Im Sinne von »geistiger Ausrichtung« erst im 19. Jahrhundert belegt.

*Negt, O./Kluge, A.: Geschichte und Eigensinn, Frankfurt 1981, S. 1002*

Gemeinsam sind den Beteiligten einer Anfangssituation ihre Unsicherheiten, ihre Ängste. Erwähnt wurde bereits, daß es jene Person ist, die als Dozent (unabhängig davon, wie dieser bezeichnet wird, ob als Kursleiter, als Lehrender, als Vortragender, als Teamer usw.) ausgewiesen ist, an die sich die Teilnehmer mit ihren Strukturierungserwartungen wenden. Er soll die Desorientierung reduzieren. Dies tun die Teilnehmer jedoch nicht direkt und offen; wenn doch, dann nur, wenn der Dozent derartige Erwartungen bereits massiv enttäuscht hat. Meist reagieren die Teilnehmer indirekt, durch mehr oder weniger aktives Abwarten.

   Nun bringen ja auch die Teilnehmer Kompetenzen zur Strukturierung der Situation mit, diese aber werden nicht (oder kaum) angefordert und auch nicht angeboten. Versucht ein Teilnehmer seine Fähigkeiten zur Situationsstrukturierung einzusetzen, so wird ihm meist sehr schnell von den übrigen Teilnehmern deutlich gemacht, daß dieses nicht seine Aufgabe sei und daß diese Hilfe von ihm nicht erwartet werde. Solches Verhalten ist verständlich. Es hat seine Ursache darin, daß die Orientierungslosigkeit durch ein inhaltlich evtl. sehr sinnvolles und hilfreiches Strukturierungsangebot eines Mit-Teilnehmers nicht etwa reduziert, sondern im Gegenteil erhöht wird. Da nämlich durch diesen Teilnehmer die Rollenerwartung, die ja immer auch eine Funktionsverteilung ist, als einzig herausragende Klarheit in diesem »sozialen Notstand« Anfang, neben den anderen Problemen, auch noch problematisiert wird. Das einzige, was in dieser undeutlichen Situation klar schien, wird unklar.

Meist wehren Teilnehmer Hilfsangebote anderer Teilnehmer dadurch ab, daß sie konkurrierende Vorschläge entwickeln, so daß ein Entscheidungsproblem (welchem der Vorschläge, die geäußert wurden, zu folgen ist) entsteht. Da aber ein Entscheidungsmodus in dieser Situation fehlt, die notwendige Entscheidung also nicht gemeinsam getroffen werden kann, wird dies vom Dozenten verlangt. Die »alte« dozentenorientierte Erwartung, die ursprüngliche Rollenverteilung, ist also wieder hergestellt: Der Dozent soll entscheiden und damit entweder einen der Teilnehmervorschläge zu seinem machen oder seine eigenen Ideen in die Tat umsetzen. Der Dozent kann aber nicht alles das, was als verunsichernde Offenheit von den Teilnehmern erlebt wird, so reduzieren, daß Unsicherheit völlig durch Sicherheit ersetzt wird. Dies schon deshalb nicht, weil er selbst unsicher ist (vgl. dazu die Abschnitte über die »Angst des Dozenten«).

Orientierungslücken werden von den Teilnehmern so aufgefüllt, daß sie die übrigen Beteiligten (eingeschlossen den Dozenten) weitgehend unabhängig vom Inhalt dessen, was gesagt wird, einschätzen, einordnen. Vereinfachungen, Typisierungen sind das erste wichtige Orientierungsmittel. So z.B. wird jener Teilnehmer, der einen durchaus wichtigen und konstruktiven inhaltlichen Beitrag zur Orientierung leistet, schnell als vorlaut oder als jemand, der eine Führungsposition beansprucht, typisiert – nicht offen selbstverständlich.

Solche Vereinfachungen basieren maßgeblich auf mitgebrachten Generalisierungsmustern. Die Vieldeutigkeit und Kompliziertheit von Anfangssituationen wird durch diese simplifizierenden Schemata reduziert. Das Untypische, das Neue wird (pseudo-)vereindeutigt. Die realen Probleme werden abgewehrt, indem die »alten Lösungen« auf sie angewandt werden. Das Unbekannte wird aufs Bekannte reduziert. Es wird versucht, eine Situation herzustellen, die sich nicht wesentlich von jener unterscheidet, die aus dem Alltag, aus vorgängig Erlebtem, vertraut ist. Als Material für die inhaltliche Besetzung dieses orientierenden Verhaltens dient primär alles jene, was der Dozent sagt, genauer: *wie* er das sagt, was er sagt. Hieran machen sich die Phantasien der Teilnehmer fest. Phantasien füllen das aus, was an Realität nicht erkannt wird. Sie bekommen damit eine die Gruppenkultur sehr stark bestimmende Realität. Sie beeinflussen die Situationen dadurch, daß sie die Wahrnehmungen, die den Teilnehmern wie die Schnipsel eines zerrissenen Schriftstückes erscheinen, zusammenfügen. Und dies wiederum ist die Basis, an der die Beteiligten ihr Handlungsvermögen orientieren und ihr Verhalten bestimmen. Phantasie, so Negt/Kluge (1981, S. 938), »ist lebendige Arbeit des Moments. Sie verhält sich dabei zugleich als

Glücksucher und als Kritiker unerträglicher Verhältnisse. Sie sammelt und übertreibt, was glücklich macht, wendet sich ab und errichtet Schranken gegen das, was nach ihrer Auffassungsart unglücklich macht.«

In all ihrer, durch individuelle (Vor-)Erfahrungen geprägten Unterschiedlichkeit haben die Phantasien doch auch etwas Gemeinsames: Sie speisen sich nämlich aus der von allen Beteiligten geteilten Situationserfahrung.

Alle Teilnehmer haben z.B. Phantasien über den Leiter, den Dozenten. Meist sind dies Idealisierungen. Hierzu einige Verdeutlichungen: »Je versagender der Gruppenleiter erlebt wird, desto mehr wird er mit Allmacht ausgestattet phantasiert und vergöttlicht. Weil er durch sein Schweigen die bevorstehende Aufgabe, miteinander in direkte und riskante Kommunikation zu treten, deutlich macht, wird sie als immer schon erfüllt in ihn hineinphantasiert. Er wird zum Mythos, in dem die eigenen Probleme als gelöst personifiziert werden. Slater nennt das Vergottung als Schutzmittel gegen Entbehrung (Slater 1970). Weil er offensichtlich nichts tut, was man von ihm erwartet, glaubt man, daß er es geheim tut; er lenkt nicht direkt und von außen, indem er sich die Teilnehmer unterwirft, er lenkt geheim und von innen, indem er die Teilnehmer nach unerforschlichem Ratschluß dazu bringt, selbst das zu wollen, was er will. So wird eine symbiotische Einheit und damit Geborgenheit phantasiert, als Abwehr der realen Verlassenheit. Ja, gerade die reale Verlassenheit wird als diese Einheit angesehen.« (Buchinger 1981, S. 62)[1]

Je weniger von Dozenten an konventionelle Interaktionsmuster bei den Teilnehmern angeknüpft wird (z.B. durch dessen Verhalten), je mehr er neben dem Common-sense herläuft (vgl. hierzu Legnaro 1974), um so mehr strukturieren die Phantasien der Teilnehmer die Situation, speziell die Beziehung zwischen Dozent und Teilnehmern. Dies ist nicht nur negativ zu sehen, da ja mit Hilfe der Phantasie auch jene Integrationsleistungen erbracht werden, die das Neue, das Ungewohnte an die jeweiligen lebensgeschichtlichen früher liegenden Erfahrungen anschließen. Die Psychoanalyse spricht hierbei von »Übertragung«. Dazu ein kleiner erklärender Exkurs:

> Es gibt nur wenig Dinge im Leben, bei denen sich niemals die Frage stellt, wie man anfangen soll. Häuserbau zum Beispiel. Aus gutem Grund hat es sich da eingebürgert, daß man unten, beim Keller, anfängt. Alle, die je beim Dach begonnen haben, sind bis heute nicht fertig geworden.
>
> *P. Pursche 1991, S. 34*

---

1  Daß der Dozent in dieser Situation idealisiert, vergottet wird, hängt u.a. mit seiner Sanktionsgewalt zusammen. Hätte er diese nicht, wäre er den Teilnehmern eher gleichgestellt, dann würde das Neue, das Überraschende dadurch abgewehrt, daß man die betreffende dafür verantwortliche Person für »verrückt« erklärt. Im besten Fall für absonderlich wie z.B. Till Eulenspiegel.
Ein ganz anderer, an dieser Stelle nicht weiter zu problematisierender Sachverhalt liegt dann vor, wenn der Dozent zu seiner eigenen Stabilisierung in der Anfangssituation solche Idealisierung benötigt und sie provoziert.

## Übertragung: »Jede erste Begegnung ist ein unverhofftes Wiedersehen« (Botho Strauß)

*Übertragung* wird die Wiederingangsetzung/Reaktivierung vorgängiger, speziell frühkindlicher Erfahrungen innerhalb einer aktuellen Beziehung genannt. So z.B. werden in Bildungssituationen Erlebnisweisen, Gefühlszustände und Verhaltensmuster aus früheren Beziehungen von den Teilnehmern auf die Leiterpersonen übertragen. Das bedeutet, daß diese Leiterperson nicht so wahrgenommen werden, wie sie sind. Sie werden, »verzerrt« durch die jeweiligen Vorerfahrungen geliebt, abgelehnt, akzeptiert, positiv oder negativ erlebt. Die Teilnehmer verhalten sich entsprechend ihrem Übertragungsbild (Vor-Bild) gegenüber den Leitungspersonen und versuchen damit die »alte« (frühere) Situation wiederherzustellen. Dies geschieht unbewußt. Besonders übertragungsförderlich ist die Situation, wenn ein Lehr-/Lernprozeß von zwei Personen (speziell von einer Frau und einem Mann) geleitet wird. Es ist dann zum einen die strukturelle Ähnlichkeit mit der Eltern-Kind Konstellation, die die Übertragungsphase forciert, es ist aber auch das interaktive Angebot, Ambivalenzen (gleichzeitige Anwesenheit entgegengesetzter Gefühle) aufzulösen, indem man die eine Leitungsperson positiv idealisiert, während die andere zum Objekt des Negativen, des Schlechten, deklariert wird.

Dies ist kein einseitiger Prozeß. Auch die Leitungspersonen übertragen Vorerfahrungen und Erlebnisse ihrer Kindheit in Bildungssituationen auf die Teilnehmer und Teilnehmerinnen; auch sie übertragen freundliche zärtliche und feindselige Gefühle aus ihrer eigenen Interaktionsgeschichte auf die Lernenden. Insbesondere reagieren sie unbewußt auf Übertragungsangebote, die von den Teilnehmern/Teilnehmerinnen an sie herangetragen werden. Dies wird mit dem Begriff der *Gegenübertragung* benannt. Alles dies ist kein dramatisches Ereignis, sondern Alltag. Keine Interaktion ist frei von Lebensgeschichte, Übertragungs- und Gegenübertragungsprozessen. »Man beginnt, immer in der Mitte.« (Lyotard 1978, S. 128)

Die Phantasiearbeit der Beteiligten in der sozialen Belastungs- und Drucksituation des Anfangs findet in den Körperbewegungen meist viel stärker ihren Ausdruck als in dem, was inhaltlich in dieser Situation gesagt wird. Die Spannung zeigt sich besonders in mimischen und gestischen Äußerungen, in Unruhebewegungen, in Übersprungshandlungen, wie z.B. dem Herumspielen mit Material, im Fingertrommeln oder im kompensatorischen Zeichnen. Besonders deutlich wird es dann, wenn der Dozent eher zurückhaltend ist, wenn er relativ wenig Strukturen setzt.

*Amerikanische Erkenntnis:*

*First Impressions go a long way*

Aber auch der Kursleiter selbst kann sich dieser Gefühlslage nicht entziehen. Auch er typisiert, entwickelt Phantasien und reduziert damit die Komplexität der Situation. Seine Berufsrolle stellt ihm dazu jedoch – im Gegensatz zu den Teilnehmern – allseits anerkannte Möglichkeiten zur Verfügung. Er ist zwar in der gleichen Situation wie die Teilnehmer, jedoch (meist) besser darauf vorbereitet. Durch Vorinformationen über die zu erwartenden

Teilnehmer (häufig sind dies Auskünfte über das Alter der Teilnehmer, über deren soziale Stellung, den Beruf, deren erlangte Bildungsabschlüsse usw.) und die daran ausgerichteten Phantasien über die Kursbesucher versuchen Dozenten ihre Unsicherheiten zu reduzieren. Auch sie wehren, wie häufig die Teilnehmer, mögliche neue Erfahrungen ab. Die vielen, sich in ihren Verläufen trotz verschiedener Teilnehmer doch sehr ähnelnden Veranstaltungen deuten darauf hin. Ein eigenes Kapitel in diesem Buch, das besonders die Unterstützung dieser Haltung durch die Wissenschaft kritisiert, beschäftigt sich hiermit (vgl. den Abschnitt: Wehret den Anfängen!).

»Beim Einschiffen kam es nur auf eine kleine Grille an; nach der Abfahrt aber faßt jedes Segel Wind. Nunmehr kommt es auf große Zurüstungen und Reisebedürfnisse an, und alles wird schwerer und wichtiger. Es ist viel leichter, nicht einzusteigen als wieder herauszusteigen.«

*Montaigne, zitiert nach Starobinski 1986, S. 418*

## Ich fasse zusammen

An den Dozenten werden in der Anfangsphase von den Teilnehmern Erwartungen nicht nur inhaltlicher Art herangetragen, sondern insbesondere solche, die Strukturierungsangebote betreffen, um die soziale Situation und die Beteiligten aus ihrer Unsicherheit herauszuführen. Es ist speziell die Sozialkompetenz des Dozenten, die von ihm gefordert wird. Die Teilnehmer erwarten, daß der Kursleiter beim Aufbau einer bildungsfördernden Beziehung initiativ wird. Wieweit er diese Erwartungen auch einlösen sollte, dies ist eine nur im Zusammenhang mit dem jeweiligen Konzept des Dozenten zu beantwortende Frage. Worauf es hier ankommt, ist, daß der Dozent um die möglichen Folgen seines jeweiligen Handelns weiß, die Folgen für die Dynamik des Lehr-/Lernprozesses und für die diese Dynamik bestimmenden *Beziehungs*qualitäten.

## Beziehungsarbeit[1]:

[1] Die Verwendung des »Arbeits«-Begriffes im Zusammenhang mit der Entwicklung von Beziehungen mag für manchen Leser überraschend sein und auch sehr fremd (d.h. instrumentalistisch) klingen. Ich verwende den Begriff im Anschluß an Negt/Kluge, die in ihrem originellen Werk »Geschichte und Eigensinn« (1981) die Entstehung von Sozialverhältnissen als Arbeitsprozesse beschreiben (vgl. besonders S. 863–1000).

### Zwar verführen sie, doch sie fangen nicht an …

»Sobald ich eine Begegnung herbeiführen möchte, schiebt sich diese Frage zwischen mich und den Anderen. Und damit die Angst, sie könnte mich so befangen machen, daß ich nicht sofort eine zufriedenstellende Antwort finde und meine amourösen Pläne sich zerschlagen, noch bevor ich den Grundstein gelegt habe. Wie fange ich an? Vielleicht ist diese Frage im gleichen Maße wie die Notwendigkeit der Selbstdarstellung und wie die Tyrannei des Blicks daran schuld, daß die Menschen Abstand voneinander halten und daß die Straße zu diesem verzweifelten Schauplatz wird, wo wie Chaos aussieht, was in Wirklichkeit unumstößliche Ordnung ist, wo alles geschehen könnte, ohne daß irgend etwas geschieht, und wo das Ereignis nur im Modus des Konditionals vorkommt.

Und warum ist der Anfang ein Problem? Warum diese Ängstlichkeit vor dem Beginn? Weil den Anfang zu machen nicht heißt, bei Null zu beginnen. Er ist weniger ein Anfang als ein Bruch. Wenn ich den Anderen anspreche, stelle ich mich außerhalb des Gesetzes. Ich stelle mich dem Urteil, ohne vorgestellt worden zu sein. Ich gehe die Gefahr einer Begegnung ein, ohne dazu durch irgendeine Vermittlung berechtigt zu sein. Ich verschmähe den Umweg über einen Dritten (eine Person oder Institution), ich lasse mir eine Art Skandal zuschulden kommen. Ich bringe die Ordnung durcheinander. Nach der strengen Lebensart, die – auch und gerade bei den spontansten Leuten – die Beziehungen zwischen den Menschen regelt, ordnet und einschränkt, bleibt der Anfang eine Beleidigung. Wer den Anfang macht, ist ein Störenfried, denn er stört die Einsamkeit. Und bekanntlich haben wir aus der Isolation das erste und heiligste aller Rechte gemacht. Wie fange ich also an? Mit einer Entschuldigung. Es gilt den Rechtsbruch zu rechtfertigen und – wenn möglich – ungeschehen zu machen. Ich bin mein eigener Handelsvertreter, und wie dieser muß ich verhindern, daß man mir die Tür vor der Nase zuschlägt, bevor ich noch die Zeit gehabt habe, meine Ware anzubieten, ich muß die Reichtümer meines Witzes ausbreiten, um auf der Stelle die abfällige Grimasse des Anderen in ein Lächeln zu verwandeln, seine Ablehnung in Neugier. Dies die erdrückende Verantwortung der ersten Worte: eine Bresche in die Festung der Selbstgenügsamkeit zu schlagen, sich durch das Anfangen die Absolution für den Skandal des Anfangs zu holen.

Wohl aus diesem Grunde ersparen sich die meisten Menschen die Angst und die Verantwortung. Zwar verführen sie, doch sie fangen nicht an. Sie schätzen die Institutionen, diese strukturierten Räume, in denen die Verbindungen den Menschen vorgeordnet sind, während auf der Straße immer die Menschen vor den Verbindungen da sind. Ob an Orten, wo ich meinem Beruf nachgehe oder meinem Vergnügen, kulturellen oder politischen Betätigungen, stets geht meine Beziehung zu anderen den Kontakten, die ich mit ihnen habe, voraus, immer ist es also (sehr bequem) die Beziehung, die die Begegnung schafft. Zwei Bewegungen kennzeichnen jene List der »Schwachen«, mit der sie trotz ihrer Schüchternheit das Geschäft der Verführung in Angriff nehmen: sie machen einen *Bogen* um das Hindernis des Anfangs, und sie *biegen* sich die offizielle Beziehung zu ihren Zwecken zurecht. Diese Jünger der indirekten Schürzenjagd sind also genaugenommen Perverse, da sie die seriöse Zweckbestimmung der Institutionen unterlaufen und da sie für diese Zweckentfremdung einer bestimmten Beziehung all das Geschick aufbringen, an dem es ihnen mangelt, wenn es darum geht, ein bahnbrechendes Wort zu finden (…)

Die einzig guten Anfänge sind die, denen es gelingt, an den Stereotypen des Anfangs vorbeizukommen.«

*Bruckner, P./Finkielkraut, A.: Die neue Liebesunordnung. Aus dem Französischen von Heiner Kober, © 1979, Carl Hanser Verlag München, S. 288 bis 290*

Beziehungsarbeit ist Annäherungsarbeit in einem unbeleuchteten Raum. Die Gruppenmitglieder müssen sich im Dunkeln aufeinander zubewegen. Wie das geschehen könnte, das
ist im kleinen Prinzen nachzulesen: »Du muß sehr geduldig sein. Du setzt dich zuerst ein
wenig abseits von mir ins Gras. Ich werde dich so verstohlen aus den Augenwinkeln anschauen, und du wirst nichts sagen … Aber jeden Tag wirst du dich ein wenig näher setzen
können.« Dabei müssen Risiken eingegangen werden, um Chancen zu realisieren. Die
Beziehungsarbeit in Bildungsveranstaltungen erfolgt auf der Grundlage der bereits institutionell vorentschiedenen Rollendifferenzierung zwischen Dozent (Lehrendem) und Teilnehmer (Lernendem). Diese Struktur ist jedoch äußerst grob, sie muß feiner, subtiler abgestimmt werden; jedenfalls gilt dies für solche Lehr-/Lernveranstaltungen, die längerfri-
stig sind. Bei Vortragsveranstaltungen ohne Diskussionen bleibt es bei einer groben
Beziehungsstruktur, aber schon die sich an eine monologische Darbietung anschließende
Diskussion stellt sich (auch) als ein Bemühen um die Verfeinerung von Beziehungen dar.

Die Entwicklung von Beziehungen geht untrennbar einher mit einem Prozeß der Selbst-
findung der an ihr Beteiligten. »Was erwartet der Dozent von mir als Teilnehmer?« ist für
den einzelnen ebenso unklar, offen und tangiert dessen Selbstvertrauen wie die Frage nach
den Erwartungen seitens der übrigen Teilnehmer im Kurs an das Individuum.

Dies ist genauso aber auch das zentrale Beziehungsproblem des Dozenten: »Was erwarten die Teilnehmer von mir? Was von dem, was ich kann und will, wird akzeptiert, was
stößt auf Widerstand?« – So heißen die unausgesprochenen Hintergrundfragen des Dozenten. In der relativ häufig in Anfangssituationen vom Dozenten an die Teilnehmer gestellte
Frage nach deren Erwartungen werden diese Fragen zu beantworten versucht. Aber nur
selten wird dieses als Orientierungsbedürfnis im Rahmen der Beziehungsarbeit ausgesprochen, viel häufiger wird die Frage nach den Erwartungen idealisiert als ein Angebot zur
Mitbestimmung (siehe im Detail hierzu das Kapitel 8: Die Frage nach den Erwartungen
der Teilnehmer).

P. Sbandi (1973, S. 138/139) hat in Frageform summarisch jene Beziehungsdefizite ausgedrückt, die zu Beginn der sich entwickelnden Gruppenprozesse bei den Teilnehmern
vorhanden sind. Die Beziehungsarbeit besteht maßgeblich darin, zu diesen Fragen *erfahr-
bare* Antworten zu finden:

»*a) Bezüglich der Beziehungen jedes anderen zu einem selbst fragt sich jeder: Bin ich ihm
oder ihr sympathisch? Wird der andere mich akzeptieren, oder wird er mich allein
lassen? Kann ich mich auf den anderen verlassen? Was weiß der andere von mir? Was
weiß ich vom anderen? Werde ich mich verständlich machen können? Wird der andere
mich unterstützen, oder wird er sich von mir unterstützen lassen? usw.*

*b) Bezüglich der Beziehungen der anderen untereinander (Bildung von Koalitionen,
Paaren usw.) und von daher einem selbst gegenüber tauchen bei jedem Fragen auf
wie: Wer wird von wem akzeptiert? Einige haben sich schon zusammengetan: werde*

Ein erster Schritt ist an sich immer etwas beinahe Märchenhaftes, obwohl er dies für andere eher ist als für den, der ihn ausführt, für den er eine Anstrengung ist.

R. Walser (1986, S. 212)

ich dazu eingeladen? Soll ich sie fragen, ob sie mich aufnehmen, oder soll ich noch warten? Soll ich versuchen, andere einzuladen? Werden die anderen meine Ansichten teilen? Werde ich ihre Ansichten teilen ›können‹? Benehmen sich die anderen anders, oder bin ich anders geworden? Wen soll ich fragen? Wollen wir noch zusammenbleiben? Fühle ich mich noch zu der Gruppe zugehörig? usw.

c) *Bezüglich der Motivationen der Mitglieder im Hinblick auf ihre ›Gruppenzugehörigkeit‹: Was wollen die anderen? Was wollen wir? Haben wir ein gemeinsames, konkretes Ziel? Was kann ich zur Klärung dieser Frage beitragen? Was ist aus unseren früheren Zielen geworden? usw.*

d) *Bezüglich des Leiters der Gruppe: Hat die Gruppe einen ›Leiter‹? Wer ist er, wie wird er mir gegenüberstehen? Wer hat im Moment überhaupt die Führung der Gruppe? Wie viele ›Führer‹ gibt es? Wird es mir möglich sein, in der Gruppe die Führung zu übernehmen? Was werde ich tun, wenn die anderen mich dazu auffordern? Wie werde ich reagieren, wenn sie gar nicht an mich denken? usw.*

e) *Bezüglich des Wissensvorsprungs, der Information, worüber die anderen möglicherweise verfügen, aber die sie mir im Moment vorenthalten: Was wissen die anderen mehr als ich? Werde ich mich blamieren, wenn ich jetzt spreche? usw.*

f) *Bezüglich der Möglichkeit der Befriedigung erotischer Bedürfnisse: Werde ich es schaffen, mit diesem oder jener engere Kontakte aufzunehmen, ohne dafür bestraft zu werden? Soll ich nicht meine Bedürfnisse zurückstellen? Bin ich eifersüchtig? Sind es die anderen auf mich? Wird er/sie enge Kontakte mit mir schließen wollen? usw.*

g) *Bezüglich der Folgen, die Beziehungen von Gruppenmitgliedern untereinander, aber auch außerhalb des Kreises für mich haben können: Was werden die anderen in meiner Abwesenheit sagen, wenn ich mich ganz spontan ausdrücke und benehme? Wird man mich auslachen? Wird man mich bewundern? Was erzählen die anderen über mich in meiner Abwesenheit? Versuchen die anderen meine bisherige Position in der Gruppe zu schwächen? usw.*

h) *Bezüglich der Absicherung gegen vermutete Gefahren, die in solchen Situationen entstehen können: Wird das eintreten, was man gehört hat? Werden alle schweigen? Werde ich die Spannung einer solchen Situation aushalten? Werde ich gesund bleiben? Wird sich die Gruppe doch auflösen? Was hält uns noch zusammen? Was wird aus mir werden, wenn die Gruppe nicht mehr besteht?«*

Die Energie der Teilnehmer, ihre psychische Kraft, ist zu Beginn von Veranstaltungen maßgeblich damit beschäftigt, auf solche Fragen wie sie Sbandi formuliert, detaillierte Antworten zu finden. Das bedeutet, daß für die Aneignung von Lehrinhalten (Stoff) in dieser Phase nur wenig psychische Energie zur Verfügung steht. Belegbar ist dies durch die verbreitete Erfahrung, daß Informationen, die zu Beginn von Lehr-/Lernprozessen gegeben werden, verloren gehen, nicht oder nur unzureichend gehört werden. Dies gilt für Teilnehmer und Dozenten gleichermaßen. Es bedeutet dies jedoch nicht, daß Informationen in Anfangsphasen überflüssig wären. Zu beachten ist jedoch, daß nicht der Inhalt der Information wichtig ist, sondern der Sachverhalt, daß sie gegeben und daß damit soziale Orientierung ermöglicht wird. So werden z.B., wenn der Dozent die Arbeitszeiten für die Veranstaltung, speziell bei längeren Kursen, bekanntgibt, diese, schreibt er die Zeiten nicht an die Tafel, relativ schnell vergessen. Eine solche Information jedoch ist, auch wenn ihr Inhalt vergessen wird, deshalb wichtig, weil durch sie deutlicher wird, wer die Bedingungen des Lehr-/Lernprozesses verantwortet, wer sich verantwortlich fühlt. Auch dann, wenn es einem Teilnehmer (oder mehreren) nicht paßt, daß der Dozent diese Verantwortlichkeit hat, so weiß er doch hierdurch, mit wem er in Konflikt gehen muß, mit wem er die Verteilung von Verantwortlichkeit auszuhandeln hat. Es geht also in Informationsphasen primär um Positionen, in zweiter Linie erst um Inhalte. In der Anfangsphase von Lehr-/Lernprozessen ist der Sinn von Dozentenäußerungen weitgehend nur die Beschilderung, will man die Beteiligten nicht mit der Orientierungslosigkeit der Situation konfrontieren und irritieren.

Bei der Beziehungsarbeit geht es auch um die Entwicklung gemeinsamer *Regeln*. Regeln werden entwickelt durch Erkunden, Sich-Orientieren, Sich-Einrichten, Sich-Auseinandersetzen, durch Anpassung und Widerstand, durch Konflikt und Konsens. Aus den entstehenden Verzichtleistungen, aus den Konzessionen, aus den spezifischen demonstrativen Akten, aus dem Wechsel von Anpassung und Protest ergibt sich das spezifische Regelhafte einer jeden Situation, einer jeden Lehr-/Lerngruppe.

Falk und Steinert (1973, S. 33) unterscheiden dabei zwei Phasen:

> »In jeder Interaktion sind daher zumindest zwei Phasen zu unterscheiden: eine erste, in der aus den ›mitgebrachten‹ Längsschnittbedeutungen eine Situationsdefinition ausgehandelt wird, d.h. ein gemeinsam verbindlicher Regelsatz, der Aufgabe, Akteure und Requisiten der Situation festlegt, damit die Randbedingungen der Strategien, die in der zweiten Phase ausgespielt werden. Tatsächlich sind diese beiden Phasen natürlich nicht säuberlich zu trennen: Die Definition der Situation ist bereits ein wesentliches strategisches Element, bei starkem Machtgefälle oder streng institutionalisierten Situationen kann die Definitionsphase extrem verkürzt sein, und außerdem geht der Vorgang real wohl so vor sich, daß zunächst unter unterstelltem Konsens zu agieren begonnen wird, in der Interaktion sich Diskrepanzen herausstellen, über die verhandelt werden muß, durch solche ›Korrekturstrategien‹ eventuell die gesamte Interaktion in eine andere Bahn geleitet oder tatsächlich an ihrem Ausgangspunkt wieder aufgenommen werden kann, später sich erneut Diskrepanzen herausstellen usw.«

Die Regeln signalisieren Bedeutungen, die wiederum Orientierung, und d.h. Handlungssicherheit, verleihen. Zwar müssen für neue Situationen (und das macht weitgehend das »Neue« an den Situationen aus) jeweils gruppenspezifische Regeln gefunden werden. Vie-

PAUL
Wenn man an einen fremden Strand kommt
Ist man immer zuerst etwas verlegen.

JAKOB
Man weiß nicht recht, wohin man gehen soll.

HEINRICH
Wen man anbrüllen darf!

JOSEPH
Und vor wem man den Hut zieht.

PAUL
Das ist der Nachteil, wenn man an einen fremden Strand kommt.

*B. Brecht: Aufstieg und Fall der Stadt Mahagonny*

les jedoch ist gesellschaftlich als Regel so institutionalisiert, daß es eine unproblematische Selbstverständlichkeit ist (z.B. daß man sich zu Beginn begrüßt). Diese Selbstverständlichkeiten jedoch – dies trifft auf das besonders zu, was üblicherweise als Problem der »Zielgruppenorientierung von Erwachsenenbildung« bezeichnet wird – sind schichtspezifisch, sind berufsspezifisch, sind auch generationsspezifisch. Eine wichtige Aufgabe des Dozenten in der Phase der Veranstaltungs-Vorbereitung besteht nun darin, sich solche »Selbstverständlichkeiten« zu verdeutlichen und sie danach zu überprüfen, wieweit er sie für genauso selbstverständlich hält wie die potentiellen Teilnehmer bzw. wieweit sich seine Verhaltenserwartungen hiervon unterscheiden (oder wenn er dies beabsichtigt: unterscheiden sollen). Die Regeln des Miteinander-Umgehens entstehen in den allermeisten Fällen durch die Unterstellung wechselseitiger Erwartungen, als stille Abmachung also.[1]

So ist z.B. in den allermeisten Erwachsenenbildungsveranstaltungen die gegenseitige Anrede nie ein Problem. In der Volkshochschule sprechen sich die Teilnehmer und die Dozenten und die Teilnehmer untereinander mit »Sie« an, in Seminaren der Gewerkschaft meist mit »Du«. Die Anrede hat dabei einen hohen symbolischen Wert, sie beeinflußt die Beziehungen und deren Entwicklung maßgeblich, speziell dort, wo es um Distanz und Nähe geht. Äußerungen (diese müssen nicht sprachlicher Art sein) zu Beginn von Veranstaltungen, die unwidersprochen bleiben (und Widerspruch ist meist am Anfang nonverbal), werden – soweit sie einen normativen Gehalt haben – sehr schnell zu allgemeinen Gruppenregeln. Sie bilden die Basis der sich entwickelnden Beziehungskultur.

Nun gibt es aber in jeder Veranstaltung Bedingungen des Miteinander-Umgehens, die sich nicht auf die Grundlage eines stillen gemeinsam vorhandenen Orientierungs- und Bezugsrahmens stützen können. So müssen z.B. in fast jedem längerfristigen Seminar von neuem Entscheidungen über Arbeitszeiten getroffen werden. Diese stellen eine existentielle Basis für erfolgreiche Lehr-/Lernprozesse dar, und sie fundieren die Verbindlichkeit der Beziehungen entscheidend.

Ein weniger zentrales, aber in Anfangssituationen recht häufig auftretendes Problem, das es zu regeln gilt, ist das sog. »Raucherproblem«. Es hat, da durch das Rauchen einzelner Teilnehmer meist eine erste ausdrückliche Entscheidung in der Veranstaltung herausgefordert wird, einen hohen Symbolwert für alle weiteren Entscheidungen, d.h. der Umgang mit dem »Raucherproblem« ist richtungsweisend für den Umgang mit vielen Folgeproblemen. Die Qualität der ersten Entscheidung in der Veranstaltung nämlich prägt die Regeln, wie und von wem entschieden wird, sie setzt die Regel und gleichzeitig die Meta-Regel, wie die Regelbildung erfolgt.

---

1 *Luhmann* hat in diesem Zusammenhang den schönen Begriff der »Erwartenserwartungen« geprägt. Bei ihm kann man im übrigen viel Theoretisches über Regeln und Normen nachlesen, insbesondere *N. Luhmann* (1972 und 1973).

*Dies will ich etwas konkreter schildern und erläutern*

Die Situation ist nicht ungewöhnlich: Ein Teilnehmer zündet sich zu Beginn einer Veranstaltung eine Zigarette an – es erfolgt kein Einspruch seitens des Dozenten. Zögernd folgt ihm ein zweiter, ein dritter Teilnehmer, die das Ausbleiben von Einwänden als Billigung jenes Verhaltens innerhalb der Veranstaltung interpretieren. Aber nicht zuletzt aufgrund der z.Zt. gesellschaftlich emotional besetzten Raucherthematik wird das Rauchen meist relativ früh von anderen Teilnehmern angesprochen, zuweilen sehr vorsichtig als offenes Problem: »Ich würde gerne wissen, ob man hier rauchen darf oder nicht?« Manchmal in einer deutlicheren Stellungnahme: »Ich fände es gut, wenn die Raucher jetzt aufhören und sich nur in den Pausen eine Zigarette anzünden würden.«

Die Raucher – auch dies ist nicht unabhängig von der z.Zt. herrschenden gesellschaftlichen Tendenz zu verstehen – stimmen dann häufig resignativ einem Verbot zu und entschuldigen sich für ihren Regelverstoß. Diese Interaktionssequenz wird nun aber der Maßstab für die weiteren Formen der Entscheidungsfindung innerhalb der Veranstaltung hinsichtlich der Regelbildung, hinsichtlich des Umgangs mit Minderheiten und generell des Umgangs mit Unterschieden, mit Abweichungen, mit dem Besonderen.

Erklärbar und verständlich ist dabei der Druck in einer »normativen Notsituation«, wie sie der Anfang eines Lehr-/Lernprozesses darstellt, möglichst eindeutige, fest und klare Regelungen zu treffen. Man kann sich hierdurch auf dem schwankenden Boden dann ja auch besser festhalten, man kann sich orientieren. Möchte der Dozent jedoch eine Lehr-/Lernkultur, die in abweichenden Positionen, in neuen Inhalten, in überraschendem Verhalten u.a.m. auch eine wichtige Lernchance sieht (und das ist m.E. die Voraussetzung jeglicher Bildung, die mehr als die Bestätigung des bereits Gewußten, des bereits Gekonnten beabsichtigt und will er, daß darauf ohne Abwehr und ohne Entrüstung lernbereit reagiert wird, dann muß er eine solche Ja-Nein-Entscheidung, wie die beim Raucherproblem (die ja häufig durch einen Mehrheitsbeschluß zustandekommt), problematisieren.

Dies kann er z.B. durch eine Intervention, die zur metakommunikativen Problembearbeitung führt: »Ich bezweifle, ob hier eine sinnvolle, eine tolerante Entscheidung getroffen wurde, ich möchte diese gerne nochmals diskutieren.« Oder, indem er in den Entscheidungsprozeß selbst durch einen konkreten Vorschlag eingreift, der außerhalb der Ja-Nein-Logik liegt, z.B.: »Ich schlage vor, daß die Raucher sich zusammensetzen und am offenen Fenster Platz nehmen und alle jene, die das Rauchen besonders stört, an einem Tisch, der möglichst weit weg von den Rauchern ist.

Ein solcher Vorschlag wird mit sehr hoher Wahrscheinlichkeit, aufgrund der dominanten Stellung des Dozenten in der Anfangsphase, akzeptiert werden; dies, obgleich der Vorschlag inhaltlich den Eindeutigkeitsbedürfnissen der Teilnehmer in dieser Situation nicht entspricht. Letztlich wird er akzeptiert, um eine andere Eindeutigkeit nicht zu gefährden, nämlich die der Rollenverteilung, d.h. der Machtverteilung zwischen Dozent und Teilnehmern. Zweifelsohne hat der Dozent eine solche Regel gegen die anfänglich herrschende polarisierende Tendenz der Teilnehmer eingeführt – eine milde Form der Konfrontation. Möglich jedoch werden hierdurch auch Gegenerfahrungen zu einem Alltag, in dem die grobe Unterscheidung zwischen »gut« und »böse«, zwischen »entweder« und »oder« (Pseudo-)Stabilität verleiht. Darauf aufbauend lassen sich generelle Perspektiven zum Dozentenverhalten in Anfangssituationen entwickeln.

*»Ohne eine gewisse Anerkennung seitens der anderen Mitglieder kann es keine Bereitschaft und kein Gefühl der Zugehörigkeit geben. Das Zugehörigkeitsgefühl entwickelt sich aus der Fähigkeit zur Kommunikation mit den anderen. Die Kommunikation hängt nicht nur von der sprachlichen Verständigung ab, sondern mehr noch von der gemeinsamen Sinngebung für die gleichen Symbole. Diese Gemeinsamkeit muß aus gewissen gleichartigen Lebenserfahrungen (entweder realen Ereignissen oder Gefühlen, Bedürfnissen, Wünschen, Frustrationen) erwachsen. Wir fühlen uns wohl im Umgang mit Leuten, ›die uns verstehen‹, die die Dinge so ansehen wie wir, die ähnliche Einstellungen dazu haben, und deren Verhaltensnormen den unseren gleichen.«*
(Hartley/Hartley: Die Grundlagen der Sozialpsychologie, Berlin 1969, S. 277)

## Dozenteninterventionen in Anfangssituationen

Goethe – wer sonst – hat die Dozentensituation auf den Begriff gebracht:

»Beim ersten Schritt sind wir frei,
beim zweiten sind wir Knechte«

Die detaillierte Darstellung der soziodynamischen Probleme von Anfangssituationen in Bildungsprozessen macht deutlich, daß sich die Interventionen von Dozenten am Beginn von Lehr-/Lernveranstaltungen maßgeblich an den *Verarbeitungsmöglichkeiten* der Beteiligten in einer angstbesetzten, unsicheren Situation ausrichten müssen. Dies gilt in besonderem Maße im Hinblick auf jene Teilnehmer, die erstmalig in Erwachsenenbildungsveranstaltungen kommen. Bei ihnen ist die Verunsicherungskrise häufig sehr intensiv, da die Bildungswirklichkeit ihre Alltagsgewohnheiten stark relativiert, ihre Routinen außer Kraft setzt. Der Dozent muß dann *unterstützend* intervenieren, d.h. die »situative Identitätsbedrohung« zu reduzieren versuchen. Erst wenn genügend angstfreie Orientierung zu der Lehr-/Lernsituation durch entsprechende Hilfe möglich ist, haben diese Teilnehmer auch genügend psychische Energie, um sich Lehrinhalte anzueignen. Dies benötigt Zeit. (Wer dazu Grundsätzliches lesen will, der findet dies bei Geißler 1992.)

Hält sich der Dozent zu Beginn von Lehr-/Lernprozessen seht stark zurück, interveniert er nur wenig, so fördert er hierdurch die Entwicklung und die Entfaltung von Abwehrhaltungen bei den Teilnehmern. Dies ist dort angebracht, wo an diesen Haltungen selbst gearbeitet werden soll, wo diese – und die Folgen daraus für den Gruppenprozeß – zum Inhalt der Veranstaltung werden sollen. Dies trifft besonders auf gruppendynamische und therapeutische Erwachsenenbildungsaktivitäten zu.

In den übrigen Angeboten (und dies ist die Mehrzahl) der Erwachsenenbildung ist es notwendig, daß durch aktive Unterstützung des Dozenten, durch dessen maßgebliche In-

itiative, durch dessen Strukturierung des Angebots den Teilnehmern Orientierungen er-möglicht werden. Sehr große Entscheidungsspielräume, zusammen mit dem Signal, daß man seine jeweils strukturierende Rolle als Dozent nicht den Erwartungen der Teilnehmer entsprechend ausfüllt, bedeutet hingegen eine zusätzliche Verunsicherung des Verhaltens bei den Teilnehmern. Der Dozent überfordert die Teilnehmer, wenn er nicht die vorhandene Komplexität der Situation durch Entscheidungen reduziert. Unter diesem Gesichtspunkt ist beim obigen »Raucherbeispiel« m.E. die zweite Intervention die sinnvollere, jene nämlich, die nicht primär problematisiert, sondern einen konkreten Handlungsvorschlag zum Inhalt hat.

Dort also – dies die Verallgemeinerung –, wo *die konventionellen Schemata, die Alltagsmuster, für den Lehr-/Lernprozeß hinderlich sind, wo diese wegfallen oder durch andere ersetzt werden sollen, müssen Hilfen, muß Unterstützung durch den Dozenten gegeben werden.* Hilfe bestünde z.B. darin, den Teilnehmern über die Bedingung des Lehr-/Lernprozesses präzise und auch ausführlich Auskunft zu geben; Bedingungen, wie z.B. die Arbeitszeiten, die Pausenzeiten, die sogenannten Freizeiten, die Essenszeiten, Prüfungstermine, Referentenwechsel, Lehr-Lernform, notwendige Unterlagen, wie z.B. Lehrbücher usw. Es lohnt sich, dies an die Tafel zu schreiben, da in Anfangssituationen viel vergessen wird.

Nun soll dies nicht so verstanden werden, daß ich hier für einen Lehr-/Lernprozeß plädiere, bei dem der Dozent allein bestimmt, wo es lang geht, und wo die Teilnehmer nur dann gute Teilnehmer sind, wenn sie sich ausschließlich am Dozenten orientieren.[1]

*»Also, ich regle das Problem so: Ganz zu Anfang gibt es solange offenen Unterricht, bis die Schüler merken, daß nichts klappt. Und dann fange ich mit dem Unterricht an.«*

1  Die »Folgsamen«, so die passende Formulierung von N. Luhmann (1975, S. 78), »akzeptieren eine Fremdreduktion ihres Handlungspotentials«.

Mir geht es vielmehr darum, die Anfangskrise produktiv für den Lehr-/Lernprozeß zu nutzen. Dies bedeutet, die Belastungen, die Unsicherheiten der Beteiligten zu Beginn von Veranstaltungen auch als Chance zu sehen und nicht etwa nur als eine kritische Situation, aus der es gilt, möglichst schnell herauszukommen. Ein labiles Gleichgewicht, das zu einer elastischen Orientierung führt, ist anzustreben und nicht die Neuauflage der häufig intensiv sozialisierten Teilnehmererfahrungen, abhängig und unterlegen zu sein und die Erfüllung der eigenen Erwartungen, der Wünsche, vom Dozenten alleine zu erhoffen. Dazu gehört es, real bestehende Unterschiede, wie z.B. den zwischen Rauchern und Nichtrauchern (es gibt zweifelsohne noch wichtigere für den Lehr-/Lernprozeß, aber nur wenig so symbolhaltige), gegen die Harmonisierungs- bzw. die Ausschließungstendenzen der Teilnehmer deutlich zu machen. Die Unterschiedslosigkeit nämlich wird häufig zum Mittel der Verschleierung der realen Beziehungslosigkeit. Nur über Unterschiede aber wird neues, anderes sichtbar, und dies wiederum ist notwendige und unverzichtbare Bedingung für die Gestaltung eines Bildungsprozesses, in dem in problematischen situativen Verhältnissen auch Lernanstöße gesehen werden.[1]

*Wer's konkreter haben möchte:*

Einen ganz starken Einstiegssatz präsentiert Kafka: »Diskussionsabend im Beamtenverein. Ich habe ihn geleitet. Komische Quellen des Selbstgefühls. Mein Einleitungssatz: ›Ich muß den heutigen Diskussionsabend mit dem Bedauern darüber einleiten, daß er stattfindet.‹ Ich war nämlich nicht rechtzeitig verständigt worden und daher nicht vorbereitet.« (1973, S. 214)

---

1 Das Gegenteil davon hat Gehlen (1975, S. 84) in einem schönen Bild dargestellt: »Wenn zudem im Kreise herum jeder auf den Knien des anderen Platz genommen hat, mag verborgen bleiben, daß niemand wirklich sitzt«. Herr Habermas, der eine andere Sprache liebt, nennt dies treffend »regressive Entdifferenzierung«.

Rainer Brandenburg

# Der Fingerzeig unter Zeitdruck

Zur Kommunikationsmotorik in der Postmoderne – Eine Gruß-Schule

Tanzschulen und Friseure haben wieder Konjunktur, das Partybier in der Badewanne mußte dem Sektkübel weichen, und Zwölfjährige kaufen sich von ihrem Taschengeld komplette Kosmetikserien. Mit anderen Worten: man hat wieder Stil. Ein Stiefkind des gut geölten Umgangs ist allerdings nach wie vor der Gruß. Auf diesem Sektor herrscht immer noch große Unsicherheit. Dem wollen wir abhelfen und deshalb an dieser Stelle eine kleine Gruß-Schule, die sich weitgehend an die beiden wichtigsten Arbeiten zu diesen Themen anlehnt: »Das Stellungsspiel des kleinen Fingers im Bewerbungsgespräch« und SIE wird DU. Gesten und Kommunikationsmotorik in der Postmoderne.

Altdeutscher Händedruck: Dieser Klassiker der abendländischen Kontaktaufnahme dominiert immer noch das Berufsleben und den Umgang mit den Schwiegereltern. Er ist der Foxtrott unter den Begrüßungen. Der Nuancenreichtum des Händedrucks, der sowohl im Freien als auch in geschlossenen Räumen aufgeführt werden kann, wird oft unterschätzt. Armwinkel, Druckstärke, Kitzeln der Innenhand oder Schulterklopfen durch den Freiarm bieten eine breite Palette im Rahmen dieser Berührung, die für viele in dem ungerechtfertigten Ruf steht, eine verstaubte Duellgeste für gefühlskalte Miesepeter zu sein. Ein präziser Händedruck ist in seiner Kombination von Verbindlichkeit und respektvoller Symmetrie ein zwischenmenschlicher Eröffnungszug, der für jeden Anfänger der Gruß-Schule unverzichtbar ist, da seine dezente Vertraulichkeit auch den Grundstein für das weitere Gruß-Posing liefert.

Konspirativer Schmunzler: Für den Konspirativen Schmunzler – in manchen Gegenden auch Zwinker oder Blinzler genannt – gelten die drei »i«. Er wirkt intim, informiert und intelligent. Der Anwendungsbereich dieser reduzierten Geste, kurze Kontraktion von Mund- und Augenpartie, ist sehr groß (»Ich liebe dich!« / »Muß ich den kennen?«). Der Schmunzler ist lokal ungebunden und sozial nicht definiert; von ausschließlichem Gebrauch ist allerdings abzuraten, da seine souverän-ironischen Qualitäten für den Empfänger sonst in eine naiv-blöde Wirkung umschlagen können.

Intimschere: Die Intimschere ist momentan der Renner unter den Begrüßungen. Bei korrekter Ausführung der Grundschere umarmen sich die Salutanten diagonal versetzt und »klammern« für mindestens zwei Sekunden.

Einen besonders herzlichen Eindruck auf den Beobachter macht die Intimschere mit Schenkelklopfen und Anlauf. Diese körperbetonte Begrüßungsform eignet sich besonders für annähernd gleich große Personen auf Bahnhöfen und Flugplätzen. Wer schon einmal eine Krawattennadel oder einen Mantelknopf im Auge hatte oder sich zumindest die Brille verbogen hat, weiß, daß man nicht blindlings mit jedem die Intimschere kreuzen sollte.

Der Verzicht auf diese vehemente Grußform muß nicht mit spontaner Kälte gleichgesetzt werden, da die Schere häufig von Personen praktiziert wird, die nur den Blickkontakt den und Zeit gewinnen wollen (Boxersyndrom!). Für den Grußtheoretiker hat sich gerade die Diskrepanz zwischen Körperarbeit und Mienenspiel dieses Begegnungsrituals zu einem eigenständigen Forschungszweig entwickelt.

Hallöchen: Bei dem Hallöchen handelt es sich um einen ausgesprochenen Freiluftgruß (in Einzelfällen auch für unüberbrückbare Distanzen bei Massenfeten geeignet). Ein direkter Konversationsanschluß ist nicht erforderlich; das Hallöchen selbst (in zwitschernder Tonlage!) ist schon der Text.

Die Durchführung des Hallöchens unter Zeitdruck (auf der Straße) wird sinnvoll ergänzt durch die Gunstpirouette. Die Figur sieht im ganzen wie folgt aus: Hallöchen – Passierschritt – halbe Drehung – Hallöchen – halbe Drehung – Ausfallschritt.

Pauschalschwenk: Hierbei handelt es sich um eine sehr rationale Kenntnisnahme. Hat man sich für den Pauschalschwenk entschieden, so ist der leicht gestreckte Grußarm unter Einhaltung eines herzlichen Gesichtsausdrucks rustikal zu wedeln.

Der Pauschalschwenk wirkt jovial (daher von vielen Politikern favorisiert) und bewältigt mit Leichtigkeit Menschenansammlungen zwischen zehn und 100000 Teilnehmern. Er ist äußerst hygienisch und effektiv, da er dem Grüßenden die lästige Einzeldurchführung – »Ich fange mal hier an« – erspart.

Frankfurter Rundschau v. 6.10.1990

# Der Anfang als Situation 5

Die »Anfangssituation«:
ein geläufiger, aber
(oder gerade deshalb)
ein undeutlicher Begriff

*»Wie bestimmt man genau, wann eine Geschichte anfängt? Alles hat immer schon vorher begonnen, die erste Zeile der ersten Seite jedes Romans verweist auf etwas, das bereits außerhalb des Buches geschehen ist. Oder die wahre Geschichte beginnt erst zehn oder hundert Seiten später, und alles vorher war nur Prolog. Die Lebensläufe sämtlicher Exemplare der menschlichen Gattung bilden ein fortlaufendes Geflecht, und bei jedem Versuch, ein Stück Leben herauszulösen, das unabhängig vom Rest einen Sinn hat – zum Beispiel eine Begegnung zweier Personen, die für beide entscheidend wird –, muß man in Rechnung stellen, daß beide jeweils ein ganzes Gewirr von Geschehnissen, Sphären, anderen Personen mitbringen und daß aus ihrer Begegnung neue Geschichten hervorgehen werden, die sich trennen werden von ihrer gemeinsam erlebten Geschichte.«* (Italo Calvino 1986, S. 182f.)

## Wann fängt der Anfang an, wann hört er auf?
## Warum Anfangssituation und nicht einfach »nur« Anfang?

Dies sind die beiden Fragen, die Zusammenfassung und Ausgangspunkt weiterer Fragen zugleich sind, die es wenigstens in einigen Aspekten in diesem Abschnitt zu beantworten gilt.

### *Wann fängt der Anfang an, wann hört er auf?*

»Beginn ist jenes, womit etwas anhebt, Anfang das, woraus etwas entspringt«

*M. Heidegger*

Das wird alle diejenigen interessieren, die klare Abgrenzungen für wichtig und notwendig halten. Mit meiner Antwort werde ich diese Leser enttäuschen. Es gibt für den Anfang des Anfangs und noch weniger für das Ende des Anfangs keinen »objektiv« festlegbaren und benennbaren Zeitpunkt. Anfänge sind keine von den daran beteiligten Subjekten und deren Einstellungen und Stimmungen abzutrennenden Sachverhalte. Man *fühlt* sich jeweils auch am Anfang, am Anfang des Anfangs und/oder an dessen Ende. Und doch, nur subjektiv ist der Anfang auch wieder nicht. Es liegt nahe, jenen Zeitpunkt einer Lehr-/Lernveranstaltung als den Anfang des Anfangs zu bezeichnen, in dem die Beteiligten sich erstmalig zur Bildungsveranstaltung treffen.

Das Ende des Anfangs ist schließlich das Ende des Endes. All das nämlich, was in Anfängen geschieht, ist in den dem Anfang folgenden Phasen enthalten. Der Anfang wirkt bis zum Ende. Ohne Anfang eben kein Ende.

Detaillierter und ausführlicher – vielleicht auch befriedigender – ist meine Antwort auf die zweite Frage:

## Warum Anfangssituation und nicht »nur« Anfang?

Von »Situationen« sprechen wir, wenn wir einen bestimmten Ausschnitt, einen Abschnitt aus unserem Leben, aus der sozialen Realität bezeichnen wollen.[1] Ein solcher zeitlich strukturierter Abschnitt ist auch der Anfang und in unserem Zusammenhang speziell der Anfang von Lehr-/Lernprozessen im Bereich der Erwachsenenbildung. Wenn ich von *Anfangssituation* spreche, so knüpfe ich (beim Leser/Hörer) an kulturspezifische, gemeinsame Bedeutungen an, die auf – wenigstens teilweise – vergleichbaren Erfahrungen beruhen. Eine Situation hat in dieser Perspektive etwas Überindividuelles, etwas Allgemeines; so z.B. ein bestimmtes, von vielen Beteiligten geteiltes, Interaktionsmuster (z.B. die Begrüßung der Teilnehmer durch Händeschütteln). Sie hat aber, da sich in ihr ja auch unterschiedliche und voneinander unterschiedene Subjekte befinden (und diese Subjekte die Situation maßgeblich beeinflussen) auch etwas Spezifisches, etwas Individuelles, Einzigartiges und Besonderes (z.B. den jeweils individuellen Händedruck bei der Begrüßung). Beides, das Allgemeine und das Besondere, sind als Einheit zu sehen, »eine konkrete Einheit, die nicht ohne entstellende Abstraktion in objektive und subjektive Bestandteile zerlegt werden kann. … Die objektivierten Gegebenheiten einer Situation sind nicht beschreibbar ohne Vergegenwärtigung des Verhaltens, das sich auf sie richtet« (Bahrdt 1958, S. 5).

> »Der Anfang ist ein negationsresistenter Schicksalsschlag.«
> *Odo Marquard*

Es ist demnach nicht möglich, exakt und randscharf und unabhängig von der jeweils konkret erfahrenen Praxis, Inhalt und Grenzen von Situationen zu bestimmen.[2]

Situationen sind *Prozesse*, keine Tatbestände. Sie sind keine Tatsachen im Sinne naturwissenschaftlicher Fakten, da sich die soziale Situation maßgeblich erst durch die Perspektiven und die Interessen der beteiligten Handlungspartner herstellt. So sind Anfangssituationen für jeden Beteiligten besondere Situationen, d.h., Anfangssituationen sind jeweils auch je meine, deine Anfangssituationen. Sie haben jedoch, wie bereits oben angedeutet, auch etwas Typisches, etwas Allgemeines: Die Subjekte, die Beteiligten, sind in einer vergleichbaren Lage. Diese Lage ist erklärbar und (wenigstens teilweise) beherrschbar. Mit ihr wird ja durch bestimmte Organisations- und Interaktionsmuster in der Erwachsenenbildung auch didaktisch umgegangen. Gelingende Situationsbewältigung zeigt sich dort, wo solches nicht auf Kosten des praktischen Interesses an der jeweils spezifischen

---

1 Eine noch zu entwickelnde »grüne Erwachsenenbildung« – vorausgesetzt diese hätte einen Hang zur akademischen Sprache – würde den Begriff des »sozialen Biotops« sicher dem der »Situation« vorziehen.

2 Zumal auch das, was als »objektiver Bestandteil von Situationen« bezeichnet wird, als Einheit nur auf der Basis kulturell und historisch überlieferter Symbole und Bedeutungen darstellbar ist.

Problembearbeitung der Beteiligten geht, wo im Allgemeinen das Besondere der Subjekte enthalten ist, wo Situationen auch Gelegenheiten für die einzelnen sind (vgl. hierzu Geißler/Hege 1981, S. 31).

Damit signalisiert die Verwendung des Situationsbegriffes eine Position, die gegen eine Isolierung einzelner Aspekte des Bildungsgeschehens gerichtet ist.

»Was wir den Anfang nennen, ist bereits das Resultat langwieriger vor und zurückfragender Selektionen.«

*Botho Strauß (1992, S. 38)*

Schauen wir uns die Komplexität dessen, was hier als Situation bezeichnet wird, noch genauer an: Situationen sind zum einen geprägt durch die sog. objektiven Bedingungen – dies sind immer bestimmte historisch entwickelte Lebensbedingungen. In einer dies verdeutlichenden Analogie zur Landschaftsarchitektur kann man von der Einfriedung der Situation sprechen:

>*Die entscheidende Eigenschaft eines jeden geschaffenen Ortes ist die Einfriedung, und sein Charakter und seine räumlichen Eigenheiten sind durch das Wie seiner Einfriedung bestimmt. Diese Einfriedung kann mehr oder weniger ausgeführt sein, es kann Öffnungen und einbezogene Richtungen geben, und entsprechend unterschiedlich sind die Eigenschaften des Ortes. Einfriedung meint zunächst einmal ein besonderes Gebiet, das durch gebaute Grenzen von seiner Umgebung abgesondert ist. Sie kann sich auch weniger streng in Form einer dichten Elementengruppe, wo eine kontinuierliche Grenze eher zu erschließen als wirklich vorhanden ist, manifestieren« (Norberg-Schulz 1982, S. 58).*

Neben den auf den Ort bezogenen Einfriedungen sind es in der Erwachsenenbildung (z.B. bei Anfangssituationen) besonders die zur Verfügung stehenden Zeiten (z.B. Kursdauer), die finanziellen Bedingungen (z.B. Kursgebühren), die übergreifenden Lehr-/Lernstrukturen (wie z.B. Studien- und Prüfungsordnungen, Zertifikatsbestimmungen), die die Situationen maßgeblich bestimmen, die sie einfrieden.

Andererseits werden Situationen durch die beteiligten Subjekte, durch deren Handeln, deren Interessen, durch ihr Fühlen, ihr Wollen usw. bestimmt. Dies in zweifacher Hinsicht; einmal durch die einzelnen als Individuen und zum anderen durch die Beziehungen der *Beteiligten* untereinander (d.h. durch die Gruppe der *Beteiligten*).

Dies will ich etwas detaillierter ausführen:

a) Zunächst jener Aspekt, der die einzelnen als Interaktionspartner in den Blick nimmt: Dabei kann man sich auf das Erklärungsmodell des symbolischen Interaktionismus stützen. Dessen Vertreter sprechen von der *Definition der Situation* durch die darin Handelnden. Dies bedeutet, daß eine Situation nicht an sich besteht bzw. mit Hilfe ihrer äußeren Erscheinungen verstanden werden kann, sondern erst durch die Definition und die Deutung der an ihr Beteiligten ihren spezifischen Gehalt und ihre besondere Ausprägung bekommt. Die objektiven Bedingungen, also die Einfriedungen, sind subjektiv gebrochen, d.h., ihre Bedeutungen hängen maßgeblich vom Interpretationsprozeß der Beteiligten ab. Situationen sind unter diesem Aspekt »interpretativ strukturierte soziale Gegebenheiten«. Die Subjekte, die sich an der Herstellung des situativen Zusammenhanges (also dessen, was man als Inhalt der Situation bezeichnen könnte) beteiligen, treten ins Zentrum der Betrachtung. Dieses Prinzip der Situationsdefinition kommt in der inzwischen klassischen Formulierung von W. I. Thomas zum Ausdruck:

*»Wenn die Menschen Situationen als real definieren, so sind auch ihre Folgen real.«*

Betrachten wir unter dieser Perspektive den Beginn einer üblichen Erwachsenenbildungsveranstaltung:
Dozenten und Teilnehmer kennen sich nicht, ebenso sind sich die Teilnehmer untereinander meist unbekannt. Die Interaktionspartner strukturieren nun diese Situation, d.h. sie nehmen die Realität jeweils individuell und spezifisch wahr, interpretieren sie und orientieren ihr Verhalten an diesen Wahrnehmungen und Interpretationen. Die Situation wird von ihnen definiert, z.B. als bereits bekannte, oder als unübliche, als überraschende, als bedrohliche, oder als Chance zur Selbstdarstellung usw. Jedes am Lehr-/ Lernprozeß beteiligte Subjekt ist *aktiv* situationsgestaltend. Es nimmt wahr und gewichtet diese Wahrnehmung, verdrängt einiges und handelt spezifisch auf das von ihm Interpretierte hin. Bewußt und unbewußt strukturiert das Subjekt die Situation, indem es ihr jeweils spezifische Bedeutungen zuerkennt. Es erbringt Anpassungsleistungen, verändert aber gleichzeitig auch seine Umwelt.

Nun geschieht diese Definition von Situationen nicht unabhängig von gesellschaftlich geprägten Erwartungen, und sie geschieht auch nicht losgelöst von individuellen Vorerfahrungen und von speziellen Absichten, subjektiven Dispositionen, besonderen Interessen und Wünschen. In die Situation der Bildungsveranstaltung bringen die Beteiligten, Dozenten und Teilnehmer, ihre alltäglichen Lebenssituationen mit ein. Diese Inhalte des Alltagswissens, des routinierten Verhaltens, sind Grundlage der Situationsdefinitionen. So werden die einmal aufgebauten, angeeigneten und erprobten Denkschemata, Wahrnehmungsperspektiven und Verhaltensmuster auf neue Situationen übertragen. Sie werden für die Situationsdefinition des beteiligten Subjekts bestimmend (solange jedenfalls, wie sie wenigstens teilweise Bestätigung und Befriedigung verschaffen). Daß dabei bewußte, aber auch unbewußte Wünsche, Hoffnungen und Erwartungen (die wiederum aus Alltagserfahrungen erklärbar sind) die Situation definieren und hierdurch strukturieren, zeigt der Bericht eines Dozenten in einem Englischkurs an einer Volkshochschule.

*»Nun ist es eben gerade nicht so, daß die Teilnehmer nur das Englische zusammenführt. Für so manche Frau in meinem Kurs war der Unterricht in der VHS die einzige Unternehmung ohne den dazugehörigen Ehemann. Es gibt Wünsche nach Kontakten, nach Gemeinsamkeit. Daß sie unausgesprochen bleiben, lastet schwer auf mir. Auch ich brin-*

*ge es nicht fertig, anzusprechen, daß uns auch andere Bedürfnisse zusammenführen. So war ich dann eines Tages schon fast erleichtert, als eine Teilnehmerin aus ihrem Korb Kekse, Brezeln und drei Flaschen Sekt auspackte und strahlend verkündete: »Ich habe heute Geburtstag, das wollen wir feiern!« Sie verbalisierte ihr Unterrichtsziel eindeutig. Für sie war der Kurs zum Klub geworden, sie hatte einen Kreis gefunden, in dem sie sich wohl fühlte. Ein typischer Englischkurs am Vormittag mit 13 weiblichen und 2 männlichen Teilnehmern findet keineswegs nur statt, um die Sprache zu lernen. Im Vordergrund steht für die Teilnehmer der soziale Aspekt.«* (Baak u.a. 1981, S. 360)

b) Vieles bliebe unerkannt und unerklärt, wenn das, was in Situationen (speziell in Anfangssituationen) geschieht, ausschließlich als Ergebnis der in sie eingebrachten subjektiven Situationsinterpretationen gesehen würde. Die auf den vorgängigen Erfahrungen der beteiligten Subjekte beruhenden Wahrnehmungs-, Interpretations- und Handlungsweisen geben zwar gewissermaßen das Material, den Rohstoff, für die Qualität der Situationsentwicklung ab, es ist jedoch das Gesamtsystem der Beziehungen, das ihnen ihre besondere Bedeutung verleiht.

| Das Problem des Anfangs ist, daß er der Anfang ist. |
| --- |

»Für die Beziehungsarbeit ist die Beziehung das einzelne Element und nicht die einzelne Person oder ein Produkt, was aus der Beziehungsarbeit hervorgeht. Das Verhältnis der einzelnen Personen zu sich selbst geht als Rohstoff in die Beziehung ein.« (Negt/Kluge 1981, S. 967). Vergleichen läßt sich dies mit einem Puzzle. Dessen einzelne Teile sind verschieden, für das entstehende Bild auch notwendigerweise unterschiedlich; das aus den Teilen zusammengesetzte Bild erhält seine Bedeutung aber nicht allein durch die Summe der Einzelteile, sondern durch deren Beziehung untereinander.

Es ist die Qualität der Beziehung – besser: der Beziehungslosigkeit –, die das Handeln der Teilnehmer in Anfangssituationen bestimmt; so wenn diese sich z.B. möglichst isoliert (und weit weg vom Dozenten) zu Beginn einer Veranstaltung einen Sitzplatz suchen. Verstehbar ist dies nicht (nur) als Merkmal handelnder Individuen, sondern als Eigenschaft, die dem Zusammenhang als *Zusammenhang* zugehört. In dem eben genannten Beispiel: als gemeinsames Fühlen einzelner (Teilnehmer und Dozenten) wird durch das Muster der Beziehung (mit-)bestimmt, es wird dadurch beeinflußt, daß die beteiligten Personen in ein Verhältnis zueinander eintreten, an dessen Anfang die Verhältnislosigkeit steht.

Die Anfangssituation muß daher auch als gemeinsame Beziehungserfahrung verstanden werden, als ein Verhältnis, das den Dozenten und die Teilnehmer gleichermaßen betrifft und umfaßt. Erst wenn Situationen auch vom Ganzen, d.h. von der Gruppe und den Beziehungsqualitäten zu den einzelnen Teilen (Untergruppen und Individuen) aus gesehen werden, kann das, was in Lehr-/Lernsituationen geschieht und was dort geschehen soll, verstanden und sinnvoll interpretiert und beeinflußt werden.

Ein umfassendes Verständnis von Anfangssituationen hätte demnach die Logik der Gruppe als das die einzelnen Aktionen und Reaktionen überlagernde und bestimmende Moment ebenso zu berücksichtigen wie die beteiligten Subjekte und deren spezifisches Verhältnis zu sich selbst.[1]

Nun aber ereignet sich das, was hier als »Anfangssituation von Bildungsprozessen« im Zentrum der Betrachtung steht, nicht einfach von selbst. Anfangssituationen werden gestaltet und zwar auf ein Ziel hin. Aber dieses Ziel, so gewichtig und einflußreich es auch sein mag, macht doch nicht alles übrige zum Mittel seiner Erreichung. Das Ziel, so Sartre (1971, S. 88), »erhellt den Weg und verleiht der Situation ihren Sinn, aber umgekehrt ist es nur eine bestimmte Art, uns über die Situation zu erheben, das heißt sie zu verstehen. Unser Ziel sind wir selbst; in seinem Licht erhellt sich unser Bezug zur Welt.«[2] Hieran können und müssen sich die Möglichkeiten und Grenzen der Bildungsarbeit von Pädagogen orientieren, die maßgeblich in der Gestaltung von Lehr-/Lernsituationen besteht. Dazu der Soziologe Karl Mannheim (1958, S. 273)

> »Das charakteristische Denkmodell des planenden Denkens ist die ›Situation‹ oder sogar noch komplexere Konstellationen. Auf der Stufe der Planung wird es immer nötiger, daß man in Situationen denken kann. Nicht nur in der Praxis, sondern auch in der Wissenschaft selbst ist es wichtig, wenn man imstande ist, die verschiedenen Ereignisreihen in Gedanken zusammenzufügen und zu erkennen, wie die einzelnen Ereignisse, Institutionen und seelischen Verhaltensweisen aufeinander abgestimmt sind und voneinander abhängen.«

Die Absicht dieses Buches ist es, mit Hilfe phänomenologischer Analysen und den sich daran zu entwickelnden konstruktiven Hinweisen für eine oftmals von den Beteiligten als sehr problematisch erlebte Situation im Bildungsprozeß, dem Anfang nämlich, Verständnis zu entwickeln. Verständnis insbesondere für die Bedeutung individueller und sozialer Erlebnis- und Handlungsweisen. Daß die Perspektiven dabei einseitig auf den *Beziehungsproblemen* in Anfangssituationen von Bildungsprozessen liegen, ist beabsichtigt und hat u.a. einen wichtigen Grund in der starken Vernachlässigung dieses m.E. zentralen Gesichtspunktes in den Theorien der Erwachsenenbildung, ebenso wie in der Praxis der Aus- und Fortbildung von Dozentinnen und Dozenten. Zum anderen ist diese Perspektive Ausdruck (m)einer speziellen Bildungskonzeption, (m)einer Bildungsarchitektur: »Im allgemeinen kennen wir ›Realien‹, die unsere Existenz tragen. Aber ›siedeln‹ geht über diese

> »Es ist doch lange hergebracht, / Daß in der großen Welt / man kleine Welten macht.«
>
> *Goethe, Faust*

---

1 Zwischen den beiden Aspekten besteht ein dialektisches Verhältnis, das folgendermaßen zu begreifen ist: »Die Dialektik betrifft den Wechselbezug zwischen Subjekt und Objekt, Subjekt und Mitsubjekt in einem Konstitutionsprozeß, in dem jene sich zugleich bilden und fortbilden; damit widersetzt sie sich einem gespaltenen Denken, das dualistisch Inneres und Äußeres voneinander absondert oder eines auf das andere reduziert.« (Waldenfels 1977, S. 144)
2 Vgl. dazu im Detail Geißler/Kade 1982, S. 114ff.

unmittelbaren Befriedigungen hinaus. Von jeher wußte man, daß einen Ort schaffen heißt, das Wesen des Seins auszudrücken. Die vom Menschen geschaffene Umwelt, in der er lebt, ist nicht ein bloß praktisches Instrument oder das Ergebnis zufälliger Ereignisse, sondern hat Struktur und Sinn. Sinn und Struktur spiegeln das Verständnis des Menschen für seine natürliche Umgebung und seine allgemeine existentielle Situation wider. Eine Untersuchung des vom Menschen geschaffenen Ortes sollte deshalb eine natürliche Grundlage haben: Sie sollte von der *Beziehung* zur natürlichen Umgebung ausgehen.« (Norberg-Schulz 1982, S. 50).

---

29. Beginnen. *s. jung 2.22. geringer Grad 4.4. Ursache 5.31. Herkunft 5.41. Anfangszeit 6.2. neu 6.26. Reise 16.6–7.*

Eins! zwei! drei! · fertig los! zuerst ♦ an- · los- · anbrechen · anfahen · anfangen · angehen · anheben · sich anschicken · ansetzen · antreten · auftauchen · ausbrechen · angehen · anheben · sich anschicken · ansetzen · antreten · auftauchen · ausbrechen · auskriechen · ausschlüpfen · beginnen · dämmern · debütieren · einsetzen · sich entspinnen · entspringen · entstehen · sich erheben · erscheinen · erstehen · keimen · losgehen · loslegen · losmachen · losschießen · sprießen · sprossen · starten · Anfang nehmen · in Aktion treten · den Anfang machen · den Dreh kriegen · den Bann brechen · die Bahn brechen · eine Frage anschneiden · aufs Tapet bringen · den Stein ins Rollen bringen · sich die Sporen verdienen · die Initiative ergreifen ♦ ausholen · maikäfern · im Anzug sein · anziehen, Anzug haben (Brettspiel) · geben, am Ausspielen sein (Kartenspiel) ♦ an- · ein- · anbahnen · ankurbeln · anlassen, anstellen, einschalten (Motor, Radio) · frisch anstechen · aufrollen · einführen · einleiten · einrichten · einweihen · eröffnen · gründen · inaugurieren · starten · in Angriff nehmen · den Anstoß geben · vom Stapel lassen · in Gang bringen · ins Leben rufen · aus der Taufe heben · in die Wege leiten · in Schwung bringen ♦ sich dahinter machen, dahinter klemmen ♦ anfänglich · der erste · primär · ursprünglich ♦ Anfänger · Anwärter · Ei · Embryo · Erstgeburt · Fuchs · Greenhorn · Kadett · Lehrling · Neophyt · Neuer · Neuling · Novize · Rekrut (»Hammel«) · Schrittmacher · Vorhand (Skat) · Schüler *s. 12.35* ♦ An- · Erst- · Initial- · ABC · Abmarsch · Anbruch · Anbeginn · Anfang (süddt.) · Beginn (norddt.) · Anlauf · Ansatz · Anschnitt · Antritt · Aufbruch · Aufmarsch · Auftakt · Ausmarsch · Debut · Einbruch · Entstehung · Geburt · Geburtstag · Jungfernrede · Ouvertüre · Start · der erste Schritt ♦ ✿usgangspunkt · Heimat · Quelle · Ursprung · Wiege ♦ Anstich · Einweihung · Eröffnung · erster Spatenstich · Fanfarenklänge · Grundsteinlegung · Inanspruchnahme · Inauguration · Stapellauf ♦ Vorwort · Titelblatt.

*Dornseiff, F.: Der Deutsche Wortschatz nach Sachgruppen, Berlin 1970, S. 265*

# Die Angst des Dozenten vor Anfangssituationen 6

Der folgende Text ist die Niederschrift einer *Dozentin*, die hierdurch u.a. auch ein Medium gefunden hat, ihre Ängste vor Anfangssituationen zu bearbeiten. Ich kenne keine ähnlich offene und sensible Selbstanalyse eines *Dozenten*. Sicher haben Dozenten ebenso viele, inhaltlich sicher teils andere, Ängste vor Anfangssituationen. Zusätzlich haben sie noch die Angst, die öffentlich werden zu lassen. Daher spreche ich auch in der Überschrift von der Angst des *Dozenten* vor der Anfangssituation.

## Dozentin T.: Vor dem Anfang ...

Eine beruhigende Wirkung von Erfahrungen gibt es noch nicht: dies wird mein zweites, allein durchgeführtes Seminar sein. Das erste ging »schief«, weil ich viel falsch gemacht habe und die Bedingungen schlecht waren. Jetzt muß alles anders werden, viel besser (was heißt das?), sonst muß ich für mich die Selbstverständnisfrage grundsätzlich stellen.

Die Namens-Liste der Teilnehmer des Ausbilderseminars liegt vor mir: nur *eine* Frau! Das ist kaum anders zu erwarten. Wird die »mitmachen«, mich unterstützen, sich solidarisieren, oder wird sie Konkurrentin sein?

Ich suche Verbündete. Im Kampf gegen – wen eigentlich? Ist das ein Schlachtfeld? Wenn ja, wer kämpft wofür und gegen wen? Ich erinnere mich, daß ich früher einmal eine solche Wut auf einen Teilnehmer bekam, daß ich ihn verhauen wollte – aber es stand der große Seminartisch dazwischen ...

Wie werden die Ausbilder sein? Da gibt es einen Dr. jur. Entweder der unterstützt mich, oder er versucht ehrgeizig, mich in die Pfanne zu hauen, es besser zu wissen. Gibt's auch was dazwischen?

Werden die mich überhaupt akzeptieren? Als Frau und als Dozentin? Wie verschaffe ich mir Autorität?

Auf jeden Fall werde ich mich sportlich-dezent kleiden. Ich bin für dunkelblau als Grundton, bloß nichts Grelles, wo die immer hingucken. Hose oder Rock? Meine Weiblichkeit will ich gerade nicht rauskehren, also Hose, und die nicht zu eng, erstens kneift's sonst und zweitens wird mein Hintern sonst zum Mittelpunkt. Dazu Pullover und Bluse irgendwie farblich passend und nicht so eng, damit mein kleiner Busen nicht auffällt, sonst wird der noch zum Thema!

Ob ich den Mut habe, wenigstens meine knallroten Stiefel anzuziehen? Ich habe! Schließlich bleiben die Füße ja am Boden und wer will, soll ruhig ein bißchen Gesinnungsfarbe erkennen. Die Haare werden einen Tag vorher gewaschen, das Gesicht muß mit etwas Rouge aufgemöbelt werden – erfahrungsgemäß werde ich käsebleich sein, was auf Angst schießen ließe, und Angstblässe will ich nicht zugeben, will vielmehr lässig-unbeschwerte Munterkeit demonstrieren. Ob das alles so wichtig ist?

Ich sehe wieder und wieder die Namensliste durch, versuche, mir die Leute menschlich zu machen durch Lesen der Vornamen, Überlegungen zur Branche (trockener Banker, phantasievoller Drucker), Wohnort und anderes mehr. Versuche, mir die Namen einzuprägen: Namen kennen ist ganz wichtig, schafft Nähe, Vertrauen – ich kann Namen so schwer behalten.

Heute noch genau eine Woche – bei dem Gedanken an das nahende Seminar wird mir mulmig; wenn ich anfange, die Inhalte anzusehen, muß ich erst mal aufs Klo: Dampf ablassen ist Angst reduzieren.

Ich plane mein Seminar. Ein Zeit-Raster gibt mir etwas Halt. Links die Zeit – rechts der Inhalt. Ich wiege auf: Minuten gegen (!) Inhalte, die Waage kippelt. Das Problem ist, daß nicht jede Minute gleich wiegt …

Ich beschließe, die Zeit wegzulassen; ich hab' es 100mal gehört (Lernen aus der Erfahrung anderer?), daß der Zeitplan in die Binsen geht.

Also fang' ich's anders an: Was ist *mir* als Dozentin wichtig, was will *ich* vermitteln? Ich weiß, daß bei mir die Gefahr des Moralisierens, des Ermahnens besteht. Das konnte ich selbst bei Lehrern nie leiden. Also, das muß ich vermeiden. Ich muß lässiger sein – schließlich sind das Erwachsene, die sollen auch selbst mitbestimmen, daß und was sie lernen wollen. Aber daß sie sich entscheiden müssen in ihrem Beruf (natürlich *für* die Lehrlinge), das müssen sie schon kapieren, mindestens.

Wie fange ich bloß an? Ich schreibe erst mal meine Inhalte auf. Sortiere, setze Schwerpunkte, straffe.

Noch fünf, vier, drei Tage.

Über meinem Schreibtisch braut sich dicke Luft zusammen. Gewitterwolken in meinem Bauch; ich beginne, Kamillentee und Knäckebrot als Lieblingsspeise bis zum Seminar zu wählen. Gibt es eigentlich irgendein Organ in mir, dem das Seminar egal ist? Meine Zunge liegt auf dem Trockenen, dicke Wollsocken an den Schreibtischfüßen, die Fellweste muß her, die Finger sind klamm – Eiszeit.

Ich könnte so anfangen: Ich komme rein, forsch, munter »guten Morgen«, ich heiße … Ich bin … ja, was denn eigentlich? Mutter, Ehefrau, Putzfrau, Wäschefrau, Köchin, Dozentin für Berufsbildungsrecht? Beeindruckende Mischung. Nein, ich kann natürlich nur das »Berufliche« zugeben, der Rest wertet mich ab oder ich werte den Rest ab oder wie herum auch immer.

Ich weiß schon jetzt, daß ich mich im Seminar nach meinem Kind sehne, stürmische Lust auf seine Ehrlichkeit bekomme.

Aber hier geht's jetzt wirklich um was anderes. Auf jeden Fall werde ich sofort voll einsteigen: der Anfang wird gleich durch die Inhalte bestimmt. Im 1. Seminar bin ich mir selbst – leider etwas zu spät – auf meine Absicherungs-Schliche gekommen. Keine Unsicherheiten schaffen, sondern Strukturen setzen, klar sein. Das sagen auch immer K. und C. Im ersten Seminar hab' ich's mal anders ausprobiert, jetzt mache ich es mal so wie die. Wie sichere ich mich aber ab fürs Schiefgehen, wenn ich nichts auf die Bedingungen schieben kann? Ach ja, ich muß mir nicht *jeden* Schuh selbst anziehen, schließlich mach' ich eine Pädagogik, die Eigenverantwortlichkeit will, und die Teilnehmer müssen also manches auch eigen-verantworten. Kann ich meine Fehler dann noch irgendwie heraus-kristallisieren? Ich will doch »was« lernen, besser werden, »Erfahrungen machen«. Und vor allem selbstreflexiv sein! Am liebsten wäre mir ein Beobachter, der anschließend Kritik üben würde, selbstverständlich solidarische Kritik und möglichst unter vier Augen.

Noch drei Tage noch zwei Tage: Ich habe jetzt mein Seminar konzipiert (4. Fassung) mit lockeren Zeitangaben, die mir »Freiheiten« lassen, mich nicht zu unpädagogischen Maß-nahmen zwingen (Antreiben, Abbrechen, Raffen und Straffen).

Wenn ich jetzt meinen Seminar-Ablauf jemandem mitteilte und der kritisiert noch was, muß ich alles umstellen. Wenn jetzt noch einer fragt, warum ich das so mache und ich kann's nicht begründen, bekomm' ich Panik.

Ich bin noch begierig auf Anregungen, will aber keine Korrekturen mehr – geht das so überhaupt? Geschickt dosiert lasse ich Einzel-Szenen raus: Wie würdest du reagieren, wenn einer sowas sagt … oder: hast Du schon mal erlebt, daß dies passiert, wenn … Ler-nen aus den Erfahrungen der anderen?

Ich will Ratschläge, aber sie dürfen nur noch konzeptimmanent sein. Bloß keine Grund-satz-Diskussionen mehr! Hätte ich doch bloß eher meine Vorgehensweise diskutiert. Ko-mischerweise kam mit K. kein Beratungsgespräch zustande, und das seit zwei Wochen. Ich hatte Angst, daß er »dahinter«gucken würde. Fassaden-Architektur. Als ich als Studen-tin nach München kam und den Landtag von ferne sah, interessierte mich das stolze Bau-werk, ich wollte es innen und oben und hinten sehen; ich guckte nach: es gab nur vorne.

Warum kann ich eigentlich nicht zulassen, langsam an meinen Seminar-Erfahrungen zu lernen? Warum will ich gleich stark, fertig und unangreifbar sein? In Wirklichkeit bin ich sowieso ganz anders.

Ich weiß nicht, ob ich wirklich Interesse an den Ausbildern habe, ob ich »echt« bin in meinen pädagogischen Ansprüchen. Kann ich mich ohne Betriebs-Praxis als studierte Bür-gertochter mit Mann und Kind überhaupt mit vollem Herzen auf die Probleme der Ausbil-der einlassen? Die müssen doch merken, daß ich »anders« bin; müssen mißtrauisch wer-den, müssen am Ende wütend und ärgerlich sein. Ich bekomme Schuldgefühle: Die ackern tagein tagaus im Betrieb, und ich komme von meinem Schreibtisch und stelle For-derungen, verunsichere, versichere u.a. Wie komme ich überhaupt dazu? Ich nehme mir vor, mich zu beobachten: ist mein Interesse an den Ausbildern echt? Wenn nicht, was geht in mir vor?
Die Nacht vor der Abreise zum Seminar schlafe ich unruhig und wenig. Die vertraute

Familie um mich stört jetzt schon, ich will auch keine Nähe mehr, irgendwie bin ich schon abgereist. Mir ist schlecht – ich lutsche Salmis, das beruhigt.

Am Abend vor dem Seminar treffe ich einen Großteil der Teilnehmer am Biertisch. Einige stellen sich vor, stellen mir Fragen. Wir trinken alle Bier. Ich stelle erstaunt fest, daß die noch viel mehr Angst vor mir haben als ich vor ihnen. Ihre Schwäche macht mich stärker …

Dies ist also jetzt schon der Anfang gewesen – vorverlegt an den Biertisch, daran hätte ich nicht gedacht. Nun geht's morgen früh gleich weiter, das ist eigentlich ganz gut so. Ich schlafe ganz ruhig in dieser Nacht vor dem Seminar.

*Dozent, der ins Schwimmen geraten ist*

# Die Angst des Dozenten in Anfangssituationen

**7**

## »Ich kenne keine Furcht, es sei denn, ich bekäme Angst«

*(Karl Valentin)*

Zweifle nicht
an dem
der dir sagt
er hat Angst
aber habe Angst
vor dem
der dir sagt
er kennt keinen Zweifel

*Erich Fried*

Die Angst der Dozentin, des Dozenten, ist nicht nur die Angst vor dem Teilnehmer, es ist die Angst vor der Situation des Anfangs (zu der ja die Teilnehmer auch gehören), es ist auch die Angst vor sich selbst, und es ist schließlich die Angst vor der eigenen Angst.

Angst, was ist das? Wir bezeichnen umgangssprachlich damit ein Gefühl von Unsicherheit, von Anspannung, von Erregung. Gerichtet ist dieses Angstgefühl auf etwas Bedrohliches, ohne daß die Ursache der Bedrohung, das bedrohliche Objekt/Subjekt, genau zu benennen wäre.

Eine präzise Definition dessen, was Angst ist, verbietet sich, da es sich dabei ja um ein subjektives Empfinden handelt, das immer auch ein ganz besonderes individuelles Erleben ist.!1

Die jeweils vorhandene Angst sowie die Abwehr eben dieses Erlebens bestimmen die innere und die äußere Realität der Subjekte in bedrohlichen Situationen. Die innere Realität, indem hierdurch die Bedürfnisse beeinflußt werden, die äußere, indem die Wahrnehmung und die Handlungsqualität entscheidend strukturiert werden.

Während der Vorbereitung – und auch in der Anfangssituation – von Veranstaltungen sind die Dozenten (ebenso auch die übrigen Beteiligten), wie ja aus der sensiblen Schilderung der Dozentin T. herauszulesen ist, in vielfältiger Weise mit der Bewältigung ihrer Ängste beschäftigt.

Dies geschieht in den meisten Fällen nicht bewußt und nicht beabsichtigt. Hat der Dozent z.B. mehrere didaktische Konzepte zur Auswahl oder entwickelt er sein eigenes, so entscheidet er sich im Planungsprozeß immer auch aus Gründen seiner spezifischen Angst für ein bestimmtes Konzept. Gleiches gilt für das je aktuelle Handeln in Veranstaltungssituationen, wo besonders zu Beginn von Kursen die methodischen Entscheidungen des Dozenten von diesem nicht nur nach rationalen Gesichtspunkten im Hinblick auf die Aneignung von Lerninhalten getroffen werden. Was in Anfangssituationen gesagt wird und wie es gesagt wird, was getan wird und wie es getan wird, dies ist auch als Reaktion auf die Dozentenunsicherheit zu verstehen. Und die wie immer gearteten Aktionen zu Beginn von Kursen sind auch als Handlungen zu sehen, die eine Angstminderung (z.B. über Angebote sozialer Akzeptanz und Anerkennung) zum Ziel haben.

Dies ist zentrales, nicht-offizielles Thema aller Anfangssituationen von Lehr-/Lernprozessen.

---

1 Vgl. hierzu die Definitionsprobleme bei Empfindungsworten in *Wittgenstein*: Philosophische Untersuchungen (1967).

62

Zwei maßgebliche Gründe machen dieses Thema zu einer in der Erwachsenenbildung besonders erwähnenswerten und zu berücksichtigenden Problematik. Zum einen stehen dem Dozenten, der Dozentin in der Erwachsenenbildung erheblich weniger Möglichkeiten (als z.B. dem Lehrer in der Schule) zur Verfügung, die Anerkennung als Lehrender zu erzwingen (zum Glück!). Die Dozentenrolle ist in den meisten Fällen nicht in dem Maße durch institutionelle Macht abgesichert, wie dies beispielsweise im schulischen Bereich der Fall ist. Zum anderen ist die narzißtische Kränkung im Falle der sozialen Nicht-Anerkennung durch Erwachsene erheblich größer als durch Nicht-Erwachsene (also z.B. Schüler).!1

Soziale Ablehnung durch Erwachsene, also durch die Teilnehmer bzw. einzelne Teilnehmer, ist immer auch eine Bedrohung des professionellen und des persönlichen Ansehens. Die Angst davor hat besonders dort einen sehr realen Aspekt, wo die Ablehnung durch die Lernenden auch sehr folgenreich ist. Dies ist bei den institutionell wenig abgesicherten nebenberuflichen Dozenten (das ist die Mehrzahl der in der Erwachsenenbildung Lehrenden) sehr häufig der Fall. Für sie ist die soziale Anerkennung durch die Teilnehmer im Kurs oft notwendige Voraussetzung für ihre weitere Tätigkeit in der Erwachsenenbildung. So äußert sich z.B. ein Dozent aus einem Volkshochschulsprachkurs folgendermaßen: »Meine Ängste, daß vielleicht im nachfolgenden Kurs zu wenig Teilnehmer weitermachen könnten, sind zudem auch objektiv begründet. Ich finanziere mit meiner Tätigkeit als nebenberuflicher Kursleiter meinen Lebensunterhalt. Diese ökonomischen Gründe zwingen mich, meinem Fachbereich meine Unersetzlichkeit zu beweisen, indem ich zeige, wie gut ich meine ›Leute bei der Stange halten‹ kann.«

Aber es sind nicht nur solche ökonomischen, im Zitat oben als »objektiv« bezeichneten Gründe, die für die Unsicherheiten und das Bedürfnis nach sozialer Anerkennung bei Dozenten bestimmend sind. Das Gefühl der Angst wird auch durch die *Situation* des Anfangens selbst gefördert. Anfangen bedeutet immer auch alte Sicherheiten aufgeben; bedeutet, da ja in der Phase des Beginnens viele Möglichkeiten (des Gelingens und des Scheiterns), also auch Risiken und Wagnisse enthalten sind, immer auch Ungewißheit, Unsicherheit, Anspannung auf Kommendes hin. Es ist die Angst vor dem Unbekannten (die ja in Extremfällen zur Unfähigkeit führt, überhaupt anfangen zu können). Mit diesen Ängsten, die Wahrnehmungen und Empfindungen beeinflussen, wird in Anfangsphasen häufig so um-

»Ich habe Angst, im nächsten Lernabschnitt keinen neuen Kurs zugeteilt zu bekommen.«

*Baak u.a. 1981, S. 362*

Ganz anders hingegen ein Dozent als Teilnehmer an einer anderen Weiterbildungsmaßnahme:
»Was ich an Ansehen verloren habe, das habe ich an Gesundheit gewonnen.«

---

1 Das Problem der sozialen Anerkennung stellt sich auch auf der wissenschaftlichen Ebene für die Erwachsenenbildung. Die Erwachsenenbildung ist ja immer noch auf der Suche nach Argumenten, sich als eigenständige wissenschaftliche Disziplin zu legitimieren. Ein Großteil der einschlägigen wissenschaftlichen Literatur ist auch als Suche nach sozialer Anerkennung innerhalb der Wissenschaften zu verstehen.

gegangen, daß möglichst jede Äußerung, jedes Handeln von am Lehr-/Lernprozeß Beteiligten auf Bekanntes, auf vorhandene Schemata zurückgeführt wird.[1]

Aber auch dann bleibt die Unsicherheit, ob die alten, die bekannten und früher erprobten Bewältigungstechniken auch für die neue Situation brauchbar und sinnvoll sind, und dies zeigt sich wiederum in der sozialen Anerkennung des Dozenten und der Wertschätzung seiner Interventionen.

---

**Mit Vorbehalt**

Mein Erstes ist nicht wenig,
Mein Zweites ist nicht schwer,
Mein Ganzes läßt dich hoffen,
Doch hoffe nicht zu sehr.

*Friedrich Schleiermacher*

---

Erst wenn das Gefühl der sozialen Zugehörigkeit, der Anerkennung, sich stabilisiert hat, erst dann sind die Dozentenhandlungen nicht mehr auch zu einem gewichtigen Teil affektive Entlastungshandlungen (bzw. die Suche nach Entlastungen von Angst) gegenüber diffuser Unsicherheit und Selbstzweifeln. Erst wenn eine ungefähre Orientierung aus der Dynamik und in der Dynamik des Gruppenprozesses gewonnen wurde, dann erst sind die Voraussetzungen gegeben, in einer affektiv relativ entspannten Atmosphäre lehren und lernen zu können. Wichtig für diese Orientierung sind erlebte, d.h. nicht nur phantasierte Antworten auf z.B. folgende (eher geahnte und gespürte als verbalisierte) Fragen:

*»Wie wichtig darf ich mich machen, damit man mich wahrnimmt?*
*Wie unwichtig muß ich mich machen, um nicht als anspruchsvoll zu gelten?*

*Wie dicht darf ich an andere herangehen, um meine Kontaktwünsche zu befriedigen?*
*Wie fern muß ich mich halten, um nicht bedrängend zu wirken?*

*Wie offen darf ich widersprechen, um mich zu behaupten?*
*Wieviel muß ich widerspruchslos hinnehmen, um nicht aggressiv zu wirken?*

*Wie locker und spontan darf ich sein, um mich von innerer Spannung zu befreien?*
*Wie kontrolliert muß ich sein, um nicht zu impulsiv triebhaft zu wirken?*

*Wie viel darf ich von meinen Einstellungen verraten, damit die anderen mich richtig kennenlernen?*

*Wie viel muß ich von meinen Einstellungen zurückbehalten, um nicht zu provozierend auf andere mit abweichenden Einstellungen zu wirken?*

*Wie ungleichmäßig darf ich meine Zuwendung verteilen, um mein unterschiedliches Interesse an den einzelnen Gruppenmitgliedern ausdrücken zu können?*

*Wie gleichmäßig muß ich meine Zuwendung verteilen, um nicht solche Gruppenmitglieder zu enttäuschen, die sich vor mir vernachlässigt fühlen könnten?«*

(Richter 1974, S. 81ff.)

---

1 Dies sind beim Dozenten auch häufig wissenschaftliche Schemata, dazu siehe R. Barthes treffende Bemerkung (1974, S. 89): »Wir wären also wissenschaftlich aus Mangel an Freiheit.« Angst macht zweifelsohne grob.

Das Geschehen in der Lehr-/Lerngruppe ist in Anfangsphasen von diesen emotionalen Inhalten zentral bestimmt, die in solchen Fragen ausgedrückt sind.

Individuell wird diese Unsicherheit, diese Angst, sehr verschieden erlebt. Entsprechend unterschiedlich handeln die einzelnen Dozenten zu Beginn von Veranstaltungen. Hermann Hesses Formulierung »jedem Anfang liegt ein Zauber inne« akzentuiert ausschließlich die Attraktivitäten, die Überraschungen, die in Anfängen liegen können, ohne das Unheimliche, das Irrationale zu verleugnen. Andere wiederum sehen in Anfängen nur eine Last, sie sehen nur die bedrohlichen Aspekte, ihr Motto ist: »Wehret den Anfängen!« (vgl. dazu das gleichnamige Kapitel in diesem Buch). Sie suchen überall nur das Alte, das Bekannte im Neuen.

Diese sehr individuellen Unterschiede im Erleben von Angst und im Umgang mit der Angst sind nicht ohne die Analyse lebensgeschichtlicher Hintergründe (Familiengeschichte, Rollengeschichte als Dozent usw.) zu verstehen und zu erklären. Je nachdem, wie vorangegangene frühere Erfahrungen, z.B. in der Familie, in Jugendgruppen, in schulischen Erziehungssituationen, verliefen und ob und wie diese verarbeitet wurden, werden das aktuelle Verhalten, die Wahrnehmungen, die Gefühle und die Erwartungen zu Beginn von Lehr-/Lernprozessen entscheidend davon bestimmt. (Hierüber ist bereits relativ viel geschrieben worden, vgl. Brück 1978, Weidenmann 1983 und für die Erwachsenenbildung speziell Brocher 1967 und Münch 1983.)

Wichtiger jedoch als die Beantwortung der Fragen nach den individuellen Ursachen von Gefühlen der Angst und der Bedrohung ist in unserem Zusammenhang die Diskussion der Frage, wie der Dozent in den Anfangssituationen mit seiner Angst umgehen kann und umgehen soll.

Die *Angstbewältigungstechniken* der Dozenten sind so verschieden wie ihre Lebensgeschichten, wie ihre Erfahrungen in der Ausübung der Dozententätigkeit sind und wie die jeweils aktuelle Situation sich gerade darstellt. Versuchen manche, durch Medikamente und Psycho-Tricks ihre Angst zu betäuben, richten sich bei anderen die Techniken des Umgangs mit der Angst besonders auf die an der Interaktion beteiligten Subjekte. Dies bestimmt dann die Qualität des (nicht eben offenen) Kontaktes mit ihnen. Für den Bildungsprozeß eher hinderlich ist das aus der Schule bekannte Verfahren, sich als Dozent die Angst dadurch vom eigenen Leibe zu halten, indem man sie den Teilnehmern einflößt. Solche Einschüchterung der Teilnehmer in Anfangssituationen wird häufig unter dem Etikett, »man müsse sich gleich zu Beginn von Veranstaltungen Respekt verschaffen«, als Ratschlag gehandelt, wobei sich die hieraus entwickelnde Lernkultur (z.B. die Gruppennormen) allzuoft als sozialer Niederschlag der Schutzbedürfnisse des Dozenten darstellt.

Für den Bildungsprozeß in ähnlicher Weise hinderlich sind Bewältigungstechniken der Dozentenängste und der Dozentenunsicherheiten durch extreme Rollenbetonung bzw. durch das starre Festhalten an tradierten Rollenmustern. Solches kann, da die Rolle des

Ein starker Einstieg einer Dozentin:

»Guten Tag, meine Damen und Herren, weiß hier jemand, wann der Kurs zu Ende ist?«

*Erlebt in einer Volkshochschulveranstaltung*

Erwachsenenbildungsdozenten noch nicht allzuviel Eigenständiges hierfür hergibt, nur über das Muster der Lehrerrolle, oft auch das des Hochschullehrers, geschehen. Erwachsenenbildung wird so wieder zu Schule und reproduziert jene Erfahrungen, die viele Teilnehmer nicht allzugerne gemacht haben.[1] Auf der anderen Seite können die generalisierbaren Verhaltensmuster von Rollen durchaus (speziell für Berufsanfänger) auch einen sich evtl. positiv auf die Lernkultur auswirkenden Schutz und Halt bieten; besonders dann, wenn sich der Dozent davor hütet, Rollenklischees als Orientierung zu benutzen und wenn er solche Orientierung nicht dazu hernimmt, es zu vermeiden, über die eigenen Unsicherheiten nachzudenken und diese auch aufzuarbeiten.

> **Ratschlag:**
>
> Der sicherste Weg, eine Bildungsveranstaltung hinter sich zu bringen, ist, sie anzufangen.

Die wohl in solchem Zusammenhang verbreitete Bewältigungstechnik von Unsicherheiten des Lehrenden ist das sogenannte »Dozieren«, Flucht durch Reden, besser: durch »Über-Reden« (im doppelten Sinn), verhindert Aktivitäten bei den Teilnehmern, reduziert die Möglichkeiten zu kritischen Rückfragen, zu überraschendem Verhalten. Der nicht selten in hochgestochener, abstrakter Fachsprache auf die Teilnehmer zurollende Redeschwall muß gerade in Anfangsphasen fast ausschließlich unter dem Gesichtspunkt von Angstbewältigung interpretiert werden, da ja gerade der Beginn von Lehr-/Lernprozessen (aufgrund emotionaler Belastung aller Beteiligten) die denkbar ungünstigste Phase für die intensive Vermittlung und Aneignung von Informationen darstellt.

## Hierzu ein kleiner Exkurs

»Dozieren« und »Über-Reden« als Bewältigungstechniken von Unsicherheiten sind bei Dozenten deshalb so verbreitet – und sie funktionieren auch daher so gut –, weil sie auch eine rationale Basis besitzen. Lernen ist auch Informationsvermittlung, und die Teilnehmer erwarten möglichst viel Information sowie einen kenntnisreichen Fachmann als Dozenten. Diese Teilnehmererwartungen werden – von extremen Darstellungskünstlern unter Dozenten abgesehen – nun durch die Bewältigungstechnik »Flucht durch Reden« wenigstens teilweise erfüllt. Es ist folgende, auch in anderen Phasen von Erwachsenenbildungsveranstaltungen anzutreffende Situation: Es »läuft ganz gut«, alle sind relativ zufrieden, gelernt wird jedoch nichts. Zum anderen ist diese Technik zur Angstbewältigung so beliebt, da sie die Phantasien des Dozenten von seiner eigenen Größe und Mächtigkeit aufrechterhält – das eingeschüchterte Schweigen der Teilnehmer dient dabei dem Dozenten meist als Bestätigung seiner individuellen Prominenz.

---

1  Dies sind nur einige, häufig vorkommende Abwehrtechniken der Angst. In Abwandlung eines Kafka-Zitates könnte man behaupten: Die verbreitetste Individualität der Dozenten besteht darin, daß jeder auf ganz besondere Weise seine Angst verdeckt.

Sag nicht zu oft, du hast recht, Lehrer!
Laß es den Schüler erkennen!
Strenge die Wahrheit nicht allzusehr an!
Sie verträgt es nicht.
Höre beim Reden!

Bertolt Brecht

Es wäre aber nun sehr einseitig, wenn man die Erwachsenenbildungsrealität ausschließlich unter der Perspektive bildungshemmender Strategien der Angstbewältigung und der individuellen Bedrohung des Selbstwertgefühls betrachten würde. Zweifelsohne gibt es auch eher *produktive Verarbeitungsformen* von Dozentenunsicherheiten in Anfangsphasen von Veranstaltungen. Dies sind einmal jene, in denen versucht wird, die Realität, die individuelle und die soziale Situation, möglichst umfassend und ehrlich kennenzulernen (nach Freud: »Ganz ehrlich mit sich sein, ist eine gute Übung«).

Zum anderen liegt dann eine produktive Verarbeitung von Ängsten vor, wenn die erlebten Unsicherheiten auch vom Dozenten als Chance gesehen und genutzt werden, sich selbst und das Verhältnis zur sozialen Umwelt, d.h. zu den Teilnehmern, jeweils neu zu definieren und bei der Definition flexibel zu sein.

Das Kennenlernen, das bewußte Erleben der eigenen Ängste, der Unsicherheiten und der Selbstwertzweifel kann zum einen selbstreflexiv geschehen, jedoch auch in Gesprächen mit Dozentenkollegen oder in auf psycho-soziale Probleme ausgerichteten Beratungsgruppen (vgl. hierzu Geißler 1982). Die ehrliche Analyse der Dozentin T. im vorhergehenden Kapitel ist ein hervorragendes Beispiel für die Verdeutlichung eigener Ängste durch Selbstreflexion. Notwendige Voraussetzung hierfür ist das Anerkennen des Vorhandenseins von Ängsten – nicht um diese zu unterdrücken oder trickreich zu verbergen, sondern um mit ihnen (für sich selbst und für den Lehr-/Lernprozeß) produktiv umzugehen. »Man befreit sich von einer Sache nicht«, so C. Pavese (1979, S. 296), »indem man sie vermeidet, sondern nur, indem man durch sie hindurchgeht«.

Produktiv heißt in diesem Zusammenhang, die eigenen Gefühle und Antriebe im aktuellen Bildungsprozeß zur Quelle der Selbsterkenntnis zu machen und aus den eigenen Stimmungen, aus den eigenen Reaktionen den Bildungsprozeß als sozialen Prozeß zu verstehen und ihn davon ausgehend situationsadäquat zu beeinflussen. Das Bemühen um eine offene Wahrnehmung ist dabei der zentrale Aspekt; konkret heißt dies, die Angst-Spannung auszuhalten, besonders jene »zwischen dem normativen Alltagsbewußtsein und der ›Gegenwelt‹ des Möglich-Neuen, des Nicht-mehr- und des Noch-nicht-Zugelassenen« (Bloch

1973, zit. nach Pohlen/Wittmann 1979, S. 124). An das Neue, an das Besondere ist anzuknüpfen, nicht (nur) an das Bekannte.[1]

Erst über die Anerkennung des Besonderen im und am Teilnehmer wird die Akzeptanz des Besonderen auch zur Norm in der Lehr-/Lerngruppe, und damit wird es auch möglich, daß der Dozent *seine* Besonderheiten (z.B. seine Ängste, seine Unsicherheiten, seine Zweifel) zeigen kann – und diese vom Teilnehmer dann auch akzeptiert werden. Erst dann wird der Dozent wirklich *lehrfähig,* und zwar in einem engen Zusammenhang mit der Entwicklung der *Lernfähigkeit* der Teilnehmer (die in der Anerkennung und der Berücksichtigung ihrer je subjektiven Verschiedenartigkeit, ihrer im Inhalt und der Ausprägung unterschiedlichen Unsicherheiten und Ängste eine ihrer zentralen Voraussetzungen hat). Spürt der Dozent z.B. bei sich selber die Tendenz, in seiner Unsicherheit am Beginn von Veranstaltungen in Verhaltensweisen zu flüchten, die er in seiner Kindheit, in seiner Schulzeit gelernt hat, erst dann ist es ihm auch möglich, das analoge (meist spiegelbildliche) Erleben und Verhalten bei den Kursteilnehmern zu erkennen und zu verstehen.

## Ein Beispiel für diesen Spiegelungseffekt

Ein Teilnehmer wird im Lehr-/Lernprozeß üblicherweise dann auffällig, wenn der Dozent unruhig wird. Dies als Interaktionssituation mit mindestens zwei beteiligten Subjekten zu sehen und zu verstehen und nicht etwa nur als ein Problem des Teilnehmers (und d.h. für den Dozenten, daß er an seiner eigenen Unruhe arbeiten muß) ist die von ihm als Dozent abzuverlangende Anstrengung.

Der Flucht in die Aktivität beim Dozenten entspricht der Rückzug in die Passivität, als bildungshemmende Bewältigungstechnik von Sozialängsten, bei den Teilnehmern.

Die oft gebrauchten, auf die Angstminderung bei den Teilnehmern hin orientierten Versicherungen von Dozenten: »Sie können sich hier ganz frei fühlen«, oder: »Hier braucht

---

1 Dazu deutlich (und erfreulich rücksichtslos) *Pasolini* in seinen Ketzererfahrungen (1982, S. 112): »Das Widerwärtigste und Unerträglichste ist noch beim unschuldigsten Bürger dies: daß er keine andere Lebenserfahrung gelten lassen kann als die eigene und alle anderen Lebenserfahrungen auf eine grundlegende Analogie mit der eigenen zurückführt. Das ist eine wirkliche Beleidigung, die er den anderen Menschen in anderen gesellschaftlichen und geschichtlichen Verhältnissen zufügt.«
Und konstruktiv Th. W. Adorno in dem berühmt gewordenen Rundfunkvortrag »Erziehung nach Auschwitz« (1966): »Erziehung müßte Ernst machen mit einem Gedanken, der der Philosophie keineswegs fremd ist: daß man die Angst nicht verdrängen soll. Wenn Angst nicht verdrängt wird, wenn man sich gestattet, real soviel Angst zu haben, wie diese Realität Angst verdient, dann wird gerade dadurch wahrscheinlich doch manches von dem zerstörerischen Effekt der unbewußten und verschobenen Angst verschwinden« (Adorno 1970, S. 101).

sich niemand zu schämen, etwas Falsches zu sagen«, oder, ganz extrem: »Sie brauchen keine Angst vor mir zu haben«, signalisieren die Unfähigkeit von Dozenten, mit den eigenen Unsicherheiten sinnvoll umgehen zu können. Sie leugnen die eigene Angst und sind vergleichbar (in einer zweifelsohne erheblich milderen Form) mit jener Strategie, bei der sich die Dozenten die Angst vom Leibe halten, indem sie diese den Teilnehmern einflößen. Solche Formulierungen, die nach meinen Erfahrungen häufig vorkommen, geben die Leugnung des Problems als dessen Lösung aus. Den Teilnehmern jedoch wäre in ihrer ängstlichen Orientierungslosigkeit zu Beginn von Bildungsveranstaltungen viel eher geholfen, wenn der Dozent mehr an *sich* denken würde und seine Gefühle, sein Erleben, wahrnehmen und damit sinnvoll umgehen würde.

*Nicht »Was muß ich für den Teilnehmer tun?« ist die handlungsleitende didaktische Fragestellung, sondern, »Was muß ich für mich (als Dozent) tun, um etwas für die Teilnehmer tun zu können?«*

Die Frage nämlich, was ich für die Teilnehmer tun kann, ist nur allzuoft eine aus der Unsicherheit des Dozenten gespeiste Unterwerfungsstrategie durch Hilfsbereitschaft. »Wer ändern will«, so *Adornos* Schlußsätze (in »Erziehung zur Mündigkeit« 1970, S. 155), »kann es wahrscheinlich überhaupt nur, indem er diese Ohnmacht selber und seine eigene Ohnmacht zu einem Moment dessen macht, was er denkt und vielleicht auch was er tut.«

Konkret heißt dies z.B., daß sich der Dozent bemüht, auf jene, die Anfangsunsicherheiten maßgeblich verursachenden offenen Fragen, die weiter oben zitiert wurden, sinnvolle Antworten zu finden. Interveniert er mit diesem Ziel, so werden auch die Teilnehmer die Möglichkeit erhalten, die ihnen angstmachende Antwortlosigkeit abzubauen. Die Ängste von Dozenten und Teilnehmern nämlich sind nicht sehr unterschiedlich, es sind Sozialängste, die sich ja aus der *gemeinsamen* Situation des Anfangs ergeben.

## Übers Einfangen von Anfängen

Das menschliche Leben ist also geprägt durch den ständigen Versuch, den Anfang in den Griff zu bekommen. Leider ist es ein vergebliches Unterfangen. Denn bevor man etwas anfangen kann, muß man immer erst etwas anderes angefangen haben. Wer sich hinsetzen will, um zu schreiben, muß erst mal Papier kaufen gehen. Dazu muß man sich einen Mantel anziehen, den man vorher gekauft haben muß. Das Geld für den Mantel muß man vorher verdient haben. Wer die Umwelt retten will, muß sie vorher zerstört haben, wer abnehmen will, muß zunächst Übergewicht haben und so fort. Das sind Überlegungen, die in den absoluten Irrsinn führen – das Dasein als Existenz im Hamsterrad, als Kette von Anfängen ohne Anfang und Ende.

Nur um den allerersten Anfang mußte sich kein Mensch kümmern. Der wurde quasi geschenkt, so wie einem Kind die Geburt geschenkt wird: »Am Anfang schuf Gott Himmel und Erde.« (Buch Moses, Kap. I). Das war eine historische Chance, denn nach diesem biblischen Urknall hätten wir es paradiesisch einfach haben können – hätte Eva nicht diese dumme Geschichte mit dem Apfel angefangen. Da Adam nicht in der Lage war, die Konsequenzen zu übersehen, hat er angebissen, und nun hängen wir drin in diesem zähledernen Alltag und müssen fern jedes Paradieses immer wieder neue Entscheidungen treffen und uns von einem vermeintlichen Anfang zum nächsten hangeln.

*P. Pursche 1991, S. 37*

# 8

# Zur Dozentenfrage nach den Erwartungen und Befürchtungen der Teilnehmer

»Der Anfang
als Wunschkonzert«

## Erwartungen und Befürchtungen

Zur Initialphase vieler (speziell mehrtägiger und am Semesterrhythmus orientierter) Erwachsenenbildungsveranstaltungen gehört es, die Erwartungen der Teilnehmer – und in engem Zusammenhang damit auch häufig die Befürchtungen – bezüglich der beginnenden Veranstaltung zu sammeln. Speziell jene Dozenten, die dem Konzept der »Teilnehmerorientierung« folgen, verstehen die Frage nach den Erwartungen und nach den Befürchtungen der Teilnehmer am Anfang von Kursen, Seminaren usw. als zentral für die Erfüllung dieser pädagogischen Absicht.

Es gibt Dozenten, die bemühen sich bei den Teilnehmern um Antworten nach den erwarteten, erhofften, erwünschten Inhalten und Zielen der Veranstaltung, andere Kursleiter fragen nach den Erwartungen/Befürchtungen hinsichtlich der Arbeitsweise und nach den Vorstellungen der Beteiligten zum Interaktionsstil des Dozenten. Viele Lehrende unterscheiden überhaupt nicht nach diesen inhaltlichen Aspekten.

Als Beispiel die folgende Empfehlung aus einem Leitfaden für Referenten in der Erwachsenenbildung:

>*»Teilen Sie zu Beginn eines Seminars einen Fragebogen aus, auf dem die Teilnehmer ihre Erwartungen und Befürchtungen zu dem Seminar darstellen können. Dieser Fragebogen hat den Sinn, daß die Teilnehmer vor sich selbst eine klare Entscheidung treffen, was sie in dem Seminar lernen wollen, und was sie von den anderen erwarten. Dieser Fragebogen läßt sich wie folgt unterteilen:*
>
>*1. Was möchte ich in diesem Seminar lernen?*
>*2. Welche Erwartungen habe ich an die anderen Teilnehmer?*
>*3. Welche Befürchtungen habe ich?*
>*4. Was bin ich bereit zu investieren, damit es ein gutes Seminar wird?«*

(Ausbilder-Förderungszentrum 1979)

Methodisch wird in der Erwachsenenbildungspraxis recht unterschiedlich vorgegangen. So werden z.B. in einzelnen Veranstaltungen die Antworten in Einzelarbeit gefunden und in kleinen Gruppen anschließend diskutiert. Manche Dozenten lassen sie in der Gesamtgruppe vorlesen, andere bevorzugen die Niederschrift auf kleine Karten, die dann an der Wand für alle sichtbar befestigt werden. Andere wiederum meinen, daß die Anonymität einer schriftlichen Befragung sinnvollere Antworten gewährleistet und schlagen den Teilnehmern ein entsprechendes Verfahren vor. Es gibt Dozenten, die auf den Fragebogen ganz verzichten und lieber im nichtformalisierten Gespräch das Thema »Erwartungen/Befürchtungen« behandeln. Wieder andere Kursleiter geben Alternativen vor und lassen die Teilnehmer gewichten und auswählen.

**Teilnehmer und Dozent beim Versuch, auf das gleiche Erwartungsniveau zu gelangen**

Die Erwachsenenbildungspraxis zeigt sich dort, wo es um die Verfahren geht, äußerst kreativ. Erheblich eintöniger ist sie jedoch da, wo es um die Situation geht, in der die Frage nach den Erwartungen/Befürchtungen der Teilnehmer gestellt wird. Die Praxis zeigt, daß dies fast ausschließlich und einmalig in der Anfangsphase von Bildungsmaßnahmen geschieht. Ob dies sinnvoll ist, dem soll hier nachgegangen werden.

Um hierauf Antworten zu finden, ist es notwendig, einen Blick auf die Reaktionen der Teilnehmer zu werfen.

Bei der mündlichen »Reihum-Befragung« der Teilnehmer fällt gewöhnlich auf, daß die Antworten häufig sehr stereotyp sind; daß sich viele Teilnehmer Vorrednern anschließen oder deren Aussagen nur geringfügig verändern und die vom Vorredner artikulierten Positionen auch für sich als gültig anerkennen. Nicht ganz so gleichförmig, aber in der Tendenz ebenfalls pauschalierend und teilweise oberflächlich sind die Antworten bei der schriftlichen Befragung. Auch mir selbst fallen Antworten schwer, wenn ich als Teilnehmer in Veranstaltungen zu Beginn nach meinen Erwartungen gefragt werde. Ich antworte meist nur deshalb, weil ich gegenüber dem Kursleiter und den Mitteilnehmern nicht als »Verweigerer« gelten will.[1]

Der Mut, deutlich zu sagen, daß ich meine Erwartungen eben in diesem Moment noch nicht sagen kann, der fehlt mir (und vielen anderen auch) in solchen Anfangssituationen.

Schließe ich von dieser persönlichen Erfahrung auf andere Teilnehmer, analysiere ich deren Aussagen im Anschluß an die Dozentenfrage nach den Erwartungen in den vielen von mir selbst geleiteten Veranstaltungen, so scheint es einer großen Anzahl von Teilnehmern in der Anfangsphase ähnlich zu gehen. Dies bestätigt auch Brocher ([16]1981, S. 160): »Nur einige Gruppenmitglieder sind im allgemeinen in der Lage, ihre Erwartungen, mit denen sie die Gruppe oder den Kurs erstmalig besucht haben, auch klar sprachlich zu formulieren.« Ergänzen möchte ich: Ein Sprachproblem ist dies sicher *nicht* alleine.

Die Erwartungsunklarheiten am Beginn von Veranstaltungen waren für mich als Teilnehmer häufig eher nützlich als belastend. Die Diffusität, war sie nicht allzu extrem, machte es möglich, und machte es auch in gewissem Maße notwendig, mich auf die jeweilige Bildungsmaßnahme intensiv einzulassen. Offen war ich für Überraschendes, Neugier bestimmte mein Verhalten. War ich hingegen mehr oder weniger gezwungen, meine Erwartungen am Anfang möglichst präzise zu benennen, dann bestimmten diese fast immer meinen gesamten Lehr-/Lernprozeß. Für das Neue, für all dies, was ich noch nicht konnte und

> Auf die Erwartungsfrage die Antwort von Tim (6 Jahre):
>
> »Ich mag mit Euch am liebsten nur das Schöne machen.«

---

1 Zweifelsohne unterliege ich in meinem Handeln, besonders bei solch unsicheren Situationen, jenen Tendenzen, die für gesellschaftliches Handeln und gesellschaftliche Erwartungen generell gelten, denn »es ist nicht gelungen, Offenheit zu einer lohnenden demokratischen Tugend zu machen. Hoch im Kurs ist Geschlossenheit, also der Schein von Stärke, Sicherheit, Wissen, also Heuchelei« (*Walser* 1979, S. 45). Einen Standpunkt zu suchen wird nur in Ausnahmefällen geduldet, man muß ihn immer schon besitzen und möglichst schnell artikulieren können.

wußte, war dann nur mehr sehr wenig Platz. Zielstrebig folgte ich dem, was ich zu Beginn für meine Erwartungen an die Veranstaltung hielt – und oft hatte ich am Ende dann das Gefühl, daß sie das wohl doch nicht waren. Letztlich kann man doch das, was man lernen will, gar nicht sinnvoll angeben – wohl aber, daß man das, was man lernt und gelernt hat, nicht lernen wollte.

Und noch etwas: Sollte ich entsprechend der Dozentenaufforderung meine Erwartungen schriftlich und/oder mündlich in Anfangsphasen benennen, so machte ich meist sehr pauschale und d.h. oberflächliche Aussagen: aber ich bemühte mich (gezwungenermaßen) immer auch darum, etwas »Großartiges«, etwas »Besonderes«, etwas »sozial sehr Anerkanntes« zu formulieren. Ein Kursteilnehmer hat diese Situation einmal als Gruppenphänomen und voller Ironie beschrieben: »Einige Gruppenmitglieder waren bemüht, Erwartungen zu erarbeiten und verfielen dabei in einen ›rhetorischen Höhenflug‹, der sie einige Male daran hinderte, ihre Gedanken in Sätzen zu formulieren.«

Die Perfektionsansprüche sind in Anfangsphasen besonders hoch – speziell für solche Teilnehmer, die sich durch Reden in Szene setzen. Als Erwartung wird von diesen dann meist etwas formuliert, das als individueller Kompromiß zwischen vorsichtiger Zurückhaltung und selbstdarstellerischem Perfektionsanspruch gelten kann.

Eine viel häufigere Kompromißlösung als das Äußern solcher Erwartungen ist für viele Teilnehmer jedoch das Schweigen, so wie Brocher ([16]1981, S. 96) dies als Reaktion auf die Frage nach den Erwartungen beschreibt:

>*Der Kursleiter wird nach einer von ihm ausgesprochenen Anfangs- oder Erwartungsfrage unwillkürlich selbst im Kreise der Gruppenmitglieder prüfend Umschau halten, wer zu dieser ersten Frage Stellung nehmen will. Diesem prüfenden und fragenden Blick entzieht sich ein Teil der Mitglieder durch unbewußte Identifizierung mit dem Kursleiter. Diese Mitglieder beginnen nun ihrerseits fragend im Kreis der anderen Umschau zu halten. Den auf diese Weise sich summierenden Blicken entzieht sich ein anderer Teil der Mitglieder, indem er die Augen senkt und vor sich hinblickt oder den Blick gegen die Decke oder auf irgendeinen Gegenstand im Raum richtet, während andere Teilnehmer sich intensiv einem mitgebrachten Schreibblock widmen, umständlich Zigaretten oder Pfeifen entzünden oder andere Ausweichbewegungen vollführen. In dieser Zeit wird das Schweigen lastender, wenn der Gruppenleiter es stehen läßt. Die unbewußte Kommunikation der Mitglieder hat jedoch inzwischen abgetastet, welche Teilnehmer den Kursleiter nach wie vor ansehen, nachzudenken scheinen und unwillkürliche, ihnen selbst unbewußte Aktionsbewegungen aufzuweisen haben, die auf eine direkte Beziehung zum Gruppenleiter hindeuten. Jeder nüchterne Beobachter solcher Anfangssituationen wird eine Grundhaltung bestätigt finden, die in der angelsächsischen Gruppendynamik formuliert ist: ›Why stick my neck out‹ (Warum soll ich meinen Kopf hinhalten)?«*

Was aber machen nun eigentlich die Kursleiter mit den von den Teilnehmern artikulierten Erwartungen?

Ich mache wiederum meine Erfahrungen als Teilnehmer und Dozent zum Ausgangspunkt der Argumentation: Es war immer wieder enttäuschend zu erfahren, wie folgenlos die geäußerten Erwartungen/Befürchtungen waren; das bedeutet letztlich, wie wenig darauf Bezug genommen werden konnte. Nur in sekundärer Hinsicht aber ist dies meines Erachtens den Dozenten und deren Kompetenz, das richtige Verfahren dafür auszuwählen, anzulasten. Primär verantwortlich für die Schwierigkeiten, etwas Sinnvolles mit den Teilnehmererwartungen zu tun, sind die die Handlungsunsicherheiten verursachenden *situativen* Belastungen zu Beginn von Erwachsenenbildungsveranstaltungen.

Der Zeitpunkt des Veranstaltungsanfangs für eine fruchtbare Auseinandersetzung mit den Erwartungen und Befürchtungen ist nämlich äußerst schlecht gewählt, da das Eingehen auf die vielfältigen Erwartungen in der sozial unsicheren Situation des Anfangs eher belastend als entlastend wirkt.

Reagieren die Teilnehmer nur sehr zögernd (wie dies *Brocher* im Zitat oben schildert) auf die Dozentenfrage nach den Erwartungen oder äußern sie sich sehr pauschal und fühlen sie sich dabei gezwungen, etwas möglichst klar zu artikulieren, was nicht klar ist, dann kann der Dozent damit eben recht wenig anfangen. Wenn er aber genau darauf eingeht, wenn er den Teilnehmern das Gefühl gibt, daß er sich an den von ihnen geäußerten Erwartungen ausrichtet, dann kann und wird dies die Teilnehmer eher belasten als entlasten (in der schon sehr belasteten Anfangssituation eine zusätzliche Schwierigkeit), da sich der Dozent ja an Äußerungen orientiert, die primär durch die Psycho- und Soziodynamik der Situation des Beginnens geprägt sind und weniger von den *wirklichen* Erwartungen und deren Unklarheiten.

Die immer wieder erlebte extreme Zurückhaltung der Teilnehmer bei der üblichen, sich an die individuellen Äußerungen von Erwartungen anschließenden Diskussion, die teilweise unangenehmen Schweigephasen, zeigen ja auch, wie wenig die Äußerungen der Teilnehmer mit realen persönlichen Positionen verknüpft sind. Gefordert wird nämlich eine über die Situation hinwegreichende abstrakte Formulierung – eine Fähigkeit, die zum einen ermöglicht, die eigenen Erwartungen deutlich und klar benennen zu können, und die zum anderen ein sprachliches Vermögen voraussetzt, das nur bestimmte Teilnehmer (Bildungsbürger) besitzen.

Es ist daher zu verstehen, wenn mancher Dozent auch nur wenig mit den artikulierten Teilnehmererwartungen anfangen kann und sehr schnell zum nächsten Inhalt übergeht. Dies verunsichert die Beteiligten dann um so mehr, da sie ihre Mühe bei der Formulierung einer Antwort auf die Erwartungsfrage des Kursleiters als unnütz und vergeblich empfinden und erleben. Ich habe es als Lernender in Erwachsenenbildungsveranstaltungen häufig selbst erfahren, daß Dozenten, außer zu Beginn, niemals mehr auf die Erwartung der Teilnehmer zu sprechen kamen. Ähnliches berichtet auch die wissenschaftliche Begleitung von den Bildungsurlaubsseminaren: »Die Erwartungen und die Befürchtungen der Teilnehmer sind im weiteren Kursverlauf selten explizit Gegenstand der pädagogischen Interaktion« (Kejcz u.a. 1980, S. 607).

Dies verärgert die Teilnehmer und behindert den Lehr-/Lernprozeß in doppelter Hinsicht. Zum einen fühlen sich die Beteiligten häufig inhaltlich nicht ernstgenommen. Sie erleben, daß ihre Interessen, Wünsche, Erwartungen, Befürchtungen (wie wenig realistisch die Äußerungen auch immer sein mögen) nicht aufgenommen werden. Sie erfahren zweitens, daß sie in der Veranstaltung ohne real entscheidenden Einfluß sind, obgleich ihnen dies mit dem Angebot, ihre Erwartungen zu äußern, symbolisch mitgeteilt wurde. Für die Entwicklung eines bildungsfördernden Vertrauensniveaus zwischen Teilnehmern und Dozent ist dies extrem hinderlich.

Andererseits ist auch der Dozent zu Beginn von Veranstaltungen unsicher in seinen Handlungen (vgl. die beiden Abschnitte über die Angst des Dozenten in und vor Anfangssituationen). Der meist nicht bewußte Grund für Fragen nach den Erwartungen/Befürchtungen der Teilnehmer ist häufig der Wunsch des Dozenten, hierdurch seine Unsicherheit zu reduzieren. Dies ist unter pädagogischen Gesichtspunkten dann nicht negativ zu sehen, wenn die Angstreduktion des Dozenten nicht der einzige Zweck eines solchen Unternehmens ist; wie dies ja dann zu vermuten wäre, wenn der Dozent im Laufe der Veranstaltungen nicht mehr auf die geäußerten Erwartungen Bezug nimmt und der Einfluß der Teilnehmer auf die Ziele und Inhalte des Lehr-/Lerngeschehens äußerst gering bleibt.

Die Absicht des Dozenten, eigene Unsicherheiten zu reduzieren, drückt sich auch zuweilen inhaltlich so aus, daß die von den Teilnehmern bei ihren Erwartungen geäußerte Abweichung zum Konzept des Dozenten von ihm nicht aufgegriffen werden und daß die Teilnehmererwartungen im Hinblick auf eine Integration in den jeweiligen Dozenten-Fahrplan umgedeutet werden. Dies führt dann noch zu weitergehenden Generalisierungen und Vereinfachungen der ohnedies schon sehr pauschalen Teilnehmeräußerungen.

> »Sittlich ein bißchen fallen, sich auf Abwegen antreffen lassen, das schadet an sich nicht weiter viel.«
>
> *Robert Walser*

## *Ein Beispiel*

Kommen Teilnehmer in einen Kursus, der die inhaltliche Argumentationsfähigkeit in einem Rechtsgebiet (z.B. Arbeitsrecht) zum Inhalt und zum Ziel hat und antworten sie auf die Frage des Dozenten nach ihren Erwartungen, die rhetorischen Fähigkeiten dort verbessern zu können, so sind diese Erwartungen nicht mit der Veranstaltungskonzeption vereinbar. Dies herauszustellen, dies evtl. so klar zu machen, daß die betreffenden Teilnehmer ihren Irrtum, diesen Kurs mit diesen Absichten zu besuchen, einsehen, das fällt in Anfangsphasen Dozenten sehr schwer – ich habe dies noch nie erlebt. Viele Dozenten versuchen – wenn ihnen die Diskrepanz zu ihren eigenen Erwartungen überhaupt auffällt – irgendwie die Hoffnung bei den Teilnehmern aufrechtzuerhalten, daß dies, was sie an Erwartungen äußern, auch erfüllbar sei. Daß hierdurch frustrierte Kursabbrecher produziert werden, liegt auf der Hand.

Die Gefahr ist, daß hierbei Teilnehmern auch Erwartungen unterstellt werden (ohne daß dies in bewußter Absicht geschähe), die schließlich den Dozenten davon entlasten, im Laufe der Veranstaltung die wirklichen Erwartungen, die realen Interessen und Wünsche der Teilnehmer zu erkennen und sie für den Kurs folgenreich werden zu lassen. Das unausgesprochene Motto eines solchen Tuns hieße: »Ich kann Ihnen versichern, wenn Sie meine Absichten akzeptieren, dann werde ich völlig mit Ihnen übereinstimmen.«

Zu kompliziert – und damit in der Anfangsphase von Veranstaltungen vollends unbearbeitbar – wird die Behandlung der Teilnehmererwartungen, wenn man das damit untrennbare Problem der Bewertung des Geäußerten miteinbezieht. Dybowski/Thomssen (1982, S. 152) benennen die problematischen Gesichtspunkte:

> »Bei der Zuordnung der Teilnehmererwartungen zu den einzelnen Schritten und Zielen der Weiterbildungskonzeption tritt das Problem der Bewertung der Teilnehmererwartungen auf. Welche Erwartungen stimmen mit den Weiterbildungsintentionen der Referenten überein, welche Erwartungen weichen davon ab; welche Erwartungen müssen berücksichtigt werden, auch wenn sie tendenziell abweichen; welche Erwartungen müssen enttäuscht werden und wie kann dies den Teilnehmern plausibel begründet werden?«

Solches in Anfangsphasen tun zu wollen, überschreitet u.a. auch die Möglichkeiten der Teilnehmer, Informationen in einer handlungsunsicheren Situation zu verarbeiten. Da helfen auch keine spielerischen Techniken, wie z.B. das von P. Müller (1982, S. 96) vorgeschlagene Verfahren: »Hitparade der Interessen und Erwartungen«.

Was aber ist gewonnen, wenn die in sich höchst komplizierte didaktische Entscheidungssituation aus situativer Not heraus (am Anfang) sehr stark vereinfacht werden muß? Verständlich und erklärbar sind diese Tendenzen zur Harmonie in der psycho- und sozioemotionalen Situation des Anfangs zwar,[1] meist jedoch ergeben sich hieraus sehr schwer zu bearbeitende Probleme für die weitere Veranstaltung. Einer lernfördernden Veranstaltungsatmosphäre kann dies jedoch nicht dienlich sein.

Bevor ich Alternativen aufzeige, in welcher Art und Weise und zu welchem Zeitpunkt man sinnvoller mit den Erwartungen (Befürchtungen) der Teilnehmer umgehen kann, will ich die Einwände gegen eine Befragung der Teilnehmer zu Beginn von Veranstaltungen kurz zusammenfassen.

---

1 Es liegt auch ein Vorteil in dieser Harmonisierungstendenz: Gemeinsamkeiten werden sichtbar. Deutlich wird, daß man etwas *zusammen* machen will und kann. Entscheidend ist jedoch der Realitätsgehalt dieses Gemeinsamen.

## Der zentrale Einwand

Ein Erfragen und Thematisieren von Teilnehmererfahrungen und Teilnehmerbefürchtungen ist in Anfangssituationen für alle Beteiligten stark belastend. Es besteht in dieser Phase eine extreme Orientierungs- und Handlungsunsicherheit, die es (zuerst einmal wenigstens teilweise) zu reduzieren gilt, will man ernsthaft auf die Erwartungen/Befürchtungen der Teilnehmer eingehen.

»Wäre es denn nötig, von Beginn her anzukündigen, was sich erst am Ende entdecken ließe?«
(schrieb Marcel Proust an André Gide)

Werden Erwartungen genannt, besonders solche, die eventuell vom geplanten Kurskonzept abweichen, stehen solche unter einem extremen Begründungsdruck. Die notwendige inhaltliche Begründungsleistung kann aber erst dann erbracht werden, wenn wenigstens eine minimale soziale Orientierung erfahren wurde, wenn keine Ungewißheit mehr über die Folgen von möglichen Abweichungen besteht. Ansonsten richten sich die Aussagen der Teilnehmer bezüglich ihrer Erwartungen vorwiegend an der »sozialen Erwünschbarkeit« (speziell an den phantasierten Wünschen des Dozenten) aus.

Die artikulierten Erwartungen in Anfangssituationen sind Produkte der Interaktion, oder besser: des Mangels an Interaktion zwischen den Beteiligten. Sie sind die Ergebnisse von Situationsbewältigungsmechanismen, besonders von Selbstschutzbedürfnissen, Abgrenzungstendenzen und Selbstdarstellungswünschen. Das Verfahren, Erwartungen mit Hilfe eines Fragebogens zu erheben (wie im Beispiel oben), wird dabei häufig zu einem »Käfig, der auf die Suche nach einem Vogel geht« (Kafka). Manche Unklarheit ist allemal für den Lernprozeß fruchtbarer als eine voreilige Klärung, die keine ist.

## Ein weiterer Gesichtspunkt

In Anfangssituationen herrscht ein Mangel an Bekanntem vor, Orientierung wird gesucht. Alles was daher in dieser Phase geschieht, wird dazu benutzt, dieses Defizit zu reduzieren, also auch die Antworten auf die Frage nach den Erwartungen. So kommt es häufig zu dem Zwang (den man sich auch selbst antut), den einmal geäußerten Erwartungen zu folgen. Dies blockiert neue Lernerfahrungen und wird der Veränderung von Erwartungen, dem ständigen und wechselwirksamen Prozeß von Erwartungen, deren Befriedigung und der daraus folgenden Entwicklung neuer Erwartungen nicht gerecht.

Dazu Lichtenberg:

> »Ich habe oft die Meinung, wenn ich liege,
> und eine andere, wenn ich stehe,
> zumal, wenn ich wenig gegessen habe und matt bin.«

## Ein dritter Aspekt

Sowohl die Erwartungen selbst, speziell aber deren Intensität, sind durch Lebenserfahrung, hauptsächlich durch Berufserfahrungen, bestimmt. Besonders in Initialphasen von Veranstaltungen gelingt eine Distanznahme davon, also die Leistung kritischer Selbstreflexion, nur sehr mühsam (vgl. dazu das Kapitel über die Soziodynamik in Anfangssituationen).

Die wirklichen Erwartungen bleiben hinter den geäußerten versteckt. Die für Bildungsprozesse notwendige Anstrengung, über die unmittelbaren Erscheinungen hinauszugehen (deren Niederschlag die vordergründigen Erwartungen sind), kann zu Beginn der Veranstaltungen überhaupt nicht oder nur sehr schlecht erbracht werden. Die Erfahrung, daß so manche von Teilnehmern geäußerte Erwartung letztlich die des Vorgesetzten des Betriebes ist, aus dem dieser kommt, scheint nichts Ungewöhnliches. Gleiches gilt für solche Situationen, wo Teilnehmer irgendwelche Erwartungen erfinden, die sie dann für die ihren halten.

*Die idealen Kursteilnehmer*

**Alles das ist nicht nur meine Meinung:**

In einer kritischen Analyse des sogenannten Erfahrungsansatzes in der Erwachsenenbildung kommt Mückenberger (1977, S. 160) zu einem wichtigen Ergebnis bezüglich des Umgangs mit Teilnehmererfahrungen in Anfangssituationen von Bildungsveranstaltungen:

»Unsere Überlegungen zum Erfahrungsansatz haben wichtige Auswirkungen auf die Einstiegsphase von Lehrgängen. Wir haben früher zu schematisch daran festgehalten, als könnten Teilnehmer am Anfang von Lehrgängen ihre Erfahrungen berichten (»Erfahrungsberichte«). Häufig haben wir dadurch ein völlig falsches Bild von der Realität der Teilnehmer erhalten, was erst mühsam und zu spät erkannt werden konnte. Häufig sind relevante Vorfälle und Beobachtungen der Teilnehmer erst später im Verlauf des Lehrgangs an relativ zufälliger Stelle geäußert und von uns aufgegriffen worden. Aus dieser Erfahrung etwa den Schluß zu ziehen, daß der Erfahrungsansatz praktisch nicht möglich sei, wäre jedoch völlig falsch. Vielmehr gilt es gerade im Gegenteil, die Einschränkung des Erfahrungsansatzes auf bestimmte Lehrgangsabschnitte – etwa die Einstiegsphase – zu verhindern. Man kann so auf der einen Seite die Einstiegsphase des Lehrgangs von allzu langen Schilderungen der Teilnehmer entlasten und auf diese Weise Zeit gewinnen; zum anderen aber kann und muß man im Gesamtverlauf des Lehrgangs die analytischen wie auch strategischen Überlegungen stets neu mit dem Erfahrungszusammenhang der Teilnehmer rückvermitteln.«

## Was tun?

In direktem Bezug zum letztgenannten Aspekt der kritischen Analyse ist zu folgern, daß ein anderer Zeitpunkt als jener der Anfangsphase erheblich sinnvoller ist, wenn Erwartungen und Befürchtungen von Teilnehmern artikuliert und für den weiteren Verlauf wirksam genutzt werden sollen. Der Hinweis, daß dies so früh wie möglich geschehen soll, liegt auf der Hand, da ja sonst die Berücksichtigung dessen, was die Teilnehmer erwarten, in der Veranstaltung in immer geringerem Maße möglich wäre.

Sinnvoll ist dies jedoch erst dann, wenn grundlegende Interaktionsprobleme in der Lehr-/Lerngruppe wenigstens teilweise gelöst sind und wenn bereits Erfahrungen gemacht werden konnten, die die Chance eröffnen, relativ belastungsfrei und ohne Anpassungsdruck über sich und die Situation nachzudenken.[1] Ich meine z.B. Erfahrungen, durch die deutlich wird, daß der Dozent ein Interesse an den einzelnen Teilnehmern und ihren Positionen hat, sowie Erfahrungen des Vertrauens bei den Beteiligten, daß mit ihren geäußerten Erwartungen nicht manipulativ umgegangen wird. Ebenso müssen in der Lehr-/Lerngruppe bereits Erfahrungen möglich gewesen sein, durch die die unterschiedlichen Meinungen und Interessen als etwas Positives und Lernförderndes wahrgenommen wurden. Ein dafür günstiger Zeitpunkt wäre z.B. nach einer ersten Orientierung der Teilnehmer durch Seminarregeln, wie sie im Kapitel »Seminarregeln als Lernkontrakt« dargelegt werden, gegeben.

Werden die Teilnehmererwartungen als wirksamer Bestandteil des Lehr-/Lernprozesses verstanden, muß notwendigerweise ein beständiger Wechsel von Lern-Prozeß und Reflexion dieses Prozesses (bzw. Selbstreflexion) stattfinden, und zwar über die *gesamte* Veranstaltung hinweg. Dies schließt dann ebenso ein, daß auch der Dozent seine Erwartungen und Befürchtungen artikuliert, daß er Möglichkeiten zur Akzeptanz, speziell aber auch zum Widerspruch schafft. So wie das schon der Geheimrat Goethe im Vorwort zu einer seiner Schriften zur Meteorologie fordert: »Indem man sich zu einem Vortrag über irgendeinen Gegenstand anschickt, so ist es wohlgetan zu bedenken und sodann andern mitzuteilen, wie man auf die Betrachtung gerade dieses Gegenstandes gekommen und unter welchen Umständen man demselben nach und nach mehrere Aufmerksamkeit zu widmen angeregt worden« (nach Kreutzer 1980, S. 41).

Dieses nur im Kursus zu versuchen, ist meist ungenügend. Schon in der Ausschreibung, der Ankündigung, im Einladungsschreiben (oder welche Art der Kommunikation zwischen Dozenten und Teilnehmern auch immer vor der Veranstaltung stattfindet) muß solches bereits geschehen. Klarheit, die hier versäumt wurde, kann nicht in der ersten Interaktionssequenz eines Kurses nachgeholt werden. Der Dozent kann sich in der Regel auf einen Vertrauensvorschuß der Teilnehmer stützen. Vertrauen dergestalt, daß er aufgrund seiner inhaltlichen und pädagogischen Kompetenz bereits sinnvolle didaktische Auswahlentscheidungen im Hinblick auf die Teilnehmer und deren Interessen getroffen hat. Damit kann und sollte er zu Beginn von Veranstaltungen auch arbeiten.[2] Andernfalls handelt sich der Dozent Überforderungsängste und Enttäuschungsreaktionen ein, deren Bearbeitung den weiteren Verlauf des Kurses maßgeblich prägen werden.

---

1 So auch Mader/Weymann (1979, S. 356): »Und diese erste Interaktion darf nicht die Frage nach Interessen und Motivation sein, sondern muß ein Angebot sein, da Weiterbildung eine Agentur ist. Wird die erste Interaktion mit der weiteren fragenden Klärung von Interessen, Motivationen, Bedürfnissen und Verwertungszusammenhängen verbracht, so ist das ein sehr scheinheiliger Vorgang, der im Grunde – psychodynamisch betrachtet – nur der Absicherung der eigenen Strategie, nicht aber der Lerngruppe dient.«
2 Wie dies aussieht, das hat mir kürzlich ein Münchner erklärt, den ich nach dem Weg gefragt habe: »Da geng'es allweil gradaus, aber a bisserl in Kurven«, vgl. auch Geißler/Kade 1982, S. 15–18.

## Wie machen's denn die anderen …?

»Man fragt die Leute, wie sie ihre Häuser haben wollen, und was kommt dabei heraus? Entweder direkt von der Werbung aufgeschnappte Stereotypen von niedlichen Einfamilienhäuschen mit gartenzwerggespickten Gärten davor oder nostalgische Visionen von imitierten Alpenhütten mit Natursteinkamin und falschen alten Möbeln. Keine echten Wünsche und Bedürfnisse, sondern nur von außen Suggeriertes, Übernommenes und unüberlegt Wiedergegebenes: Eine darauf aufbauende moderne Architektur würde unweigerlich in die gleiche Stagnation und Geschmacklosigkeit wie der kunterbunt-chao-          tische    Jahrmarkt    der Ferienbungalows versumpfen.

Zweifelsohne führt eine Befragung in derart naiver Direktheit tatsächlich in eine methodische Sackgasse; wäre es so simpel, hätte jeder Laie eine korrekte und konkrete Antwort darauf parat, könnten die Architekten getrost ihre Siebensachen einpacken und gehen. Jeder beliebige technische Zeichner wäre demnach in der Lage, dermaßen präzise Betroffenenwünsche entgegenzunehmen und sauber, ordentlich und originalgetreu auf Transparentpapier aufzumalen. Do it (almost) yourself: so einfach geht Architektur.

Doch die Sozialwissenschaftler, die gerade durch die Forderung nach Mitbestimmung im Bauen auf den Plan gerufen wurden, vertreten anderes: Man muß den Leuten vorsichtig, auf indirektem Weg, ihre Bedürfnisse entlocken, sonst erfährt man bloß Klischees. Macht man sich die Mühe, erlebt man Überraschungen: Der Nutzer ist keineswegs architektonisch so unsensibel, wie er hier und dort opportunistisch hingestellt wird. Der märtyrerhafte Stoßseufzer manches Architekten, der sich durch Banausen in seinem schöpferischen Schwung gehemmt wähnt, wird gegenstandslos. Nicht nur, daß er keinen Grund hat, den ›unverstandenen Künstler‹ zu spielen: Das Volk verlangt ebenso dringlich wie unverblümt mehr Kreativität und mehr Innovation.

Das verlangt jedoch jeder gute, gewissenhafte, empfindsame Architekt auch. Es scheint, als ob für die Auslotung der Bau-Wünsche der Menschen das zutrifft, was man Befragungsaktionen allgemein (oft nicht zu Unrecht) vorwirft: daß nach langen, hochwissenschaftlichen, unerhört komplizierten und aufwendigen Untersuchungen zu guter Letzt nur das herauskommt, was man sowieso schon von vornherein wußte. Neue Impulse und Anregungen vermögen durch solcherlei Verfahren nicht gewonnen zu werden; Nutzerbeteiligung am architektonischen Planungsprozeß ist trivial, zumal sie ausschließlich Triviales zeitigt. (…)

Gründlicher als durch blinde Methodengläubigkeit kann man den partizipatorischen Ansatz im Bauen nicht mißverstehen und mißbrauchen: Mit einem Haufen Fragebögen und einem Computer macht man noch keine Architektur. Als ob der Weg von den Benutzerwünschen bis zur gebauten Form nicht voller Hindernisse wäre, mit deren verflochtener Komplexität nur der eigens dafür Geschulte fertig wird: als ob zwischen Programm und Lösung nicht eine Lücke klaffen würde, die allein schöpferisch, nie mit nackter Rationalität zu überbrücken ist. Nutzerbeteiligung vermag Anhaltspunkte zu vermitteln, um die grenzenloseste gestalterische (oder besser: nichtgestalterische) Willkür einzuschränken und die größten Baufehler zu vermeiden, aber keine definitiven Rezepte; ein Spielraum wird immer bleiben. In diesem Spielraum, in welchem die Verantwortung des Architekten liegt, kann und muß sich seine Kreativität entfalten.«

*Lampugnani, V. M.: Partizipation am Protest. Architektur zwischen Konsumgut und Kulturprodukt: Überlegungen zu einer nachdenklichen Avantgarde, in: Freibeuter Nr. 12, 1982, S. 66/67*

Man soll das Jahr nicht mit Programmen
beladen wie ein krankes Pferd
Wenn man es allzu sehr beschwert,
bricht es zu guter Letzt zusammen.

Je üppiger die Pläne blühen.
um so verzwickter wird die Tat.
Man nimmt sich vor, sich zu bemühen,
und schließlich hat man den Salat!

Es nützt nicht viel, sich rotzuschämen.
Es nützt nichts, und es schadet bloß,
sich tausend Dinge vorzunehmen.
Laßt das Programm! Und bessert euch
    drauflos!

*Erich Kästner, Gesammelte Schriften für Erwachsene, Zürich 1969*

# Seminarregeln als Lernkontrakt

## 9

»Mir nach,
ich folge Euch!«

## Das Arbeitsbündnis

*»Es gibt lebendige Gemeinschaften, die Beziehungen nach außen pflegen, ihre internen Beziehungsprobleme regelmäßig aufarbeiten und sich insgesamt weiterentwickeln. Sie brauchen keine besondere Anfangsverständigung, um miteinander zu leben. Möchten solche Gemeinschaften aber Bildung betreiben, eine Bildungsgemeinschaft werden, ist es angezeigt, die wesentlichen Züge des Miteinanders ans Licht zu heben oder deutlich zu erfahren. Dadurch schaffen sie eine bewußte Verständigung, auf die sie sich später in der Metainteraktion vergleichend beziehen können.*

*In der Regel haben Projektgruppen zu Beginn ihrer Tätigkeit noch keinen derart hohen Stand erreicht, daß sie sich lediglich ihres idealen Miteinanders für projektmäßiges Lernen versichern müssen. In vielen Fällen sind die vorhandenen Verhaltensmuster nicht projektförderlich. Ein Wirtschaftsunternehmen mit klarer Trennung von Linie und Stab unterstützt Verhaltensweisen, die nicht im voraus auf gemeinsames Tun gerichtet sind. Starke Arbeitsteilung in der Produktion wirkt ebenso und selbstverständlich auch der frontale Unterrichtsbetrieb von Schule und Universität.*

*In solchen Fällen empfiehlt es sich, einige Hilfen hinzuzuziehen, die projektmäßigen Umgang miteinander unterstützen«* (Frey 1982, S. 86).

Dies gilt nicht nur für Projekte. Jede Erwachsenenbildungsveranstaltung ist immer auch für die Beteiligten ein folgenreiches Erfahrungsfeld im sozial-emotionalen Bereich. Und die dort gemachten Erfahrungen sind für viele Teilnehmer neu, also ungewöhnlich. Dies verunsichert, verwirrt, motiviert oder demotiviert (häufig führt dies auch zum Kursabbruch) Besonders in Anfangsphasen von Lehr-/Lernprozessen (siehe den Abschnitt über die Soziodynamik von Anfangssituationen) sind für Teilnehmer und Dozenten die sozial-emotionalen Erfahrungen für die Einstellungen zum Lehren und Lernen deshalb wichtig, weil hier die entscheidenden Dispositionen für den *gesamten* Bildungsprozeß gesetzt werden. Die konzeptionellen Vorstellungen, speziell was den Interaktionsbereich betrifft, muß der Dozent zu Beginn von Veranstaltungen deutlich werden lassen. Ich will hierzu ein Verfahren vorstellen.

Vorab eine kurze Situationsanalyse: Individuen, die sich ungewohnten, für sie neuen Situationen gegenübersehen (bzw. die sich *in* diesen als Teil verstehen), entwickeln bestimmte Interaktionen. Bestimmtheit heißt, daß diese Interaktionen regelgeleitet sind; solche Regeln sind informell, aber deshalb nicht weniger wirksam.

Nun gibt es eine eindeutige Vorstruktur in Erwachsenenbildungsveranstaltungen, nämlich die Differenzierung zwischen Dozenten und Teilnehmern (auch die Bezeichnung »Teamer« für Dozent ändert dieses nicht!). Das hat zur Folge, daß in einer Situation, die durch den Wegfall bisher gewohnter und bewährter Orientierungsmuster gekennzeichnet ist, die Teilnehmer erwarten, daß der Dozent (also der formell ausgewiesene Leiter) die

Regeln für diese aufzubauende Interaktion setzt bzw. maßgeblich (mit-)bestimmt. Ich habe es bisher weder als Teilnehmer noch als Lehrender erlebt, daß diese Erwartungshaltung gegenüber dem Dozenten zu Beginn nicht vorhanden gewesen wäre. Inhaltlich ist diese, das stellt sich besonders in Konfliktsituationen zwischen Dozenten und Teilnehmern und zwischen den Teilnehmern heraus, verschieden: Die einen erwarten eine starke Strukturierung, d.h. deutliche und klare Regeln; die andern erwarten mehr Offenheit und Mitbestimmung bei der Entwicklung gemeinsamer Interaktionsformen. Die Tendenz dürfte jedoch in der Auswertung einer Untersuchung über das Lehr-/Lernverhalten in Veranstaltungen der Erwachsenenbildung zutreffend gekennzeichnet sein:

*»Welches Lehrverhalten erwarten die Teilnehmer von den Seminarleitern? Die Erwartungen an Seminarleiter und Dozenten scheinen durchaus unterschiedlich und ambivalent zu sein. Ältere und unsichere Teilnehmer bevorzugen eine straffere Lenkung durch den Dozenten, und sie werden durch eine ungewohne Liberalität und Aufforderungen zur Eigenverantwortlichkeit oft verunsichert. Nicht immer decken sich die Vorstellungen von ›Teilnehmerorientierungen‹ bei Teilnehmern und Dozenten. Die folgende Beobachtung eines Heimvolkshochschulmitarbeiters scheint typisch zu sein: Im Vergleich zur Arbeitssituation sind die ›Spielregeln‹ der Offenheit und Mitbestimmung im Kurs zu ungewohnt und wirken daher irritierend. Die Teilnehmer haben das Gefühl, in der HVHS ›in ein Loch zu fallen‹: Die Freiräume verunsichern oft«* (Siebert/Dahms/Karl 1982, S. 84).

Nun liegt das Problem für die am Lehr-/Lernprozeß Beteiligten, dies ist meine These, nicht daran, daß die »Spielregeln« der Offenheit und Mitbestimmung im Kurs zu ungewohnt sind (dies sind sie sicher auch); vielmehr resultieren die Irritationen der Teilnehmer primär aus dem Sachverhalt, daß diese Regeln unklar sind, daß sie erst in einem langen mühsamen Vorgang über einen »interaktiven Notstand« herausgefunden werden müssen. Da es sich ja um neue Interaktionserfahrungen handelt, die mit den in Routine übergegangenen Verhaltensmustern nur unzureichend von den Teilnehmern bewältigt werden können, bedarf es der maßgeblich vom Dozenten angeleiteten Neuordnung von Regeln des Handelns.

Inhaltlich kann der Lehr-/Lernprozeß nur dann produktiv voranschreiten, wenn seine interaktive Basis relativ deutlich ist, wenn also angemessene d.h., auf gemeinsamen Erwartungen basierende Regeln verabredet wurden und diese dann auch praktisch werden. Die beste noch so originelle Darstellung des zu vermittelnden Inhaltes durch den Dozenten ist vergebens (oder eben nur ein kurzes Strohfeuer), wenn über die gemeinsamen Interaktionsformen, über das *Wie* der Erarbeitung des sogenannten »Stoffes«, nicht wenigstens Teilklarheit besteht. Dies zu unterstützen, auch zu initiieren, ist Aufgabe des Dozenten. Wie dies auch immer aussehen mag, erstes Ziel für den Kursleiter ist die Entwicklung einer möglichst guten Arbeitsbeziehung, eines (vorläufigen) *Arbeitsbündnisses*. Die damit zwangsläufig verbundene Autorität muß, wenn es auf einen wirklich gemeinsamen Lehr-/Lernprozeß hinauslaufen soll, deutlich gemacht werden und in ihrer Begründung für die Teilnehmer auch transparent sein.

Die vom Dozenten mit seinem starken Einfluß (und es wäre naiv, diesen in der Anfangsphase zu unterschätzen oder ihn etwa nicht haben zu wollen) durch sein Verhalten, durch seine impliziten und expliziten Erwartungen eingeführten Interaktionsregeln können z.B. in Form von Seminarregeln (Kursregeln) innerhalb einer Lernvereinbarung als eines vorläufigen Kontraktes durchsichtig gemacht werden. Der Dozent übernimmt für alle sichtbar (und damit auch für alle angreifbar) einen gewichtigen Teil der Verantwortung. Er übernimmt die Bestimmung desjenigen, was sein sollte.

Nun ist damit noch nichts über die Inhalte eines solchen Regelangebotes gesagt. Inhaltlich wichtig ist, daß besonders jenes in den Veranstaltungsregeln vom Dozenten benannt wird, was aus einer Sicht neu, überraschend und verunsichernd ist; also alles, was nicht den alltäglichen Handlungsmustern der Kursteilnehmer entspricht. Zu beachten ist dabei: Was für den Dozenten selbstverständlich ist, ist noch lange nicht unproblematisch für den die Veranstaltung besuchenden Teilnehmer. Je nach Adressatengruppe werden sich die Regeln inhaltlich und formal (z.B. im Sprachstil) unterscheiden, d.h., sie müssen an den Vorerfahrungen und den Ausgangsvoraussetzungen der Teilnehmenden orientiert sein.

Damit ist aber das Auswahlproblem des Dozenten (welche Regeln er nun für wichtig hält und welche er den Teilnehmern deutlich zu machen gedenkt) noch nicht gelöst. Entscheidend hierfür ist die Gesamtkonzeption (d.h. Absichten und Ziele) der Veranstaltung, und dies auf der Basis jener psycho- und soziodynamischen Realität, wie sie zu Beginn von Veranstaltungen an anderer Stelle (vgl. S. 27) verdeutlicht wurden.

In jeder Veranstaltung, also auch in einem Buchhaltungskursus oder in einer Veranstaltung zur Erlangung des Führerscheins, werden entsprechend den dort vorfindbaren (meist nicht offenen) Interaktionsregeln soziale Ziele (die ebensowenig immer offen und bewußt sind) erreicht. Verhalten und Einstellungen werden verändert, stabilisiert, bestätigt, verunsichert. Möchte der Dozent zu einem Kontrakt mit den Teilnehmern über die Form ihres gemeinsamen Handelns kommen, so muß er dies reflektieren und zum Ausgangspunkt der Inhalte seines Regelangebotes machen. Will er z.B. keine Zwischenfragen, so muß er dieses verdeutlichen; will er, daß die Teilnehmer zunehmend eigenverantwortlich handeln (siehe das Zitat von Siebert oben), daß sie immer selbständiger und selbstbewußter ihren Interessen nachgehen, und dies in bezug auf die Lehr-/Lerninhalte und die Qualität der Interaktionen in den Veranstaltungen, dann muß er solches den Teilnehmern transparent machen und darauf seine Regeln auch ausrichten.

Diese letztgenannten Erwägungen an die Teilnehmer, speziell in bezug auf deren Handeln (dessen Realisierung gleichzeitig auch Ziel des Lehr-/Lernprozesses ist), sind Basis für das folgende Beispiel von Seminarregeln – wie ich sie selbst in 14tägigen Seminaren für betriebliche Ausbilder eingesetzt habe (zur übergreifenden Konzeption, mit der diese Regeln inhaltlich eng verbunden sind, siehe Geißler/Kade 1982).

*Regeln funktionieren wie der mehr oder weniger lange Strick, mit dem man Ziegen inmitten fetter Wiesen festbindet, so daß sie nur innerhalb einer begrenzten Fläche weiden können.*

## Seminarregeln

*(1) Gehen Sie davon aus, daß Sie Lernbedürfnisse haben, die Ihre Kollegen im Seminar nicht wissen, die auch die Seminarleiter nur ahnen können.*
Das heißt: Jeder Teilnehmer besucht das Seminar, um anschließend seine Praxis »besser« bewältigen zu können (was »besser« ist, das muß noch im Laufe des Seminars gemeinsam geklärt werden). Nun hat jeder Anwesende eine andere Praxis zu Hause, die es zu bewältigen gilt, und jeder von uns hat seine besonderen Schwierigkeiten bei dieser Bewältigung. Damit jeder möglichst viel lernt, und zwar das, was für ihn das Beste, Wirkungsvollste und Notwendigste ist, muß jeder einzelne seine Lernbedürfnisse äußern, z.B. das, was er verändern will.
Am Ende des Seminars sollen nämlich nicht alle dasselbe gelernt haben, sondern jeder soll das gelernt haben, was *ihm* und den Auszubildenden in ihrem täglichen Umgang miteinander am besten weiterhilft.

*(2) Gehen Sie davon aus, daß Sie Ihren Lernprozeß selbst steuern können, d.h., daß Sie durch Ihre Initiativen die Kollegen und die Seminarleitung für die Befriedigung Ihrer Lernbedürfnisse einsetzen können.*
D.h.: Die Verantwortung für das, was jeder im Seminar lernt, liegt zu einem großen Teil bei jedem Teilnehmer selbst, und jeder muß dafür aktiv werden, damit er etwas lernt. Aktiv werden bedeutet, daß jeder Teilnehmer möglichst von Anfang an – und auch immer wieder – deutlich sagt, was er gerne von den Kollegen, der Seminarleitung und den Dozenten erfahren möchte. Zeigen Sie sich aber auch selbst bereit, Auskünfte zu geben und Erfahrungen auszutauschen.

*(3) Versuchen Sie die Vorstellungen, die Sie von den möglichen Lernergebnissen haben, immer wieder zum Ausdruck zu bringen.*
Das heißt: Es ist sinnvoll und notwendig für den Lernerfolg, wenn Sie etwa folgende Aussagen machen und Forderungen stellen, wie:
– »Könnten Sie das nicht etwas intensiver behandeln?«
– »Könnten Sie nicht etwas deutlichere Beispiele aus der Praxis anführen?«
– »Kann mir das mal jemand in einfacheren Worten erklären?«
– »Kann mal jemand aus seinem Betrieb ein Beispiel bringen?«
– »Das weiß ich eigentlich schon alles.«
– »Ich halte dieses Problem für recht unwichtig!«

*(4) Wenn Sie Ihre Lernbedürfnisse unbefriedigt sehen, fragen Sie danach, was Sie selbst und die anderen zur möglichen Befriedigung beitragen können, und welche Initiativen diesen Zustand beheben könnten.*

Das heißt: Ziehen Sie sich nicht zurück, wenn Sie merken, daß auf Ihre Probleme und Bedürfnisse nicht eingegangen wird; sondern äußern Sie sich und überlegen Sie mit den Kollegen und der Kursleitung, wie der Zustand verändert werden kann. Es reicht z.B. zu sagen: »Ich habe mir das anders vorgestellt«, oder: »Könnte mir hier jemand weitere Informationen geben, andere Seminare empfehlen« etc.

*(5) Unterbrechen Sie das Gespräch, wenn Sie wirklich nicht teilnehmen können, wenn Sie z.B. gelangweilt oder ärgerlich sind oder sich aus einem anderen Grund von dem Geschehen in der Gruppe isoliert fühlen.*

Das heißt: Es ist für das Lernen sinnvoller, Langeweile oder Ärger nicht zu unterdrükken oder außerhalb des Seminars abzureagieren, sondern seine Empfindungen zu äußern und den anderen Seminarteilnehmern mitzuteilen. Vielleicht sind die anderen in einer ähnlichen Lage. Verändert werden kann eine solche oder ähnliche Situation nur, indem sie sichtbar wird, d.h. zum Beispiel ausgesprochen wird.

*(6) Machen Sie nicht nur Aussagen zum Inhalt (Stoff), sondern machen Sie auch öfters persönliche Aussagen.*

Das heißt: Lernen geschieht immer auf zwei Ebenen: Einmal, indem Inhalte (Stoff) vermittelt und ausgetauscht werden (= Inhaltsebene), und zum anderen, indem durch diese Vermittlung von Inhalten auch Gefühle geprägt und verändert werden (= Gefühlsebene). So z.B. kann mich manchmal die Art und Weise ärgern, in der ein Dozent, Kollege oder Kursleiter mit mir redet, oder ich freue mich über die Tatsache, daß mich jemand anspricht oder fragt. Wenn ich aber ärgerlich bin, kann ich den Lerninhalten nicht mehr soweit folgen, wie ich es dann könnte, wenn ich ausgeglichen wäre. Deshalb ist es wichtig, auch über die Stimmungen Aussagen zu machen, die beim Lernen auftreten.

*(7) Stellen Sie sich den Lernprozeß als gegenseitigen vor: Daß Sie für den Dozenten und die Kursleitung wichtig sind und der Dozent und die Kursleitung auch für sie.*

Das heißt: Meist ist den Seminarteilnehmern klar, daß der Dozent für sie wichtig ist, es ist ihnen aber nur selten bewußt, daß auch der Dozent in der Kurssituation Erfahrungen macht und von den Stimmungen der Seminarteilnehmer beeinflußt wird.

*Geißler/Hege: Konzepte sozialpädagogischen Handelns, München, [6]1992, S. 219–221*

Sicher ist Ihnen aufgefallen, daß diese Regeln etwas Paradoxes haben. Sie fordern etwas, nämlich Eigeninitiative von den Teilnehmern, was gerade dadurch, daß der Dozent dies vorgibt, dementiert wird. Konkret heißt die Paradoxie in unserem Fall: Durch den recht autoritären Akt der Verdeutlichung der Erwartungen und der Ziele des Dozenten soll weniger autoritäres Verhalten möglich werden. Verdeutlicht werden kann dies an folgendem, erheblich schwerer auflösbarem Paradoxon:

---

In einer Sitzung des Rates von Canton im Staate Mississippi wurde folgender Beschluß gefaßt:

1. Der Rat beschließt, daß ein neues Gefängnis gebaut wird.
2. Er beschließt ferner, daß Steine und Baumaterial des alten Gefängnisses für den Neubau verwendet werden.
3. Weiterhin beschließt er, daß bis zur Fertigstellung des neuen das alte Gefängnis weiterbenutzt werden soll.

*Nach Hughes/Brecht 1978*

---

Um eine solche paradoxe Situation kommt aber kein Dozent in der Erwachsenenbildung herum, der an und mit der Subjektivität der Teilnehmer und an und mit seiner eigenen arbeiten will. Die Paradoxie, dies ist ihr wichtigster und ehrlichster Aspekt, macht die pädagogische Realität allen Beteiligten deutlich, nämlich die Paradoxie pädagogischen Handelns selbst. In Anlehnung an Oscar Wilde: »Ein Paradoxon ist eine Wahrheit, die einen Kopfstand macht, um mehr Aufmerksamkeit zu erregen.«

Eine für alle sichtbare Paradoxie hat ihren tendenziell manipulativen Charakter und ihre Gewalt größtenteils bereits verloren. In diesem Sinne sind die Regeln nicht ein individuell geplantes Fertighaus, sondern die Leiter, die man nach dem Erklimmen einer anderen Ebene, eines Ziels, wegwerfen kann. Es ist die Vorgabe, die zur Befreiung von der Vorgabe führt.

Man darf sich jedoch nicht über die auch durch die Verdeutlichung der Interaktionsregeln weiterhin gesetzten Zwänge hinwegtäuschen, denn alle Abhängigkeit von Rollenerwartungen muß in ihrer beabsichtigten Aufhebung wiederum durch Rollen hindurchgehen.

So läßt sich aber trotz des Widerspruchs der Methode »Interaktionserwartungen als Regeln verdeutlichen« und dem Inhalt dieser Regeln (vgl. das obige Beispiel) einiges zu dessen Reduzierung tun – was im übrigen der Überzeugungskraft der Regeln zugutekommen kann. Die Lehr-/Lernsituation, in der sie nämlich eingeführt, dargestellt und/oder schriftlich verteilt werden, läßt sich tendenziell so gestalten, daß ein möglichst großer Teil der Regelinhalte *erfahren* werden kann. So z.B., indem der Angebotscharakter dieser Regeln deutlich gemacht wird und die Teilnehmer genügend Zeit zur Verfügung haben, sich mit den Regeln zu befassen, um Einwände und/oder Ergänzungen anzumelden. Die dafür notwendige Zeit bemißt sich letztlich daran, wie lange es dauert, bis eine echte vorläufige Zu- bzw. Übereinstimmung aller Beteiligten zustande gekommen ist. Dies ist dann wahrscheinlicher (und meist auch schneller) zu erreichen, wenn die Regeln als offen, veränderbar und ergänzungsbedürftig angesehen werden können.

Konkret zeigt sich solche Offenheit, wenn im Verlauf des Kurses immer wieder (meist als Ergebnis von bearbeiteten Konflikten zwischen Teilnehmern und Dozenten) eine neue »Übereinkunft auf Widerruf« getroffen wird. »Nicht Grundsätze, Erfahrungen machen!« Dies wäre der Imperativ für den Regeleinsatz.[1]

»Was nun?«, so die von mir erwartete Frage eines dies lesenden Dozenten. »Was tragen diese Regeln zur Bewältigung der psycho- und der soziodynamischen Probleme von Anfangssituationen bei?« Als erstes und wichtigstes: Sie stellen einen Gewinn an Wahrheit, d.h. an *Realitätseinsicht* her. Sie verdeutlichen die Erwartungen des zu Beginn von Lehr-/Lernprozessen Einflußreichsten, nämlich des Dozenten (oder der Dozenten, wenn im Team gearbeitet wird). Und der *Einfluß* selbst wird ebenso deutlich, insbesondere die Macht des Dozenten, Situationen maßgeblich (mit-)zudefinieren und Lehr-/Lernziele (hier als Verhaltensziele) zu bestimmen.

Die Formulierung von Seminarregeln durch den Dozenten ist eine Meta-Handlung. die das zunächst undurchschaute und undurchschaubare Ineinander einzelner Aspekte in Anfangssituationen (teilweise) transparent und für die Teilnehmer beeinflußbar macht.

Mit den Regeln wird den Teilnehmern ein *Orientierungsangebot* vom Dozenten gemacht, das die Ängste und Zumutungen zu Beginn von Veranstaltungen zu reduzieren vermag. Die Teilnehmer können auf dieser (vorläufigen) Basis mit weniger Unsicherheit Beziehungen eingehen. Speziell mit dem Dozenten können sie sich arrangieren, da sie ja nun wissen, wie sich der Dozent zu ihnen in Beziehung setzt und welche Bedeutung er den Interaktionsangeboten jeweils zuerkennt. Dies in zweifacher Weise: Einerseits umschreiben die Regeln, welches Verhalten sein soll, andererseits machen sie auch deutlich, was nicht sein soll. Damit wird eine Situation der Verständigung geschaffen, indem die Elemente des Sich-verständigen-Könnens aufgewiesen werden.

Militärisch gesprochen (und die Pädagogik hat sich maßgeblich aus dem Militär entwickelt): Solche explizit gemachten Veranstaltungsregeln bilden in Anfangssituationen Brückenköpfe in einem unbekannten und unsicheren Gebiet. Wie sie dann konkret genutzt werden, ist nicht a priori festzustellen. Sie sind als milde Orientierung eine Chance, um

> Alle reden vom Lernen, aber niemand tut etwas dagegen.
>
> *Schülerspruch*

---

1 Eine nicht ganz ernst zu nehmende Abwandlung erfahren Seminarregeln beim »Kummerkastenmodell«. Dabei landen viele jedoch bei folgendem normativen Notstand: Der Teilnehmer Müller äußert sich enttäuscht darüber, daß es im Seminar keinen Kasten für Anregungen und Kritik gibt, da er gerne die Anregung dort eingeworfen hätte, einen solchen Kasten anzubringen.

eine offene und produktive Lehr-/Lernsituation aufzubauen. Man kann sie aber auch als Erprobung und Entwicklung des jeweiligen militärisch-taktischen Dozenten-Geschicks verwenden (aber dann wäre der historische Emanzipationsprozeß der Pädagogik weg vom Militär wieder etwas zurückgedreht worden).

Das Ausarbeiten solcher Veranstaltungsregeln hat jedoch auch für den Dozenten (und indirekt dann ja wieder für die Teilnehmer) einen wichtigen Stellenwert. Der Dozent muß sein Erwachsenenbildungskonzept stark »hinunterdenken« (oder besser: »hinaufdenken«), eben bis zur beabsichtigten Interaktionspraxis. Dies ist ein auch für ihn in der verunsichernden Situation des Anfangs stabilisierender und wichtiger Gewinn an potentiellem Sinnzusammenhang.[1]

---

*Dazu Hilfen von B. Brecht:*

1. Wem nützt der Satz?
2. Wem zu nützen gibt er vor?
3. Zu was fordert er auf?
4. Welche Praxis entspricht ihm?
5. Was für Sätze hat er zur Folge? Was für Sätze stützen ihn?
6. In welcher Lage wird er gesprochen? Von wem?

*Bertolt Brecht: Gesammelte Werke, Band 12, Frankfurt 1968, S. 433*

---

1 Ein Literaturhinweis: Wer Generelles zu Sprachregeln nachlesen möchte, der sei auf Cicourel: »Sprache in der sozialen Interaktion« (1975) hingewiesen. Arbeitsbündnisse in Zusammenhang mit Rollenhandeln erläutern McCall und Simmons (1974).

# Spiele in Anfangssituationen 10

»Wir schaffen es spielend«
oder
»Kraft durch Freude«

»Die spezifische Schwierigkeit des Beginnens ist nicht zu verschweigen«, so Adornos (1963, S. 72) Formulierung der Alltagserkenntnis, daß aller Anfang schwer sei. Beginnen bedeutet, sich in eine Situation zu begeben, die fast lauter unbekannte Größen enthält. Eine solche Situation ist kompliziert (und kompliziert ist eine Situation dann, wenn sie mehrere Eingänge hat). Alle Gruppenmitglieder, vorausgesetzt, sie kennen sich nicht vorher, erleben sich isoliert, fühlen sich vereinzelt – alle gemeinsam erleben dies. Wollen die Teilnehmer und Dozenten weiter zusammen bleiben, gemeinsam miteinander arbeiten, müssen sie ihr Erleben erfahrbar machen, müssen sie sich damit auseinandersetzen. Dies muß nicht notwendigerweise über und durch die Sprache geschehen. In jüngster Zeit ist es in der Erwachsenenbildungspraxis zunehmend üblicher geworden, die Anstrengung des Aufbaus sozialer Beziehungen durch »Spiele« zu erreichen bzw. solche Anstrengungen durch »Spiele« auch zu umgehen.

Auffällig häufig wird das gegenseitige Kennenlernen »spielerisch« gestaltet. Sicher ist ein wichtiger Grund darin zu sehen, daß die traditionellen Formen des Miteinanderbekanntmachens zunehmend als unbefriedigend erfahren wurden.

   Alle Teilnehmer oder Dozenten in der Erwachsenenbildung kennen diese Situation: Die Veranstaltung beginnt mit einem kurzen Eröffnungswort des Kursleiters, daran anschließend folgt die Bitte, sich doch vorzustellen. Reihum sagen alle Anwesenden ihre Namen, die (berufliche) Tätigkeit, und eventuell geben sie auch noch Auskunft über private Sachverhalte, ob verheiratet oder nicht (letzteres fällt schwerer), ob man Kinder hat, und – wenn man schon mal privat ist – wird auch noch ein kurzer Hinweis angehängt, welchen Freizeitbeschäftigungen man nachgeht.

   An der Hast, mit der diese Pflicht erfüllt wird, und an den meist ausbleibenden Nachfragen ist zu erkennen, daß dieses Ritual wenig Anklang findet; der Dozent zeigt seine Distanz dazu meist dadurch, daß er bei seinem weiteren Vorgehen zu den einzelnen Informationen – außer auf die Kenntnis des Namens, wenn er diesen behalten hat – keinen Bezug mehr herstellt. In der Tat, solches ist unbefriedigend für alle Beteiligten.

Weniger Frustrationen und ein leichteres »Sich-gegenseitig-Kennenlernen« erwarten sich viele Dozenten von »Spielen«, die als sogenannte »Warming-up«-Phasen didaktisch legitimiert werden. Aus den Bildungsurlaubsseminaren wird z.B. berichtet: »Im Unterschied zu dem Ende des Bildungsurlaubs wird der Einführung in den Bildungsurlaub ein relativ großer Raum zugemessen. In diesen Einführungen findet man eine Vielzahl von Spielen, die das gegenseitige Kennenlernen ermöglichen und Schwellenängste abbauen helfen sollen. Sehr häufig werden Marktplatz-Spiele verschiedener Art und Paar-Interviews gemacht, die oft übergeführt werden in Gespräche darüber, welche Erwartungen und welche Befürchtungen über den anstehenden Bildungsurlaub entwickelt werden« (Kejcz u.a. 1980, S. 106).

Hinweise für Dozenten, wie die beiden folgenden, stützen solche Praxis ab: »Da der Gefühlsbereich so stark beansprucht wird, empfehlen sich möglichst offene, spielerische Einstiege, die ein lockeres gegenseitiges Kennenlernen ebenso ermöglichen, wie sie Aussprache, Veröffentlichung und Ordnung der mitgebrachten inhaltlichen und sozialen Erwartungen erlauben« (Meueler 1982, S. 136). »Nach Begrüßung und kurzer Einführung wird ein »Kennenlernen- bzw. Warming-up-Spiel« vorgeschlagen, das auf die jeweilige Teilnehmergruppe hin ausgesucht werden sollte.« (Aus einem Dozentenleitfaden, Klassen/Rieken 1982, S. 46.) Meist handelt es sich jedoch, wenn man das Verfahren nach den langfristigen Effekten beurteilt, um ein »Cooling-down-Verfahren«.

Der Markt für solche »Spiele« befindet sich im Anwachsen, und auch die an didaktischen Kriterien orientierten Differenzierungen nach Einsatzbereichen (z.B. nach verschiedenen Altersgruppen, unterschiedlichen Berufsgruppen und Bildungsabschlüssen usw.) haben immense Fortschritte gemacht.[1]

## Die Motive dafür

»In den letzten Jahren liegt mir mehr und mehr daran, Spiel und Spaß in den Anfangsprozeß mit einzubeziehen, damit auch spielerisch-kreative Bedürfnisse ihr Recht erhalten und zur Entfaltung kommen können« (Regel, o.J. S. 86). Mancher sieht im Spiel die Möglichkeit, natürlicher,[2] authentischer zu sein. Andere, meist aber die gleichen Kursleiter, finden spielend das ihnen Schwierigkeiten machende Kompetenzgefälle zwischen Dozent und Teilnehmer reduziert. Gelänge dies alles wirklich so, wären die »Kennenlern-Spiele« der Königsweg (ohne König selbstverständlich!); es ließen sich Adorno und die Alltagsweisheit, daß aller Anfang schwer ist, widerlegen.

1  Die Bandbreite des Angebots ist unüberschaubar. Für die Schule werden inzwischen sogar »Gaunerspiele« und »Trickspiele« zur Anwendung empfohlen – vgl. Hell (1980, S. 23). Ist dies Subversion oder Naivität?
2  »Natürlichkeit ist die schwierigste Pose, die man einnehmen kann«, so Oscar Wilde für alle jene, die sich diese Argumente zu eigen machen.

## Bei-Spiele

> »Immer spielt ihr und scherzt? ihr *müßt!* o Freunde mir geht dies /
> In die Seele, denn dies müssen Verzweifelte nur.«
>
> *Hölderlin*

### Partner-Vorstellungs-Runde

#### Ziele

Kontakte aufnehmen, sich kennenlernen, einen Teilnehmer vorstellen und auf ihn eingehen.

#### Vorgehen

Die herkömmliche Form der Vorstellung, bei der jeder Teilnehmer sich selbst vorstellt, wird aufgehoben und durch ein kommunikatives Vorgehen ersetzt:

● *Paare bilden:* Dazu gibt es mehrere Möglichkeiten, z.B. mit dem rechten Nachbarn; Zettel und Nummern 1-x oder Symbole (Kreise, Rechtecke usw.) verteilen, und jeweils die Zahlen 1 und 2, 3 und 4, 5 und 6 usw. suchen sich; Spielkarten so auswählen, daß eine Partnersuche möglich ist; ähnlich mit Bildkarten (Gesichtsausdrücke von Kindern); Sprichwörter auf Zettel schreiben, auseinanderschneiden, wählen und suchen lassen.

● *Partnergespräch:* Sich kennenlernen (Name, Beruf, Kinder, Hobby …) und Gedankenaustausch über Impulsfragen, z.B. eine Erwartung an die Veranstaltung.

● *Teilnehmer stellen den Gesprächspartner im Plenum vor*

● *Plenumsgespräch:* Je nach Frageimpuls zum Partnergespräch ist eine kurze Abklärung notwendig, z.B. über die Erwartungen an das Seminar. Diese sollten für alle Teilnehmer sichtbar (Plakat, Tageslichtschreiber) sein.

*Müller, P.: Methoden in der kirchlichen Erwachsenenbildung, Kösel-Verlag, München 1982, S. 90*

## Krokodilspiel (Namen kennenlernen)

22 Teilnehmer    15 Minuten

Alle Teilnehmer sitzen im Kreis, einer hat das Krokodil (falls kein Krokodil zur Hand, tut es auch ein grüner Filzstift!) in der Hand. Er beginnt das Spiel, indem er das Krokodil mit folgendem Satz an seinen Nachbarn weitergibt: »Mein Name ist Wolfgang, das ist das Krokodil, und wie heißt Du?«
Der zweite Teilnehmer nimmt das Krokodil und gibt es weiter mit dem Satz: »Ich habe das Krokodil von Wolfgang, mein Name ist Petra, das ist das Krokodil, und wie heißt Du?«
Das Krokodil wird jetzt mit diesem Satz immer weitergegeben, und jeder Teilnehmer muß jeweils die Namen aller Personen nennen, die das Krokodil vor ihm in der Hand gehabt haben. Es ist zu empfehlen, das Spiel mehrmals durchzuspielen.

### Varianten

1. Der letzte Teilnehmer beginnt, das Krokodil läuft zurück zum ersten Teilnehmer.
2. Die Teilnehmer wechseln die Plätze.
3. Jeder Teilnehmer läßt das Krokodil eine Tätigkeit ausführen, die zu jedem Namen auch dazugesagt werden muß.

*Methoden für die Gruppenleiter-Schulung, in: Zeitschrift für Gruppenpädagogik, Jg.8, 1982, S. 257*

## Schlüsselkönig (auftauen, gegenseitiges Kennenlernen)

Alle sitzen im Kreis. Der Leiter stellt nach einer kurzen Begrüßung seinen Stuhl weg, so daß ein Stuhl weniger vorhanden ist als Mitspieler. Er geht auf einen Teilnehmer zu, gibt ihm die Hand, begrüßt ihn und stellt sich vor. Anschließend geht jeder auf einen anderen Teilnehmer zu, begrüßt ihn, stellt sich vor usw., bis alle Spieler unterwegs sind. Dann läßt der Spielleiter einen Schlüsselbund fallen, und alle suchen sich einen Stuhl. Wer übrig bleibt, hebt den Schlüsselbund auf und beginnt von neuem auf einen ihm noch unbekannten Teilnehmer zuzugehen (je nach Teilnehmerzahl 3–5 Runden).
Abschließende Runde: Jeder stellt sich kurz vor (da im Spiel nicht jeder jeden ansprechen konnte) und formuliert seine Erwartungen an das Seminar. Die aufgelisteten Erwartungen sind Ausgangspunkt für die Weiterarbeit (Inhalt, Vorgehen, Beziehung).

*Müller, P.: Wie beginnen? in: Katechetische Blätter, Jg. 105, 1980, S. 301/302.*

## Was verspricht man sich vom Einsatz dieser »Spiele«?
## Was bringt dies für Vorteile für den Lehr-/Lernprozeß?

Eine entspannte Atmosphäre durch eine weniger anstrengende Überwindung von Unsicherheit, Fremdheit und gegenseitiger Scheu; eine offenere und leichtere Kommunikation, mehr Unmittelbarkeit. Möglichst viele Barrieren, so vermuten auch jene, die eine größere Anzahl von Bildungsurlaubsseminaren ausgewertet haben (Kejcz u.a. 1980, S. 106f.), sollen in möglichst kurzer Zeit abgebaut werden, um die anstehende Lernarbeit zu verbessern.

Läuft solches weitgehend auf eine mit Hilfe »spielerischer« Verfahren beabsichtigte Optimierung des Lehr-/Lernprozesses mit Erwachsenen hinaus, so wird der Einsatz von »Spielen« in Anfangsphasen von Erwachsenenbildungsveranstaltungen auch teilweise mit einem veränderten Bildungsverständnis in Zusammenhang gebracht. Mit »Spielen«, so dieser Argumentationsstrang, werde dem gesellschaftlich dominanten Zweck-Mittel-Denken eine Kontrasterfahrung entgegengesetzt. Hierdurch werde die Phantasie gefördert, das Erlebnis der Freude könne besser mit dem der Anstrengung verknüpft werden. Man akzeptiere durch die Einbeziehung von »Spielen« die menschlichen Bedürfnisse nach Entspannung, Geselligkeit, nach Bewegung und Vergnügen und wolle sie befriedigen.

Zuerst zum Argument, daß durch »Spiele« in der Anfangsphase der Lehr-/Lernprozeß verbessert wird. Soll dies pädagogisch sinnvoll und nicht nur ein schlichter Motivationstrick[1] sein, muß das, was im »Spiel« (z.B. im »Kennenlern-Spiel«) gemacht wurde, also das, was dabei herausgekommen ist, in den weiteren Verlauf der Bildungsveranstaltung integriert werden. Dies jedoch geschieht nach eigener Beobachtung und Erfahrung meist nicht oder nur in sehr ungenügendem Maße. Den schon mehrmals zitierten wissenschaftlichen Begleitern der Bildungsurlaubsseminare fiel dies ebenso auf: daß nämlich »die Inhalte, um die es in diesen Arbeitsweisen geht (›Kennenlern-Spiele‹ sind hier gemeint, Kh.A.G.), im weiteren Kursverlauf in der Regel nicht mehr aufgegriffen werden« (Kejcz u.a. 1980, S. 106). Also doch nur ein Motivationstrick, ein Köder?

Wird durch Spiele zum Lernen verführt?[2] Diese als Frage formulierte These bewahrheitet sich in der Praxis besonders immer dort, wo »Spiele« zu Beginn von Veranstaltungen unter

Das alles hat eine lange Tradition, wie man aus dem Handwörterbuch des Deutschen Aberglaubens (1927, S. 406) erfahren kann:

**Anfang, anfangen.** A.szauber nennt man die Anstalten, welche durch besondere Vorsicht und Berücksichtigung der magischen Zusammenhänge bei Inangriffnahme eines Unternehmens diesem die besondere Gunst des Schicksals sichern sollen. Dachte man doch, daß vom Anfang eines Unternehmens oder Vorgangs auf dessen Fortgang weitgehende Wirkungen ausgeübt werden.

---

1 Für die, die nicht wissen, was das ist: Trick, so die treffende Definition von Woody Allen, bedeutet: »den Fallstricken aus dem Wege (zu) gehen, die Chancergreifen und bis sechs Uhr wieder zu Hause (zu) sein« (1983, S. 59).
2 In gleichem Maße, wie durchs Betthupferl zum Schlafengehen verführt wird. Das Süße, das Schöne wird dabei nur allzu offensichtlich als Belohnung für den Gehorsam gegeben – zumindest erwartet man diesen nach dem Geschenk (dem Spiel). Dies ist ein lebensgeschichtlich altbekannter Mechanismus, der daher auch eine hohe Erfolgsquote garantiert.

der nicht immer bewußten Perspektive von den Dozenten eingesetzt werden, daß die Teilnehmer lernunwillig seien. Sie bestätigt sich auch dort, wo das »Spiel« mit der Absicht durchgeführt wird, Unlustgefühle durch Illusionen zu vermeiden. Dies funktioniert aber nur um den Preis der sich erhöhenden Dosis; das Karussell dreht sich immer schneller, die Aufmachung wird immer greller, die Illusionen immer dünner und der Spaß immer kleiner. Der expandierende Markt, der Angebots- und Nachfrageboom nach solchen »Kennenlern-Spielen« läßt diesen Mechanismus vermuten und spricht auch dafür, daß der Illusionscharakter solcher »Spiele« als Zuckertüteneffekt ausgiebig in Erwachsenenbildungsveranstaltungen genutzt wird.[1]

Selbst, wenn man davon absieht, daß solche Absichten hinter dem Einsatz von »Spielen« zu Beginn von Veranstaltungen stünden, wäre zusätzlich zu prüfen, inwieweit diese Verfahren in einer von Unsicherheit geprägten Situation, wie sie nun mal der Anfang ist, nicht weitere Verwirrung stiften. Die Verwirrung z.B., daß die Teilnehmer glauben, auf dem falschen Seminar zu sein, daß sie sich »kindisch« vorkommen und daß sie sich widerwillig gezwungen fühlen, ihre (aus der Situation heraus sehr verständliche) Vorsicht über Bord zu werfen. Damit aber würden die Probleme des »Sich-auseinander-Setzens«, des »Sich-Näherkommens«, des Bewältigens einer empfindlichen Balance von Distanz und Nähe, durch »Spielen« zu Beginn weitgehend abgedrängt. Die Folgen dieses Verdrängungsaktes müssen dann noch zusätzlich im weiteren Kursverlauf bewältigt werden. Das aber wäre eher hinderlich als vorteilhaft für einen produktiven Lehr-/Lernprozeß.

Alle diese Einwände sprechen aber nicht generell gegen »Spiele« oder spielähnliche Verfahren zu Beginn von Veranstaltungen. Die Verbreitung und der Erfolg dieses Einstiegsverfahrens sprechen dafür, daß damit etwas bei den Teilnehmern und Dozenten angesprochen wird, was auch deren Bedürfnissen und Erwartungen entgegenkommt. Sicher gehört dazu auch der Wunsch nach Alternativ-Erfahrungen zu ihren Schulerlebnissen, zu ihren täglichen Berufserfahrungen.

Konkret: Der Wunsch nach Zuwendung, nach Bewegung, nach freiem »Miteinander-etwas-Machen« und auch der Wunsch nach Illusionen und nach der Außerkraftsetzung von Zweck-Mittel Verhältnissen. Alles dies ist verständlich, und es wäre der falsche Weg, solche Wünsche zu ignorieren, sie zu unterdrücken, sie für illegitim zu halten. Nur, kann dies alles nicht auch in anderer Weise in Erwachsenenbildungsveranstaltungen als gerade über »Spiele« berücksichtigt werden? Ist es nicht notwendig, wenn ich diese Wünsche als Dozent (bei mir selbst und bei den Teilnehmern) *wirklich* ernst nehme, daß sie kontinuier-

---

1 Bereits Musil spricht von der »Anfangsillusion«, und er sagt auch gleich, wie die Folgen aussehen: »Man kann tun, was man will, denn alles kommt zu einem selbst zurück wie ein in die Luft geworfener Bumerang.« (1982, S. 102). Daß »Spiele« nicht nur ein Illusionspotential für die Teilnehmer, sondern auch für die Dozenten haben, durch die sie versuchen, die lästigen Probleme des grauen Dozentenalltags zu verdecken (womit sie aber letztlich ins totale Dunkel geraten), dem bin ich an anderer Stelle nachgegangen (vgl. Geißler 1977).

Was wird aus dem Loch, wenn der Käse alle ist?

*Brecht*

lich immer wieder im Seminar befriedigt werden? Daß sie konstitutiver Bestandteil des gesamten Lehr-/Lernprozesses sind und nicht nur zu Beginn im »Spiel« ernst(?)genommen werden?

Entscheidendes Kriterium dafür, wie »Spiele« (z.B. »Kennenlern-Spiele«) in der Erwachsenenbildung sinnvoll einsetzbar sind, ist die Einbettung dieser Verfahren, formal *und* inhaltlich, in den Gesamtablauf der jeweiligen Veranstaltung. Nur hierdurch entfalten sie ihre spezifische Wirksamkeit und verhindern, daß von der gemeinsamen Lehr-/Lernsituation mehr ab- als angekoppelt wird.

Dies jedoch würde ich, da es letztlich dem Sinn des Spiels widerspricht, nicht mehr als solches bezeichnen. Dazu einige Argumente: Ausgangspunkt ist der grundlegende Unterschied von Spiel einerseits und Lernen bzw. Arbeit andererseits. Huizinga (1938, dt. 1944) und Callois (1958, dt. 1982) haben die im europäischen Kulturbereich wichtigsten Abhandlungen zum »Spiel« geschrieben. Ihre Definitionen, was »Spiel« ist, sind nicht völlig identisch; sie haben jedoch vieles gemeinsam.

Als zentrale Charakteristika des Spiels führen sie an: Freiwilligkeit, Unproduktivität, Regelhaftigkeit, Selbstzweckcharakter (das Spiel hat seinen Sinn nur in sich selbst), Abtrennung vom gewöhnlichen Leben.

Ist es, legt man diese Kriterien zugrunde, wirklich realistisch, wenn man das, was in Lehr-/Lernveranstaltungen häufig geschieht, als Spiel bezeichnet? Oder gibt es nicht vielmehr einen *generellen Gegensatz zwischen Spielen und Lernen,* Spiel und Arbeit, und lebt von diesem Gegensatz nicht letztendlich das Spiel, das Lernen, das Arbeiten? Daß dem so ist, wird sehr schnell deutlich, wenn man die oben angeführten Charakteristika des Spiels mit dem vergleicht, was in der Bildungsrealität als »Spiel« verstanden wird.

## Charakteristika des Spiels

Erstes Kriterium *»Freiwilligkeit«*: Callois meint hierzu: »Ohne Zweifel muß das Spiel als eine freiwillige Betätigung, als eine Quelle der Freude und des Vergnügens definiert werden. Ein Spiel, an dem teilzunehmen man sich gezwungen sähe, wäre eben kein Spiel mehr« (S. 12).

Aber wer, so der kritische Transfer dieses Kriteriums auf die Erwachsenenbildungssituation, ist schon ganz freiwillig dort? Wer nimmt wirklich unter den psycho- und soziodynamischen Bedingungen und Belastungen der Anfangssituation ganz freiwillig an den vom Dozenten vorgeschlagenen »Spielen« (z.B. Kennenlern-Spielen) teil?

Zweites Kriterium: Spielen ist eine *unproduktive Betätigung,* die, so wieder Callois: »Weder Güter noch Reichtum noch sonst ein neues Element erschafft, und die, abgesehen von einer Verschiebung des Eigentums innerhalb des Spielerkreises, bei einer Situation endet, die identisch ist mit der zu Beginn des Spiels« (S. 16).

Das Spiel bildet ein Gegengewicht, eine Gegenerfahrung zu den Prinzipien von Arbeit und Leistung. Spielend entferne ich mich von der Umwelt, von mir, von der Wirklichkeit. Freud wies darauf hin, daß das Gegenteil von Spiel nicht Ernst sei, sondern Wirklichkeit. Auch dieses Kriterium ist in Erwachsenenbildungssituationen nicht erfüllt. Sich von der Wirklichkeit zu entfernen, dies ist ja gerade nicht der Weg zur Bearbeitung der Anfangsprobleme.

Ähnliches gilt auch für den *Selbstzweckcharakter* des Spiels, dem dritten Kriterium. Bei einem »Kennenlern-Spiel« z.B. soll eben etwas Produktives herauskommen, die Situation nach dem Spiel soll eben nicht identisch sein mit der vor dem Spiel. »Aber es ist«, so Callois, »niemals die eigentliche Funktion des Spiels, eine Fähigkeit zu entwickeln. Der Zweck des Spiels ist das Spiel selbst« (S. 192). Nun, genau dies ist beim Einsatz sogenannte »Spiele« in Bildungsveranstaltungen nicht der Fall.

Und auch das vierte Kriterium, die *Abtrennung vom gewöhnlichen Leben,* ist nicht erfüllt, solange das Spiel als Bestandteil des gewöhnlichen Bildungsprozesses inszeniert wird.

Einzig die *Regelhaftigkeit* läßt eine Übereinstimmung zwischen den Definitionskriterien des Spiels und der Realität dessen, was in Erwachsenenbildungsveranstaltungen »spielerisch« gemacht wird, zu. Aber das ist meines Erachtens zu wenig, und es kann den Eindruck nicht verwischen, daß das, was häufig am Anfang von Erwachsenenbildungsveranstaltungen als »Spiel« angekündigt (und in vielen Publikationen auch empfohlen) wird, eher eine Beleidigung fürs wirkliche Spiel ist – und ebenso für den Anfang von Bildungsprozessen mit seinen sehr realen und ernsten Problemen.[1]

## Was aber statt dessen?

Die Alternative kann nicht sein: Das gleiche weiter tun und dies dann eben nicht mehr »Spiel« nennen. Sicher, manches Verfahren, das als »Spiel« bezeichnet wird, sollte besser »Übung« heißen, und niemand braucht, wenn die oben angedeuteten Bedingungen (z.B. die Integration in den übrigen Kursablauf) gegeben sind, generell davon Abstand nehmen. Viel wichtiger ist meines Erachtens, den konzeptionellen Wert solcher »spielerischen« Interventionen (wie z.B. jene, die das gegenseitige Kennenlernen fördern sollen) zu verändern. Damit dies gelingt, sind vom Dozenten zwei unverzichtbare didaktische Leistungen zu erbringen.

---

1 Wohl ein Fall von pädagogischem Kolonialismus, der dort, wo es um die Konkurrenz von »Lehraufträgen« geht, besonders exotische Blüten treibt.

Adolph von Knigge rät für Anfangssituation:

Bei (…) Geburtsfesten und andern solchen Gelegenheiten enthalte Dich aller steifen, feierlichen Akte, prunkvollen Deklamationen und Theaterszenen. Solche Pedantereien und Förmlichkeiten machen doch keine bleibenden Eindrücke, sind mehrenteils für den leidenden Teil ermüdend und für jeden Dritten äußerst langweilig.

Erstens muß gewährleistet sein, daß die *Realität* der Situation und die der Beteiligten durch das Verfahren nicht verschleiert, nicht abgewehrt wird. Es geht im Gegenteil darum, den in Anfangsphasen ja bereits vorhandenen Tendenzen zur Abwehr entgegenzusteuern, d.h. Aufklärung und Entwicklung gleichermaßen zu gewährleisten und zu unterstützen. Nur dort entwickelt sich eine produktive Lernkultur, die dann auch selbst ein substantiell bildender Prozeß ist, wo das Befremdende, das Verunsichernde nicht abgewehrt, sondern ernsthaft geprüft wird. Dies muß nicht in Form von Metakommunikation geschehen, d.h., indem man über die Anfangsschwierigkeiten spricht; dies kann durch eine Übung, durch handlungsorientierende Intervention realisiert werden. Dem Dozenten fällt dabei jedoch in jedem Fall die Aufgabe zu, sensibel auf die Interaktionsangebote der Teilnehmer zu reagieren und seine Aktionen daran zu orientieren, daß sich die Teilnehmer mit der Situation (d.h. unter anderem mit sich und mit ihren Interaktionspartnern) auseinandersetzen.

Die zweite Anforderung an den Dozenten ist die schon genannte *Integration* solcher Übungen, Verfahren, Techniken *in den gesamten Ablauf* der Veranstaltung. So sollte das »Kennenlernen« inhaltlich die Gemeinsamkeit der Situation und die Gemeinsamkeit der zu leistenden Lernarbeit verdeutlichen, um gleichzeitig die Individuen, die diesen Prozeß gestalten, in ihrer Subjektivität sichtbar zu machen. Zweifelsohne eine schwierige Gratwanderung, die Zeit braucht.

## Anfangen. Anheben. Beginnen.

I. Üb. In einem Ganzen, das bisher noch nicht gewesen ist, und nun erst wird, ist Etwas das Erste. Das Seyn dieses Ersten ist das, worin alle diese drey Wörter übereinkommen. II. B. Anfangen bezeichnet diesen Begriff in seiner größten Allgemeinheit, und wird sowohl von räumlichen als in der Zeit seyenden Dingen gesagt. Man sagt sowohl: hier fängt sein Acker an, als: er fing an zu reden. Beginnen und Anheben wird nur von in der Zeit seyenden Dingen, und zwar von Handlungen gesagt. Daher auch Beginnen für Unternehmen, Thun gebraucht wird.

> Empfanden doch sogar die Nonnen,
> Mit denen Arbrissal ein Probestück bestand,
> Wie schwerlich, außer ihm, ein Sterblicher begonnen,
> Das Unrecht der Verachtung —

Dieser Begriff liegt selbst da zum Grunde, wo es von dem Anfange der Welt gesagt wird, denn es bezieht sich alsdann auf den Anfang des Wirkens der Weltkräfte.

> Im Anfang, als die Welt begann,
> Sah Jupiter den ersten Mann,
> Wie einsam und voll Ernst er sann, u. s. w.   Gleim.

Da also Anfangen sich auf Sachen, und Beginnen auf Handlungen bezieht: so kann auch Anfangen zurückgehend (als verb. recipr.) gebraucht werden, Beginnen aber nicht. Das Lied fängt sich mit den Worten an. Die Einschränkung der Bedeutung des Wortes Beginnen auf Handlungen, gründet sich auf den Gebrauch der niederdeutschen Mundart, wo es am gemeinsten ist, und sie wird durch die Ableitung von gaan, gehen, wahrscheinlich. Daher auch in dieser Mundart Gin statt Beginn vorkommt; als in dem Sprüchworte: as it was im Ginn, was ik nog nig drin. Beym Anfange war ich noch nicht da.

Anheben wird nur von den größten und wichtigsten Sachen gebraucht, und gehört daher in die feyerlichste und edelste Schreibart. Hr. Stosch will, daß Anheben nur von einer Rede gebraucht werde, vermuthlich weil er es in einigen Stellen von Luthers Bibelübersetzung so gefunden hat. Allein es wird auch von guten Schriftstellern in andern Verbindungen gebraucht.

> Ich bin im Begriffe auf eine Sonne zu treten, wo ein anderes Leben anheben soll. Dusch.

Und selbst bey den Reden wird es nur von feyerlichen Reden, von göttlichen Orakelsprüchen gebraucht. Hr. Adelung hält dieses Wort für ein veraltetes Wort, das weder edler noch nachdrücklicher sey, als Anfangen, und ist unwillig, daß es von einigen Dichtern ist wieder eingeführt worden. Hr. Stosch will auch, daß Beginnen eine besondere Beziehung auf Handlungen habe, welche zum allererſten Mahle geschehen, und welche man vorher entweder gar nicht, oder wenigstens in langer Zeit nicht gethan hat. Allein diesen Unterschied scheint der Gebrauch nicht zu bestätigen. Nur so viel scheint gewiß, daß nach der Unterbrechung einer Handlung bey einem neuen Ansatze Beginnen nicht gebraucht wird, welches sich immer auf den erſten Anfang bezieht. Es muß daher heißen: ich fing an, und nicht: ich begann, weiter fortzulesen, wo ich aufgehört hatte.

Hr. Teller sagt, er möchte „das Wort Beginnen für „Anfangen nicht mit neuern Schriftstellern viel gehegt wissen," und er setzt hinzu, „da anfangen in der edlen Schreibart „mir weit schicklicher scheint, und jenes in derselben für mein Ohr „zu komisch klingt." (S. Vollſt. Darſt. von Luthers Bibelüberſ. S. 173.) Allein da unsere beſten Dichter Beginnen auch in der edlen Schreibart gebrauchen: so muß es ihnen wohl nicht komisch klingen. Klopſtock gebraucht es häufig bey den feyerlichſten Gelegenheiten, z. B.

> Abram begann von neuem: Du haſt das dankende Lächeln, Sohn, gesehen, mit dem ich dich hörte. Meſſ. Geſ. IX.

Anfangen hingegen iſt den guten Schriftstellern und besonders den Dichtern wegen der trennbaren Vorsylbe An ein sehr unbequemes Wort, und es liegt daher dem Wohlklange sehr viel daran, daß ein Wort erhalten werde, welches die Unbequemlichkeiten der Wörter Anfangen und Anheben nicht hat. (S. auch Stosch.)

*Johann August Eberhard's Versuch einer allgemeinen deutschen Synonymik in einem kritisch-philosophischen Wörterbuche der sinnverwandten Wörter der hochdeutschen Mundart, zweite vermehrte und wohlfeilere Auflage, Bd. 1, Halle/Leipzig 1819, S. 52/53*

# Redner und Schweiger in Anfangssituationen 11

»Reden über das Schweigen,
aber nicht
schweigen über das Reden«

»... Nun haben die Sirenen eine noch schrecklichere Waffe als den Gesang, nämlich ihr Schweigen. Es ist zwar nicht geschehen, aber vielleicht denkbar, daß sich jemand vor ihrem Gesang gerettet hätte, vor ihrem Schweigen gewiß nicht ...«

*Kafka*

Die Situation ist Teilnehmern und Dozenten von Erwachsenenbildungsveranstaltungen gleichermaßen allzu bekannt: Relativ bald nach den obligatorischen einleitenden Bemerkungen, nach dem Kennenlernen, nach den notwendigen Hinweisen und den ersten inhaltlichen Arbeitsschritten fällt auf, daß einige wenige Teilnehmer relativ viel sprechen, daß sie ganz schnell mit den Äußerungen ihrer Meinungen, dem Darstellen ihrer Erfahrungen sind; andere sagen ab und zu etwas, und ein nicht zu übersehender Anteil der Beteiligten schweigt. Besonders für jene Kursleiter, die von sich erwarten, teilnehmerorientiert zu arbeiten, werden die »Schweiger« zu einer zunehmenden Belastung.[1] Den Teilnehmern hingegen fallen weniger die »Schweiger«, eher die »Vielredner« auf.

Obgleich sich alles dies in vielen Kursen immer wieder ereignet, auch innerhalb der Veranstaltung häufig wiederholt, gibt es doch sehr wenig befriedigende Formen des Umgangs mit diesem Problem. Das Thema »Schweiger-Vielredner« bleibt meist unausgesprochen, nur in informellen Gesprächen (beim Essen, in den Pausen usw.) wird es ab und zu sehr vorsichtig angeschnitten. Dozenten und Teilnehmer erwarten von sich, mit dem sie störenden Verhalten individuell fertig zu werden. Sollen Problem und Lösung nicht darauf reduziert werden, die eigene Frustrationstoleranz zu erweitern, um die als unbefriedigend erlebte Situation besser ertragen zu können, wären auch andere als nur individuelle Verarbeitungsformen zu entwickeln.

### Was kann man in dem gegebenen Fall also tun?

Vorschnell wäre es, an dieser Stelle eine begründete Antwort zu geben. Die Grundlagen dafür sind über die Analysen der Situation und der Motive für dieses »aufregende Verhalten« erst noch zu finden.

Die beteiligten Subjekte und deren *soziale Beziehungen* werden durch Verhaltensweisen wie die des Schweigers und die des selbstdarstellerischen Viel-Redners belastet. Tragen die einen gar nichts zur offiziellen Kommunikation bei, so versuchen andere, ihren Anteil daran möglichst weit auszubauen. Beide Verhaltensweisen bedingen und stützen sich gegenseitig, sie sind komplementär, also auch nicht allzu verschieden voneinander.

### Wie kommt es dazu?

Die Beteiligten befinden sich in Anfangsphasen von Lehr-/Lernprozessen vorübergehend in einem »interaktiven Notstand« (vgl. dazu das Kapitel: Soziodynamik von Anfangssi-

---

1 Interaktionistisch ausgedrückt: Die schweigenden Teilnehmer werden auffällig, weil der Dozent unruhig wird – in diesem Falle meist wegen der Nicht-Einlösung seiner Ansprüche.

tuationen). Besonders dann, wenn sie nicht Dauerteilnehmer von Erwachsenenbildungsveranstaltungen sind (diese soll es ja geben), werden sie mit neuen, für sie ungewohnten
situativen Aspekten konfrontiert, die sie nicht mit den im Alltag bewährten Handlungsfor-
men bewältigen können. Zwei typische Reaktionen hierauf sind:

– Das Beziehen einer Beobachterposition, um das Ungewohnte zu erkennen und heraus-
zufinden: Das sind die Schweiger.
– Ohne »links und rechts« zu schauen in die neue Situation hineinspringen und das
»Glück« im aktiven Handeln suchen: Das sind die auffälligen Redner.

## Zuerst, und etwas ausführlicher, zu den Schweigern

Schweigen ist nicht gleich schweigen. »Wer schweigt«, so Max Frisch, »ist doch nicht
stumm« (sonst gäbe es auch nichts darüber zu schreiben). Aber der Schweigende ist eben
auch nicht eindeutig (sonst gäbe es nicht so viel darüber zu schreiben).

»Schweigen macht«, wie Sartre dies ausgedrückt hat, »alle Hypothesen möglich.« Das
wiederum macht uns als Interaktionspartner so unsicher gegenüber schweigenden Menschen, insbesondere wenn wir in der Rolle des Erwachsenenbildungsdozenten sind.

– Da ist z.B. die Phantasie: »Warum schweigen die da hinten so konsequent?«
– Da sind z.B. die Schuldgefühle: »Hab' ich die möglicherweise so still gemacht?« »Rede
ich zu viel?«
– Da ist z.B. der Ärger: »Die können ja auch mal was sagen!« »Die lassen mich ganz
›schön‹ hängen!«

Wer in seinen Kursen etwas sensibel hinschaut, wird bald merken, daß es sehr unterschiedliche Schweiger gibt. Die einen schweigen, um besser in den Lehr-/Lernprozeß hineinzukommen, die anderen, um aus ihm zu fliehen, um besser aus ihm hinauszukommen. Wenn
die schweigende Person in der Veranstaltung erstmalig auffällt, ist es häufig jedoch unge-
wiß, welches von den beiden generellen Motiven zutrifft.

Zweifelsohne ist der erste Typus des Schweigers für den Lehr-/Lernprozeß *produktiv*,
auch – oder gerade deshalb – weil er Dozenten manchmal aufregt. Der zweite Typus *behindert* eher den Fortgang des Lehrens und Lernens.

Leider – oder zum Glück – ist die Realität nicht so eindeutig, wie die hier an sie ange-
legten Kategorien. Viele, die in Erwachsenenbildungskursen schweigen, haben sich noch
gar nicht entschieden, ob sie mitmachen oder evtl. nur dasitzen wollen. Sie warten ab –
schweigend.

Trotzdem, schauen wir uns die beiden »Typen« etwas näher an. Vielleicht kann man
dann besser verstehen, warum sich viele so schwer für einen der beiden entscheiden können.

## Produktive Schweiger

Schweigen ist ursächlich immer bestimmt aus einer Verbindung von individuellen und situativen Faktoren. Durch die Situation des Ungewöhnlichen ausgelöst, schweigen viele Teilnehmer zu Beginn von Erwachsenenbildungsveranstaltungen. Sie schauen, »was so läuft« (so der Jargon der neuen Erwachsenenbildungsgeneration).[1] Bevor sie sich aktiv einschalten, handeln sie quasi denkend zur Probe, um ihr Fremdsein, ihre Unsicherheit für sich zu reduzieren und um diese Unsicherheit die übrigen Teilnehmer nicht merken zu lassen. Vergleichbar sind diese Schweiger mit dem angestrengt wirkenden Konzertbesucher, der sich, direkt aus dem Großraumbüro kommend, auf die Musik einzustellen versucht. Dieses »Nichtstun« ist eine situationsadäquate Form der Aktivität.

> »Schüchtern betrat Peter K. (17) das schloßartige Tagungsgebäude. ›Schön, daß Sie da sind‹, rief Prof. B., der Tagungsleiter. ›Sie vertreten hier das schlichte Volk. Sie werden gewiß kein Blatt vor den Mund nehmen. Ihre unverfälschte Meinung zum Thema interessiert uns sehr.‹ Angespannt lauschte Peter K. den Diskussionen. Er verstand wenig. Nur eine Teilnehmerin sorgte für eine heitere Atmosphäre, lächelte ihn versonnen an und portraitierte ihn auf den Blättern des kostenlosen Tagungsblocks. Als er plötzlich aufgefordert wurde, seine Ansicht zum Thema darzulegen, fiel ihm nichts ein. Sein Schweigen begeisterte die ernsthaft ringende Teilnehmerschaft. Prof. B. faßte dann das Ergebnis dahingehend zusammen, daß die moderne Wissenschaft aufgerufen sei, stellvertretend für diejenigen zu wirken, denen es versagt sei, sich zu artikulieren. Seitdem erhält Peter K. ständig Einladungen. Überall ist sein Schweigen hochgeachtet. Es ermutigt die Experten, ihre komplizierten Ansichten in seinem Namen unters Volk zu bringen.« (Pawla 1985)

Schweigen – dies wird m.E. viel zu wenig gesehen – ist auch ein Machtmittel, meistens das einzige in der Situation des Anfangs, um Widerstand zu zeigen. Zweifelsohne ist dies die aktivste Form des Schweigens (und deshalb vom Dozenten auch so schwer zu ertragen). Dieses Schweigen steckt voller Energie.[2] Obgleich es Verweigerung, eine Form des Widerstands gegen die Situation und die dort Beteiligten ist, so ist dies doch als produktiv anzusehen, da es ja Engagement, d.h. eine hohe Identifikation mit dem Lehr-/Lernprozeß signalisiert. Überhaupt nicht strategisch, wie die eben genannte Form des Schweigens,

---

1 Oder, mehr im »Jargon« der kirchlichen Erwachsenenbildung: »Sie warten der Dinge, die (da) kommen sollen.« (Lukas 21, 26)
2 Ursächlich für den Widerstand ist in diesem Falle häufig die formale Seite der Interaktion. So z.B. wenn der Dozent wenig Vertrauen signalisiert, daß er mit dem, was der Teilnehmer sagen könnte, auch akzeptierend umgehen wird.

aber ebensowenig als unproduktiv zu bezeichnen, ist manche Zurückhaltung, die maßgeblich durch individuelle Dispositionen gespeist wird. Häufig verzichten Teilnehmer aus ganz unterschiedlichen Gründen auf die sie exponierenden Interaktionsbeiträge. Sie schweigen, z.B. weil sie sicher sind, daß sie nichts für den Lernprozeß Förderliches beitragen können; sie sind der Überzeugung, daß andere das, was sie sagen wollen, besser ausdrücken können und wollen u.a.m. »Bescheidenheit« ist hierfür wohl der richtige Ausdruck.

Solch persönlichkeitsspezifischen Verhaltensweisen haben meist eine lange Lerngeschichte. Familiäre, schulische, berufliche und vorhergehende Erwachsenenbildungserfahrungen sind dafür mitverantwortlich.

Wer kennt es nicht,
das Motto aus der Schule:

Eins, zwei, drei
das Schwatzen ist vorbei,
die Hände auf den Tisch,
und stumm wie ein Fisch.

## Unproduktive Schweiger

Ähnliches gilt auch für jene Form des Schweigens, die man (ausschließlich im Hinblick auf den Lehr-/Lernprozeß) als unproduktiv bezeichnen kann. So z.B. das Schweigen von Teilnehmern, deren Mißerfolgsängste sie an beinahe jeglicher Aktivität innerhalb der Veranstaltung hindern, die sich zunehmend sozial isolieren. Besonders ausgeprägt sind diese Ängste dann, wenn die Gruppe der Lernenden sehr groß ist.[1] Nicht allein die individuelle Lerngeschichte ist maßgeblich für solches Verhalten, sondern auch die kollektive (die von Zielgruppen). Aus dem Projekt »Weiterbildung mit Arbeitslosen« wird dieses als das zentrale Motiv für das Schweigen vieler Teilnehmer genannt (vgl. *EMKA-Projekt* 1980, S. 98). Ihre Identifikation mit dem Lehr-/Lernprozeß ist zwar (wenigstens teilweise) vorhanden, sie sind aufmerksam. Ihre Energie erschöpft sich jedoch weitgehend darin, zu beobachten und zu überlegen und sich auszumalen, wie sie beurteilt werden, was mit ihnen passiert, wenn sie etwas sagen. Solche Bedrohung des Selbstwertgefühls mündet häufig in einer extremen Versorgungshaltung gegenüber den Dozenten, in einer Nichtaufnahme öffentlicher Kommunikation.

Eine ganz spezifische Form des Schweigens, die des Einschlafens in meist kurzfristigen Erwachsenenbildungsveranstaltungen, erläutert Brocher ([16]1981, S. 46):

»In diesem Zusammenhang sei ein kurzer Exkurs auf die vielbelächelten Einschläfer bei Vorträgen erlaubt. Sehr häufig wird dieses Einschlafen nicht etwa durch eine monotone oder didaktisch rücksichtslose Vortragsweise allein ausgelöst, die sich großzügig über den Hörer hinwegsetzt. Vielmehr handelt es sich um die erfolgreiche Abwehr

1 Daß in großen Gruppen das Schweigen am ausgeprägtesten möglich ist, macht sich ja die Bundesbahn zunutze, indem sie für die kommunikationsunwilligen Fahrgäste Großraumwagen einrichtet.

*aufkommender Triebimpulse. Ähnlich wie pubertierende Schüler während eines lang-
weiligen Unterrichtes, dem sie aus sozialer Anpassungsbereitschaft und aus Angst vor
Strafe gerne folgen möchten, in lustvolle Tagträume verfallen, wird in manchem Hörer
unbewußt als Lernwiderstand ein heftiges Bedürfnis nach lustvoller Aktivität ausgelöst,
das aktuell unterdrückt werden muß. Die aufgestaute Aktivität führt zu einem Um-
schlagphänomen, das ihn entgegen seiner bewußten Intention nun einschlafen läßt,
gerade an dem Punkt, an dem er sich maximal durch Aktivität entladen möchte. Wenn
wir auch bei einem weitgehend zu passiver Aufnahme verurteilten Hörer bereits mit
aufgestauten und unterdrückten Triebenergien rechnen müssen, die ihn zum Einschlafen bringen, so können wir uns daran etwa das Ausmaß der Frustration des enttäusch-
ten Versagungsgefühls und der Erwartung vorstellen, das in einem Teilnehmer entstehen kann, der mit dem Wunsch nach aktiver Betätigung und Auseinandersetzung Mitglied einer Arbeitsgruppe wird, dort jedoch auch zum passiven Zuhören gezwungen
ist.«*

Andere Teilnehmer – es sind häufig jene mit Einschlafstörungen – reagieren ganz ähnlich, sie flüchten von der Realität in die Illusion, in die Phantasie, ins Tagträumen; denn, so Freud (zit. nach Cremerius 1982, S. 481): »Illusionen empfehlen sich dadurch, daß sie Unlustgefühle ersparen und uns an ihrer Statt Befriedigungen genießen lassen.« Phantasien, Unlustgefühle usw., all das sind natürlich auch und gerade durch die soziale Situation des Anfangs produzierte Realitäten.[1]

Nicht vergessen werden dürfen alle jene (unproduktiven) Schweiger, die deshalb den Mund halten, weil sie gar nicht in der Veranstaltung anwesend sein wollen. Also besonders jene, die mehr oder weniger gezwungen sind, teilzunehmen – in der beruflichen Erwachsenenbildung nichts Ungewöhnliches (z.B. häufig die Arbeitslosen). Ihr Schweigen ist eine Form des Widerstandes, die – so paradox es auch sein mag, wenn man den Schweigenden sprechen läßt – auf folgender fiktiver Argumentationsweise aufbaut: »Also, wenn ich hier in dieser Veranstaltung etwas sage, etwas tue, bemerken und hören mich die anderen. Halte ich aber den Mund, so kann ich die Illusion auch weiterhin pflegen, daß ich überhaupt hier nicht anwesend bin.« Es ist ein Arrangement mit dem Erzwungenen. Es ist das Schweigen von Morgensterns Muhme Kunkel:

> Montag morgen, zehn nach acht, und die Woche nimmt keine Ende.
>
> *Schülerspruch*

## Muhme Kunkel

Palma Kunkel ist mit Palm verwandt,
doch im übrigen sonst nicht bekannt.
Und sie wünscht auch nicht bekannt zu sein,
lebt am liebsten ganz für sich allein.

Über Muhme Palma Kunkel drum
bleibt auch der Chronist vollkommen stumm.
Nur wo selbst sie aus dem Dunkel tritt,
teilt er dies ihr Treten treulich mit.

Doch sie trat bis jetzt noch nicht ans Licht,
und sie will es auch in Zukunft nicht.
Schon daß hier ihr Name lautbar ward,
widerspricht vollkommen ihrer Art.

*Morgenstern, Ch.: Galgenlieder, Palmström und andere Grotesken, München 1982, S. 165*

---

1 So ganz unproduktiv ist dieses Verhalten aus der Perspektive manches Dozenten ja auch wieder nicht. Still vor sich hin träumende Teilnehmer sind leichter zu ertragen als jene, die immerzu reden. Und sie sichern die Dozentenprominenz!

## Ein appetitlicher Grund fürs Schweigen

»Sättigung ist ein vom Magen ausgehendes Gefühl der Schwere, das den Leib, nicht ohne ihn mit einem unnennbaren inneren Wonnegefühl zu durchdringen, zur Erde herabzieht. Sattsein heißt: einen Ausgleich zwischen der Über-Fülle des Makrokosmos (Welt) und dem Mangel des Mikrokosmos (Person) gestiftet haben. Das Gefühl wird von einem Bedürfnis der Erdnähe gefolgt, das sich in der Regel als Schlaf äußert. Sattsein bedeutet, so mit Speis' und Trank angefüllt sein wie die Regale einer Feinkosthandlung, die Kinder mit dem Farbstift manchmal in die in der Aufsicht gezeichneten Mägen ihrer Personen verlegen. Es heißt: vom Verdauungsprozeß in Anspruch genommen sein, der den Osmose-Vorgang der Weltassimilation an den Leib glücklich zu Ende bringt. Der Volksmund weiß darum, daß der Verdauungsprozeß Blut aus dem Hirn abzieht und in der Magengegend zusammenschießen läßt. Vielleicht dieses Staus von Säften wegen fühlt der Satte sich schwellen. Das satte Leibgefühl ist eines der Schwere *und* der Dehnung. Der Satte, den es aufs Lager zieht, geht vor dem Einschlafen in die Breite. Ihn drückt Zufriedenheit ganz platt. Das Gefühl, der Raum, den sein Leib auf Erden einnimmt, habe sich nennenswert vergrößert, ergreift Besitz von ihm. Es bläht. Diese Blähung benennt er ausdrucksstark mit ›Glück‹. Darüber (vor lauter Glück über ›Glück‹) schläft er ein. Das Einschlafen geht treppenartig, mit Übergängen vor sich.«

*Steinwachs, G.: Ansätze zu einer gastronomischen Maieutik, in: Habs, R. und Rosner, L.: Appetit-Lexikon, Neuausgabe der 2. Auflage von 1894, München 1977, S. 433/434*

## Dauerredner

Vor dem Versuch einer Antwort auf die Frage »Was tun?« noch ein analytischer Blick auf die *»Dauerredner«* in Anfangsphasen von Erwachsenenbildungsseminaren. Gemeint ist bei solcher Perspektive selten der Dozent, obgleich dieser ja häufig der eigentliche Fall des Vielredners ist (vgl. hierzu den Abschnitt über die Angst des Dozenten in Anfangssituationen). Für den Dozenten gilt immer: »Am Anfang war das Wort«; für die Teilnehmer gilt dies nicht. Deshalb wohl werden Lernende, die viel reden, auch von Dozenten als Konkurrenten erlebt.

Nun aber, dies wurde oben schon ausgeführt, bedingen sich die Redner und die Schweiger. Das Problem wäre also gemeinsam anzugehen, da man ja nicht, wie dies Karl Valentin (vergeblich!) versucht hat, nur die eine Seite einer Schallplatte erwerben kann (hören jedoch kann man immer nur eine).

Ein für die Erwachsenenbildungsveranstaltung nicht zu vernachlässigender und für den gesamten Lehr-/Lernprozeß häufig entscheidender Unterschied besteht jedoch zwischen den sogenannten Vielrednern und den Schweigern: Der Schweigsame ist in weit höherem Ausmaß potentieller Kursabbrecher. Der Redner hat ja, indem er sich exponiert, den ersten Schritt zur Identifikation mit dem Lehr-/Lernprozeß bereits gemacht. Er braucht (und gebraucht) die Beteiligten, um reden zu können – der Schweiger kann auch alleine schweigen. Beides, Reden und Schweigen, ist zwar häufig die Flucht aus der Uneindeutigkeit der Anfangssituation, aber eine sehr unterschiedliche Form der Flucht. Der Redner ist nur noch Sprache, der Schweiger »ist das Loch in der Sprache« (Sartre).

»Der Vielredner speichelt«, so Botho Strauß (1981/82, S. 27), »einen solchen Fremdkörper zuerst mit sehr viel Reden ein, der Mund geht über, wo die Augen noch nicht recht trauen wollen.« In dem, was er *nicht* sagt, liegt aber auch hier das Problem und dessen Lösung gleichermaßen.

Die Motive dessen, der zu Beginn von Veranstaltungen sein Heil im Redeschwall sucht, sind nicht sehr verschieden von den Motiven jener Teilnehmer, die durch Schweigen das für sie Gefährliche abwehren wollen. Es kann daher darauf verzichtet werden, diese Gründe hier nochmals im Detail anzuführen. Auf einen Unterschied in der sozialen Wirkung sei aber hingewiesen. Der Vielredner wird sehr schnell mit einem Etikett versehen, so daß auf das, was er sagt, nur noch in geringem Maße geachtet wird. Dies bemerkt er rasch selber und versucht – eben wieder durch Reden – diese Situation zu verhindern, verstrickt sich aber so immer mehr in sie hinein. Dies erinnert an Darwin, der von einem Essen in seinem Hause berichtet: »Carlyle brachte jedermann zum Schweigen, in dem er sich des langen und breiten über die Vorteile der Stille ausließ« (nachzulesen bei R.K. Merton 1980, S. 137).

» Das Herz hat seine Beweggründe, die der Verstand nicht kennt.«

*Pascal*

## Was tun?

Ich knüpfe an diesen letzten »Fall« an. Ein Dozent (oder auch ein Teilnehmer), der diese zunehmende Entfremdung und Selbstentfremdung des Vielredners als Ergebnis der sozialen Prozesse in der Veranstaltung wahrnimmt, kann »gegensteuern«, wenn er an das Gesagte – und zwar an das inhaltlich Gesagte – anknüpft; evtl. mit ganz präzisen Rückfragen, um eine ebenso kurzgefaßte Antwort zu erhalten. Dagegen wird der Etikettierungsvorgang eher verstärkt, wenn dem problematischen Teilnehmerverhalten sogenannte »Toleranzspielräume« durch Extrazeiten (wie offiziell auch immer) zur Verfügung gestellt werden. Dann wird der betreffende Teilnehmer nämlich nicht mehr ernstgenommen, es kommt zu der oben dargestellten Dynamik, wo immer dies, was er gegen seine soziale Diskriminierung zu tun versucht, ihn noch stärker diskriminiert. Schon eher ist ein vorsichtig konfrontiertes »Auf-ihn-Zugehen« (bzw. ein Unterbrechen) sinnvoll, etwa nach dem Motto des Angelus Silesius: »Mensch werde wesentlich!« Der Redner bietet ja, eben weil er den Mund aufmacht, verschiedene Möglichkeiten, auf ihn einzugehen.[1]

1 Dies ist möglich, »weil die Rede, die Sprache, keine eindimensionale Sinnstruktur wie etwa ein mathematischer Kalkül besitzt, sondern (…) stets mehrere Sinnstrukturen enthält, denen dann auch verschiedene Bedeutungen zuzuordnen sind« (W. Loch 1981, S. 985).

Sehr viel schwerer ist der Umgang mit schweigenden Teilnehmern, da sich zwar, wie verdeutlicht, die Motive sehr unterscheiden, die Form, in der diese ausgedrückt werden, jedoch erheblich undifferenzierter ist. Es gibt – das war zu erwarten bei den Unterschiedlichkeiten der Motive – für den Umgang mit »Schweigen« keine generell gültigen Bewältigungstechniken.

Wichtiges Moment ist die Einstellung des Dozenten zu »Schweigern« und d.h. gegenüber der schweigenden Person. Es ist ein gravierender Unterschied, der von den Gruppenmitgliedern immer auch erspürt wird, *ob der Dozent sich mit dem Schweigern beschäftigt, um das Schweigen zu beseitigen oder um es zu verstehen.*

Solches zeigt sich an den informellen und vom Dozenten maßgeblich beeinflußten gültigen Normen innerhalb der Veranstaltung. »Schweigen« wird dann zu einem unerlaubten Verhalten (d.h. dieses Verhalten wird generell in Frage gestellt), wenn der Dozent sich so gegenüber den zurückhaltenden Teilnehmern verhält, daß man bemerkt: er will das Schweigen beseitigen. Dies aber behindert langfristig den Lehr-/Lernprozeß ebenso wie das Schweigen selbst.

Ganz anders dagegen sind die Folgen eines Dozentenverhaltens, das zum Ausdruck bringt, daß das Schweigen einen sozial und individuell akzeptablen Umfang annehmen kann. Dies ist für viele »stille« Teilnehmer eine, gegenüber ihren vorangegangenen Erfahrungen, wichtige Gegenerfahrung.

Es gibt jedoch auch konkrete Handlungsweisen, die dem Schweigenden die Chance geben, sich variabler zu verhalten, z.B. das indirekte und das direkte Ansprechen. Dort wo der Dozent den Eindruck hat, das Angstniveau ist sehr hoch, empfiehlt sich das eher indirekte Ansprechen. Mit folgendem Wortlaut etwa: »Ich kann gut verstehen, daß sich momentan niemand mit der Sprache heraustraut – mir fällt es auch nicht leicht, etwas zu sagen.« Hier wird vom Dozenten Verständnis für das Schutzbedürfnis der Teilnehmer ausgedrückt, und der Dozent sieht das Problem nicht nur bei den anderen, sondern sagt auch etwas von sich selbst. Er *deutet* die für alle gemeinsame Situation.

Schweigen nur einige wenige Teilnehmer, empfiehlt sich das direkte Ansprechen – vorausgesetzt, der Dozent spricht auch die übrigen Mitglieder im Kurs direkt an und tut dies nicht nur bei den Schweigern. Das direkte Ansprechen muß quasi zur Gruppenkultur gehören. Entsprechend der Hypothese über das Motiv des Schweigens kann der Dozent eine diesbezügliche Analyse zum Ansprechen des Schweigers benutzen: »Sie haben heute noch gar nichts gesagt.« (Vorsicht: Der Ton macht die Musik!)

Oder er zeigt sein Interesse an der Meinung des Schweigers: »Von Ihnen, Herr Meier, würde ich gerne auch noch erfahren, was Sie darüber denken.« Oder genereller und eher konfrontierend, wie das *Sokrates* schon getan hat: »Rede ein wenig, damit ich Dich sehe!« In manchen Situationen, bei einigen Schweigern, ist das Ansprechen in Form einer Deutung sinnvoll, z.B.: »Ich habe den Eindruck, Sie sind ganz schön sauer auf mich« (wobei man das »ganz schön« weglassen kann!)

116

## Schweigen in Anfangssituationen: Die Teilnehmerperspektive

Ich war von dem Schweiger-Phänomen genauso betroffen wie Gerda, nur hatte ich das Glück, vom Dozenten nicht so direkt und barsch in seiner hochgestochenen intellektuellen Sprache angegriffen zu werden.

Es war sehr taktlos von ihm, mit einem Menschen, der höchstwahrscheinlich mit sich zu kämpfen hatte (mir ist es nämlich ebenso gegangen), so rücksichtslos umzugehen. Freilich hat sie dieser Angriff zum Reden aktiviert, aber das war, glaube ich, mehr ein »müssen« als ein »wollen«. Irgendwie wußte ich, daß ich dann als nächste drankommen würde. »Jetzt oder nie!« dachte ich und meldete mich *freiwillig* zu Wort. Ich wollte nicht auf Befehl einer Autorität sprechen müssen. Wenn ich unbedingt drankommen mußte, dann ohne fremden Eingriff. Ein Gefühl der Erleichterung überkam mich, nachdem ich meine Situation erörtert hatte. Ich erzählte in meiner Not von meinen Ängsten gegenüber Autoritäten. Später, nachdem der Sturm vorbei war, dachte ich an meine Worte und mußte feststellen, daß das, was ich gesagt hatte, gar nicht stimmte. Mein Schweigen hatte andere Gründe:

1) Ich war zum ersten Mal in einer so großen Versammlung, wo mir rundherum alles fremd war. Die große Gruppe verunsicherte mich. In den kleineren Arbeitsgruppen während des Seminars hatte ich dieses Problem nicht.
2) Wenn ich einmal was zu sagen hatte, waren die »Redner« viel zu schnell da. Da blieb mir nur der Rückzug.
3) Auf Grund meiner Sprache und meines Berufes (meine Muttersprache ist nicht Deutsch, ich unterrichte aber Deutsch) hatte ich Angst, mich durch irgendwelche sprachliche Fehler vor der Gruppe bloßzustellen.
4) Ich empfand die Arbeit mit den Leitern nicht partnerschaftlich. Sie waren eher die Kontrollinstanz.

Gerade der letzte Punkt ist für Nichtaktivierung gewisser Teilnehmer sehr ausschlaggebend. Die Angst, ständig beobachtet zu werden, kann bei den Betroffenen verschiedene Abwehrhaltungen hervorrufen, wie z.B. das Schweigen und die passive Beteiligung am Unterricht oder das öftere Fernbleiben vom Unterricht. Lauter Maßnahmen, um so wenig wie möglich ins Blickfeld rücken zu müssen. Eine der wichtigen Voraussetzungen zur Schaffung einer freien Lernatmosphäre ist zweifellos das Gefühl der Gruppenzugehörigkeit und der Gleichrangigkeit. Wenn ich als Leiter trotz meines Wissens auf einem speziellen Gebiet mich von der Gruppe nicht abkapsle und als ein Mitglied der Gruppe agiere, dann bin ich auch voll integriert. Die Gefahr einer strengen Rollentrennung zwischen Leiter und Teilnehmer tritt dann am ehesten auf, wenn der Leiter seine Überlegenheit in einem bestimmten Fach als eine unüberwindbare Kluft zwischen ihm und den Teilnehmern darstellt. Solch ein Leiter bleibt für den Kursteilnehmer immer die unnahbare Person fast ohne Emotionen und Mitgefühl.

*Auszug aus einem Bericht einer Teilnehmerin eines Seminares für nebenberufliche Dozenten in der Erwachsenenbildung.*

Eine beliebte Form, mit Schweigern umzugehen, ist, sie außerhalb der Veranstaltung (auch oft mit »privat« bezeichnet) anzusprechen. Dies ist m.E. nur in Ausnahmefällen sinnvoll. Es ist zu häufig auch eine Flucht des Dozenten davor, das Risiko der Problembearbeitung vor den anderen Teilnehmern auf sich zu nehmen bzw. auch vor den Schuldgefühlen, das Schweigerproblem mitverursacht zu haben.

In den allermeisten Fällen ist das Schweigen Resultat der sozialen Dynamik der Gruppe, und alle Teilnehmer sind mehr oder weniger mitbetroffen. Die Lösung des »Schweigerproblems« kann dann sinnvollerweise auch nur wieder über die Veränderung des sozialen Prozesses erfolgen, nicht außerhalb.

Nicht unerwähnt bleiben sollen die teilweise sehr einflußreichen sogenannten »äußeren Bedingungen«, die das Schweigen begünstigen, und durch deren Beseitigung auch das Problem reduziert wird. So ist z.B. die Sitzordnung sicher ein entscheidendes Moment, gerade im Hinblick darauf, ob Schulerfahrungen von den Teilnehmern reaktiviert werden (… und still wie ein Fisch) oder ob man diese »hinter« sich lassen kann. Mancher Volkshochschulkurs verstärkt das ja noch, indem er in den Räumen der Schule abgehalten wird.

Speziell bei längeren Veranstaltungen – solche die über mehrere Tage gehen – ist die Einteilung der offiziellen Lehr-/Lernzeiten wichtig. Allzu kurze Sequenzen, allzu viele Unterbrechungen erleichtern die Flucht ins »Informelle«, und so mancher Teilnehmer, der etwas zu sagen hätte, verschiebt dies dann in die nahe Pause – oder, so wie ich, ins nächste Kapitel.

---

### Am Anfang war das Staunen oder das Wort?

Am Anfang war das »Ohhh!« Das Staunen wird auch vor dem nächsten Anfang kommen, wenn es ein echter werden soll. Ohne Fähigkeit zum Staunen, ohne Verwunderung bleibt uns nur Routine-Dasein. Aber dieses »Was ist das um mich herum?« bedeutet bereits Aufbruch, das »Warum bin ich auf der Welt?« ist schon Metaphysik. Wer sich zuinnerst solche Grundfragen stellt, wird sich der menschlichen Bedingtheit bewußt. Der Weg zum Quell ist mit scheinbaren Banalitäten gepflastert. Und wir müssen uns solche Fragen stellen, obwohl wir wissen, daß es keine befriedigende Antwort gibt.

*Liebe/Tod/Staunen: Ein Gespräch mit E. Ionesco, in: Süddeutsche Zeitung vom 20./21. Nov. 1982, S. 108*

## Neulich im Cantate-Saal

# Verspäteter Anfang: Gruppen-Neulinge 12

## Anfang flüchtig, Fortgang nichtig

Die einen schleichen sich unbemerkt an – irgendwie sind sie plötzlich da, und man fragt sich als Leiter/Leiterin: Wer ist da eigentlich zu spät gekommen, der Teilnehmer oder ich? Andere Verspätete inszenieren ihren Auftritt in einer Art und Weise, die die bereits länger anwesenden Gruppenmitglieder daran zweifeln läßt, daß vorher etwas Wichtiges geschehen sein könnte. »Ach, da seid Ihr ja schon«, ist deren unausgesprochene, ignorante Botschaft (übrigens, eine starke Einstiegsformulierung für ein beabsichtigtes Gespräch beim Betreten eines mit fremden Personen fast vollbesetzten Zugabteils).

Das Verhalten der meisten »Neuen« in der Gruppe liegt irgendwo und irgendwie zwischen dem unbemerkten Einschleichen und dem lauten demonstrativen Auftritt. Jede und jeder von uns hat ihre und seine eigenen Handlungsstrategien, denn unser Leben besteht u.a. auch darin, immer wieder zu spät zu kommen. »Zeitlebens«, so Sloterdijk (1988, S. 12), »sind wir in der Lage von Leuten, die zu spät ins Theater kommen – in einem Zwischenakt wird die Tür noch einmal halb geöffnet, wir zwängen uns atemlos in den Raum und suchen im Dunkeln nach dem eigenen Platz. Den Anfang der Handlung haben wir verpaßt, und für den Augenblick kann nicht mehr geschehen, als daß wir von nun an ihrem Gang so aufmerksam wie möglich folgen.«

Gut beraten sind diejenigen, die verspätet in eine Gruppe kommen (auch dann, wenn sie durch Gruppenbeschluß in eine bestehende Gruppe als Neue/Neuer aufgenommen werden), wenn sie sich vorsichtig, d.h. zurückhaltend verhalten. Neue Mitglieder bedrohen nämlich die Stabilität und die Integrität von Gruppen, kurz gesagt: sie stören. Sie bringen andere Gewohnheiten, andere Erfahrungen und neue Erwartungen in einen Gruppenprozeß ein, die die Selbstverständlichkeiten des Gruppenlebens (wieder) zum Problem machen. Daraus ergeben sich Risiken, aber auch Chancen für die weitere Gruppenentwicklung.

Für jene, die als »Neue« in eine bestehende Gruppenkonstellation hineinwollen, und auch für diejenigen, die mit dem Sachverhalt konfrontiert werden, ein neues Mitglied aufnehmen zu müssen oder zu wollen, stellt sich die gemeinsame Frage: »Was ist zu tun?«

## Die Perspektive des Gruppenneulings

Für die »Neuen« besteht zuallererst einmal Informations- bzw. Klärungsbedarf. Dieser läßt sich auf zwei Arten (wenigstens teilweise) befriedigen. Zum einen, indem man sich vorab bei Gruppenmitgliedern/Gruppenleitern über den Entwicklungsstand der Gruppe informiert und mit diesen die Chance einer Integration bespricht. Sinnvollerweise erkundigt man sich dabei besonders über die geltenden Gruppenregeln. Darüber erfährt man viel, wenn man sich ausführlich über die Gruppe erzählen läßt. Zu empfehlen ist die Haltung des aktiven Zuhörens, das was Heidegger das »Horchsam-Sein« nennt. Ein Offensein für Erfahrungen für das, was auf einen zukommt. Sinnvoll ist diese Haltung auch, wenn man als Neuling ohne Vorgespräch in einer Gruppe auftaucht. Die Integration in einen bereits entwickelten Gruppenprozeß ist nur dann erfolgreich realisierbar, wenn von den zu Integrierenden Anpassungsleistungen erbracht werden.

»Beobachten« heißt daher die Empfehlung: beobachten, was andere tun; beobachten, wie miteinander umgegangen wird; beobachten, wer Einfluß hat und mit welchen Mitteln Einfluß ausgeübt wird. Schauen, was Sicherheit bringt, welches Verhalten akzeptiert bzw. erwartet wird; erkennen, welche Werte und Normen gelten und was die Gruppenkultur ausmacht.

Hat man als »Neuer«/»Neue« eine minimale Orientierung gefunden, kann man erste Interventionen wagen. Dabei gilt die Faustregel: mehr Fragen stellen als Antworten geben. Fragen nach Sachverhalten der Gruppengeschichte, Fragen nach Gruppenzielen, nach Gruppengewohnheiten, Fragen nach Meinungen und nach Einstellungen. Dies ist deshalb sinnvoll, weil hierdurch die Bereitschaft zur Integration in ein bestehendes System deutlich und die Bedrohung für die Gruppenmitglieder reduziert wird, alles würde von nun an anders; alles das, was vorher war, sei schlecht gewesen. Auch (und gerade) wenn man als Neuer/Neue etwas in einer Gruppe verändern will, sind anfängliche Anpassungsleistungen unverzichtbar. Tut man das nicht, erhält ein neues Gruppenmitglied keine Chance, überhaupt etwas Neues in Gang zu setzen.

## Die Perspektive der Gruppenmitglieder/Gruppenleitung

Will eine Person Gruppenmitglied werden, und dies ist die meist unausgesprochene Absicht des/der Zuspätkommenden, dann stellt sich für die Mitglieder die Frage, ob man bereit ist, jemanden in die Gruppe nachträglich aufzunehmen. Kommt jemand eine halbe Stunde nach Beginn eines Gruppenprozesses, ist die Bereitschaft zur Integration relativ hoch (in Bildungsprozessen ist dies meist nur dann ein Problem, wenn jemand permanent »zu spät« kommt). Es hat sich ja in dieser kurzen Zeit noch wenig an Gruppengeschichte entwickelt, d.h. auch zu wenig, um eine offene gemeinsame Abwehr gegenüber Zu-spät-Kommenden herzustellen. Alle Beteiligten sind ja noch selbst damit beschäftigt, die Gruppe »ins Laufen« zu bekommen.

Anders liegt der Fall bei einer Gruppe mit »Geschichte«. Hier kommt es primär auf den Zeitpunkt an, ob die Integration eines neuen Mitglieds möglich ist bzw., wie lange sie dauern könnte. Es gibt dafür günstige und ungünstige Zeitpunkte. Dauert ein Gruppenprozeß z.B. drei Tage (die z.Zt. beliebteste Zeitplanung für Weiterbildungsveranstaltungen), dann ist die sinnvolle Integration eines verspäteten Teilnehmers *nach* Ablauf des ersten Tages kaum mehr möglich (es sei denn, man widmet sich fast ausschließlich der Integrationsproblematik und lernt daran – aber das ist ein seltener Ausnahmefall).

Unter soziodynamischen Gesichtspunkten sind auch alle jene Situationen für Integrationsanstrengungen neu Hinzukommender ungünstig, wo Gruppenkonflikte den Prozeß maßgeblich bestimmen. Die Wahrscheinlichkeit ist hoch, daß sich in solchen Situationen die Rivalitäten zwischen den Gruppenmitgliedern in Feindseligkeiten gegenüber den »Neuen« transformieren. Gründe für diese Reaktion schildert Yalom (1988, S. 314):

*»Manche Mitglieder, die die Solidarität und Kohäsion der Gruppe besonders schätzen, betrachten vielleicht jede vorgeschlagene Änderung als Bedrohung des Status quo. Andere mögen in den neuen Mitgliedern potentielle Rivalen im Wettstreit um die Aufmerksamkeit des Therapeuten und der Gruppe sehen, sie sehen ihre eigene Phantasierolle als Lieblingskind in Gefahr. Wieder andere Mitglieder, besonders jene mit Konflikten im Bereich der Dominanz und der Steuerung, sehen das neue Mitglied vielleicht als eine Bedrohung ihrer Stellung in der Machthierarchie. (…) Eine weitverbreitete Sorge der Gruppe ist, daß neue Mitglieder, selbst wenn sie gebraucht werden, den Fortschritt der Gruppe verlangsamen könnten. Man fürchtet, vertrautes Material müsse für die Neulinge wiederholt werden, die Gruppe müsse gleichsam ihren Zyklus noch einmal von vorn beginnen und die Stadien der allmählichen sozialen Einführung und der ritualisierten Etikette noch einmal durchleben.«*

124

Die *Gruppenleitung* ist in solchen Situationen besonders gefordert. Sie muß sich ein Urteil bilden, ob die Aufnahme Zuspätkommender noch möglich und sinnvoll ist. Kommt sie zu einem negativen Ergebnis (da sie die Integrationsmöglichkeiten als nicht realistisch einschätzt), dann ist es ihre Aufgabe, die Zurückweisung des »Aufnahmeantrages« gegenüber den »Neuen« zu vertreten. Dies geschieht am besten, indem die Chancenlosigkeit, in die Gruppe hineinzukommen, deutlich gemacht wird. Nicht zuletzt entlastet dies alle. Diejenigen, die bereits in der Gruppe sind und die weitermachen wollen, und jene, die gerne in die Gruppe aufgenommen werden wollen, aber keine Chance hätten, dies auch zu erreichen.

Ist, im gegenteiligen Fall, die Integration von Neuen möglich (evtl. sogar willkommen), dann muß diesen Personen seitens der Leitung Unterstützung gegeben werden, damit diese die dabei auftretenden Belastungen ertragen können (ansonsten sind, wie häufig in Bildungsveranstaltungen zu beobachten, die Zuspätkommenden auch die ersten, die abbrechen). Jeder Eintritt in eine bereits bestehende Gruppe erfordert Unterstützung. Orientierung geben ist dabei eine der wichtigsten Funktionen. Unterstützend und aktivierend wird seitens der »Neuen« häufig die Frage nach der ersten Gruppenerfahrung erlebt; z.B., wie man die Gruppe gesehen hat, was deutlich wurde, was unklar blieb. Gelingt die Integration, erleben vielleicht *alle* Gruppenmitglieder, wie produktiv es auch sein kann, wenn jemand Neues sich und seine/ihre Ideen in einen routinisierten Prozeß einbringt. Dies aber ist nicht ohne Anstrengung zu bekommen. Billy Wilder (1992) ging es bei seinen Filmen ganz ähnlich:

> *»Am Anfang jedes Drehbuchs und jedes Films begibt man sich in ein dunkles Zimmer, in dem man aneckt, stolpert, auch stürzt, in dem man aber auch, sobald man es mit seinen Ideen zu erleuchten beginnt, die aufregendsten Entdeckungen machen kann. Und oft stolpert man über den Zufall zu den Entdeckungen.«*

## Am Anfang: Starke Worte

Und wenn er noch so beschissen ist: mit einem Bahnhof fängt alles an!
*(Sergio Leone)*

Am Anfang war das Wort »Am«.
*(Tim Ullrichs)*

Die Gräfin betrat im Glanze ihres Glasauges den Saal.
*(Mark Twain)*

Schwach anfangen und dann stark nachlassen.
*(Schülerweisheit)*

My way is to begin with the beginning.
*(Byron)*

Start me up.
*(Rolling Stones)*

Wir geben nicht auf. Wir fangen wieder an.
*(Lars Gustafson)*

Wer nicht anfängt, muß nicht aufhören.
*(Volksweisheit)*

Aller Anfang ist schwer, ächzt der Deutsche.
Au commencement tout est beau, ruft lustig der heitere Franzose.
*(Deutsches Sprichwörterlexikon)*

# Interventionen in Anfangssituationen: 13

## Erfahrungen
## Hinweise
## Hilfestellungen
## Ratschläge

Wenngleich das Denken auf vielen Gebieten große Ergebnisse gezeitigt hat und immerfort zeitigt, wenngleich unsere Berechnungen uns den Magen füllen, die Kälte abhalten, die Nächte erhellen, uns von einem Ort zum andern mit großer Schnelligkeit bringen und so weiter, so ist doch unser Handeln in wichtigsten und gefährlichsten Angelegenheiten weniger von Berechnungen als von ziemlich trüben, ungenauen, ja widerspruchsvollen Beweggründen geleitet. Es ist uns nicht schwer, wenn wir gehandelt haben, triftige Beweggründe in beliebiger Menge zu nennen, aber vorher, wenn wir uns zum Handeln anschicken, haben wir keineswegs diese schöne Übersicht. In den meisten Fällen berechnen wir nicht, sondern raten.

*»Herr Bertolt Brecht sagt«, zusammengestellt von Monika und Martin Sperr, München 1970, S. 83*

## »Habe Rath vor der That!«

Was tun in Anfangssituationen? Wie intervenieren? Was soll beachtet werden? Was ist notwendig? Was soll man lassen? Fragen über Fragen. Die mir besonders diskussionswürdig erscheinenden verbreiteten Vorgehensweisen stelle ich in gesonderten Abschnitten dieses Buches dar. Auf einige ergänzende, mir wichtige Aspekte des pädagogischen Handelns in Anfangssituationen möchte ich nun in diesem Abschnitt eingehen. Vieles – und ich versuche es auch in den jeweiligen Passagen deutlich zu machen – resultiert aus eigenen Erfahrungen, meist als Dozent, manchmal auch als Teilnehmer; anderes ist Ergebnis systematischer wissenschaftlicher Begleitforschung. Alles jedoch ist als ein Angebot zu verstehen, das erst auf die jeweilige spezifische Situation übertragen werden muß.

Ich werde mich auch hier, wie generell bei meinen Ausführungen in diesem Buch, auf längerfristige Vollzeitseminare beziehen. Bildungsmaßnahmen, die in kontinuierlicher Folge stattfinden (z.B. Gesprächskreise, Kurse usw.), unterscheiden sich aber in der hier zum Thema gemachten Problematik nur geringfügig; für einmalige Vortragsveranstaltungen und ähnliche kurze Angebote trifft das hier Geschriebene nur bedingt zu. Es bedarf, sollten für solche Veranstaltungstypen aus dem hier Dargelegten direkte Konsequenzen gezogen werden, einer verantwortungsvollen und gründlichen Übertragungsarbeit. Bevor ich jedoch auf einzelne Interventionen konkret eingehe, zuerst einige Hinweise zum Problem »Situation und Intervention«.

## Interventionen in Situationen

Methoden, Verfahren, Techniken – als Basis von Interventionen – sind Konstruktionen, die sich mehr oder weniger in der Praxis bewährt haben. Sie auszuwählen stellt häufig die wichtigste Leistung der Dozenten bei ihrer Vorbereitungsarbeit (der Planung) für eine Veranstaltung dar.

Jeder Plan kann nur auf eine allgemein zu erwartende Situation bezogen sein; was dann wirklich geschieht, unterscheidet sich immer davon. Das konkrete Handeln des Dozenten wird notwendigerweise anders sein, als es sich dieser in der Planungsphase vorgestellt hat. Jede aktuelle Situation ist komplexer als der Plan. Dieser Unterschied zwischen einer Methode, die man plant (und die man, wie ich es hier tue, beschreiben kann), auf der einen Seite und deren praktischer Anwendung in der Veranstaltungsrealität auf der anderen Seite, dieser Unterschied ist für den Bildungsprozeß fruchtbar. Er ist die Bedingung dafür, die Teilnehmer als Subjekte im Lehr-/Lernprozeß zu akzeptieren und ihre Subjektivität zu entwickeln (über das Verhältnis von Subjektivität und Erfahrung in diesem Zusammenhang vgl. Geißler/Kade 1982).

Pädagogische Interventionen müssen sich an konkreten Ereignissen orientieren und nicht nur nach Plänen ablaufen, nicht nur an gelernten und in Büchern niedergelegten Methoden, Verfahren, Techniken, Hinweisen usw. orientieren (kurz gesagt: Garantie kann nicht gegeben werden!)[1]

Wer sinnvoll mit dem Problem von Anfangssituationen umgehen will, der braucht die Erfahrung der Situation (d.h., er muß sich darauf einlassen), ansonsten ist die Gefahr groß, daß die gelernten Methoden und auch die von mir hier vorgeschlagenen Verfahren und Hinweise in den aktuellen Problemlagen nicht sinnvoll angewendet werden.

Es geht also nicht primär darum, eine Anfangssituation sozial interessant und spannend zu gestalten – das ist sie ja bereits, sie ist eher zu spannend –, es kommt darauf an, daß der Dozent auf die Situation und speziell auf die Gemeinsamkeiten dieser Situation in seinen Interventionen Bezug nimmt. Diese Beziehungsarbeit kann methodisch unterstützt werden, sie ist aber nicht nur eine Sache der Auswahl und des geschickten Angebotes von Methoden allein. Die Entwicklung einer tragfähigen, lernintensiven Beziehung ist auch im besonderen ein Problem des Vertrauens und d.h. des nicht-methodischen, des nicht-strategischen Umgangs miteinander. Es ist ein praktisches Problem.

> Dazu die Maxime des amerikanischen Filmregisseurs Billy Wilder:
> »Zufälle darf es nur am Anfang eines Films geben. Im dritten Akt haben Zufälle nichts mehr zu suchen.«
> (1992, S. 113)

---

1 Die Kompetenz von Dozenten erweist sich besonders in dieser Umsetzungsarbeit, in der Bewältigung von Realität, nicht im Können und im Wissen um Methoden. Dies haben Dozenten Wissenschaftlern sicher voraus, denn »eine Methodik der Erwachsenenbildung kann nicht linear aus Ergebnissen der Lernforschung abgeleitet werden, da zusätzlich weitere situative, institutionelle und inhaltliche Aspekte zu berücksichtigen sind« (so Siebert/Dahms/Karl 1982, S. 12).

Nun gibt es ganz unterschiedliche Möglichkeiten, sich auf einen im Entstehen begriffenen Bildungsprozeß einzulassen. Ich habe in dem Abschnitt über die sozio-emotionale Situation zu Beginn von Lehr-/Lernprozessen (vgl. S. 27ff.) die Betonung auf eine gruppenzentrierte Anschauungsweise gelegt.

Diese Perspektive hat, nimmt man sie ernst, Konsequenzen fürs Dozentenhandeln. Zu allererst heißt dies, daß Dozenten die Beteiligten als Gruppe wahrnehmen, als etwas, das sich qualitativ anders darstellt als die aufsummierten einzelnen. Dazu gehört ebenso, daß der Dozent sich als Gruppenmitglied – allerdings als prominentes Gruppenmitglied – akzeptiert und versteht. Seine Wahrnehmung kann er so auf den Gruppenprozeß, auf das für die Gemeinschaft Repräsentative, konzentrieren und seine Interventionen daran ausrichten. Zentrales Problem bleibt für ihn dabei, wie schon mehrfach angedeutet, das der Strukturierung.

## Wieviel Struktur soll der Dozent setzen?

*»Ja, dann hab' ich mich sehr gewundert, daß da nichts geschah … – ich hab' mir da am Anfang – zumindest hab' ich erwartet, daß da irgendwas gesteuert wird, daß da irgendwas in Gang gesetzt wird …«*

So eine Kursteilnehmerin in der Erwachsenenbildung über sich und den Dozenten (den sie meint, aber nicht nennt). Diese Erwartung der Teilnehmerin ist verallgemeinerbare, alltägliche Erfahrung von Dozenten – und auch wissenschaftlich belegt (wie vieles Alltägliche, vgl. dazu *Siebert/Dahms/Karl* 1982). Nicht alltäglich – glücklicherweise – ist die abwartende Haltung des Dozenten. Das Beispiel basiert auf den Erfahrungen in einem gruppendynamischen Seminar, wo die Zurückhaltung des Dozenten durchaus sinnvoll in bezug auf die Erreichung der gesetzten Ziele des Bildungsprozesses ist.

Für alle Dozenten ist in der Anfangsphase die Frage der Strukturierung zentral. Wie viele (oder wie wenige) Entscheidungen, die alle Beteiligten betreffen, muß ich als Dozent treffen? Wieviele und welche lasse ich offen? Welche entscheide ich mit den Teilnehmern, welche alleine? Es sind Fragen, die in untrennbarem Zusammenhang mit denen des beruflichen Selbstverständnisses der Dozenten stehen: Wieweit verstehe ich mich als Dozent, als Leiter? Wo und in welchen Bereichen bin ich kompetent, wo bin ich nicht kompetent? Wo sind mir die Gruppenteilnehmer überlegen, wo sind diese kompetent usw.?

In der Analyse der Soziodynamik der Anfangssituation habe ich verdeutlicht, daß die Belastung der Teilnehmer durch Unsicherheit generell in dieser Initialphase sehr hoch ist, daß also die Kompetenzen (z.B. jene zur Situationsgestaltung), auch wenn sie bei den Teilnehmern vorhanden wären, von ihnen nur sehr schwer aktualisierbar sind.

Eine weitgehende Offenheit der Struktur (also das, was ich Minimalstrukturierung nenne) würde die bestehenden Unsicherheiten zusätzlich erhöhen und wäre für den Aufbau eines erfolgreichen Lehr-/Lernprozesses hinderlich. Als Ausnahme sind hier wiederum therapeutische und gruppendynamische Veranstaltungen zu nennen, bei denen das individuelle Erleben sowie das Gestalten der sozialen Prozesse Inhalt und Ziel der Veranstaltung sind. Dort wird durch die relative Strukturlosigkeit genau dieser angestrebte Inhalt, dessen Bearbeitung Ziel der Veranstaltung ist, provoziert.[1]

K. König (1977, S. 213) schildert die sich dabei ergebende Gruppensituation anschaulich:

> »Der Therapeut lehnt es manifest ab, Normen zu setzen. Er lehnt es ab, zu sagen, wie sich die Gruppenmitglieder verhalten sollen. Dadurch, daß er sich so verhält, entstehen Angst, Unsicherheit, das Gefühl des Alleingelassenseins, Positions- und Richtungskämpfe. Die Gruppenmitglieder zeigen sich in einem Verhalten, das durch ihre Persönlichkeit und durch die Situation, das heißt durch die vom Therapeuten vorgegebene Gruppenstruktur wie Dauer und Ort, durch das Verhalten des Therapeuten und durch das Verhalten der übrigen Gruppenmitglieder determiniert ist.«

*Nicht geeignet* ist diese Minimalstrukturierung mit ihren Folgen hingegen bei anderen Themen; bei Inhalten, die nicht ausschließlich das Erleben und das Verhalten der Teilnehmer betreffen. Dies ist jedoch nicht als Plädoyer für einen strukturellen Dogmatismus zu verstehen, bei dem Dozenten sich alleinverantwortlich für die Situationsgestaltung begreifen und den Teilnehmern jeden Schritt vorschreiben.

Die strukturierenden Interventionen des Dozenten müssen die Unsicherheiten der Teilnehmer zu Beginn von Lehr/-Lernprozessen ebenso berücksichtigen wie sie andererseits unterstellen müssen, daß die Teilnehmer eigene Interessen, Hoffnungen und Wünsche haben und daß sie (potentiell) fähig sind, ihren Lernprozeß aktiv mitzugestalten. Dies heißt, daß der Dozent den Teilnehmern in Anfangsphasen *ein Angebot an Struktur* machen muß. Denn, so fragt Theweleit (1977, S. 307) ganz in diesem Sinne: »Wäre es nicht akzeptabel, manche Beziehung als wahrscheinlich vorübergehende mit einem bestimmten Stützungscharakter anzusehen, statt sich in den Fängen der verlogenen Aufgeklärtheitsideologie zu winden, daß jeder ›frei‹, ›selbständig‹ sei, seiner Wege gehen könne, wann er wollte etc. etc.«

*Einseitig aber ist der Mann,*
*Der's nicht mit*
*beiden Händen kann.*

---

1 Diese Strukturlosigkeit ist zweifelsohne strukturiert. Es ist m.E. sogar eine sehr rigide Struktur der Strukturlosigkeit. Der Leiter strukturiert stark durch das, was er *nicht* tut. Vornehm ausgedrückt: Es ist abstinent. Im übrigen gilt auch hier die gesellschaftlich dominante ernste Spielregel: Wer die Macht hat, kann warten und warten lassen!

> ## Anmerkung für wissenschaftlich besonders Interessierte
>
> Der Grad der Strukturierung selbst ist selbstverständlich nicht unabhängig von den Beteiligten. Es gibt dazu auch empirische Untersuchungen: Hunt macht Aussagen über die Beziehung zwischen der Struktur der Lernsituation und dem Komplexitätsniveau (KN) der Teilnehmer und kommt zu folgendem Ergebnis:
>
> »Personen mit niedrigem KN benötigen eine hochstrukturierte Lernsituation, da sie nicht fähig sind, selbst Konzepte zu erzeugen, während für Personen mit hohem KN eine niedrig strukturierte Lernsituation ausreicht, da sie eigene Konzepte bilden können.«
>
> Aber hilft dies für eine Praxis, wo die Komplexitätsniveaus der Teilnehmer höchst unterschiedlich innerhalb von Veranstaltungen sind und wo die Situation auch noch höchst komplex ist? Wer trotzdem mehr darüber wissen will, der lese: Mandl und Huber (1977).

Das strukturierende Vorgehen in der Anfangsphase von Bildungsprozessen wird sich sinnvollerweise daran ausrichten, daß hierdurch das Angstniveau, die Unsicherheit, die Orientierungslosigkeit der Beteiligten verringert und nicht erhöht werden. Dies mit der Absicht, jene Vertrauensbasis zu fördern, die die Teilnehmer ermutigt, selbstgestaltend den Fortgang des Lehrens und Lernens anzugehen. Für die Dozenteninterventionen bedeutet dies, daß durch sie angeleitet und begünstigt, aber nicht dirigiert werden soll.[1]

Nun sind die Qualität und die Quantität der konkreten Strukturierung von vielerlei Faktoren abhängig, u.a. zentral von der Teilnehmeranzahl. Zu diesem Einflußfaktor Gruppengröße kann eine generelle Aussage gemacht werden:

Je größer die Gruppe, um so mehr Struktur in der Anfangssituation. Große Gruppen arbeiten assoziativer, gegenseitiges Verstehen ist erheblich schwieriger; selten – diese Erfahrung kann man häufig bei Vorträgen machen – geht ein Teilnehmer direkt auf das vorher Gesagte ein, individuelle Positionsdarstellungen und inhaltliche Pauschalierungen kennzeichnen die Diskussionsbeiträge. Das Unsicherheitsniveau ist hier sehr hoch, und sinnvollerweise wird dies meist mit deutlicher und relativ hoher Strukturierung aufzufangen versucht.

Dies wird auch durch Erfahrungen bestätigt, die bei geringen Strukturvorgaben in Großgruppen gemacht wurden: »Hopper (1974) hat an der Londoner School of Economics, Rita Leal (1974) an der Universität Lissabon versucht, den üblichen Lehrstoff in

---

1 Solche Interventionen sollten gruppenzentriert erfolgen, d.h. auch dann, wenn durch sie einzelne Teilnehmer jeweils angesprochen werden, sollte dies unter dem Aspekt geschehen, daß diese Interventionen einen repräsentativen Charakter auch für andere Teilnehmer haben.

einer minimal strukturierten Gruppe zu vermitteln, in der Hoffnung, daß sich aus der Gruppe, wenn man sie nur sich selbst überließe, genügend Ressourcen entwickeln und dann zur Verwendung kommen könnten, um das Thema zu bearbeiten. Bei beiden Versuchen setzten erheblich regressive Phänomene ein. Die Teilnehmerzahl reduzierte sich von 400 im einen Fall und von 150 im anderen Fall jeweils auf etwa 12–15 ständige Teilnehmer. Diese Kleingruppen an der Grenze zur Großgruppe (diese Grenze möchte ich bei 15 Mitgliedern ansetzen) konnten dann fruchtbar miteinander arbeiten« (König 1978, S. 358). Die Folgerungen für die Erwachsenen*bildungspraxis* sind so offensichtlich, daß ich mir Interpretationen ersparen kann.

Den Übergang zu einem weiteren Konkretisierungsschritt lasse ich mir von Arno Schmidt (1982, S. 29) abnehmen: »Nun bin ich aber gar nicht, trotz Nietzsche, der Ansicht, daß es in ›großen Dingen genüge, sie gewollt zu haben‹: neenee: man muß sie schon machen! Die nächste Erkundung also wird lauten: wie macht man das?«

## Was sollte in Vorausinformationen stehen?

Die Zurückhaltung der Teilnehmer in Anfangsphasen signalisiert nicht etwa Erwartungslosigkeit; es ist, wie ich in anderem Zusammenhang deutlich gemacht habe (vgl. S. 31), das anonyme Arrangement mit seinen nicht aufeinander bezogenen Erwartungen, das die Teilnehmer zur Zurückhaltung, zur Vorsicht, auffordert. Deren je individuelle Erwartungen sind u.a. stark durch die Ausschreibung und/oder das Einladungsschreiben und die daran orientierten Vorstellungen, Assoziationen, Hoffnungen und Wünsche geprägt. Die bereits in der Anfangsphase vom Dozenten einzuleitende Koordinierungsarbeit (nicht Einebnung!) dieser Erwartungen hängt in entscheidendem Maße davon ab, wie unmißverständlich bzw. wie mißverständlich, wie assoziationsfördernd, wie eindeutig bzw. uneindeutig jene Informationen sind, die die Teilnehmer vor dem aktuellen Kursbeginn jeweils erhalten haben. In diesem Sinne gibt es einen Anfang vor dem Anfang, einen individuellen vor dem gemeinschaftlichen.

Was für den situativen Anfang bereits ausgeführt wurde, speziell das über die Notwendigkeit zu strukturieren, um Unklarheit und Unsicherheit zu vermeiden, dies gilt für die Vorausinformation ebenso. Einen wichtigen Anteil von Orientierungsbemühungen können Dozenten bereits in der Auswahl und in der Gestaltung der Vorausinformationen erbringen. Nehmen wir als Beispiel die *Veranstaltungsankündigung*. Die dort dargelegten Informationen, die darin *nicht* formulierten Bedingungen des Lehr-/Lernprozesses, bestimmen den Realitätscharakter der Anfangssituation entscheidend mit. Eine *realistische* Erwartungshaltung bei den potentiellen Teilnehmern (und auch bei den Nichtteilnehmern) zu

Wo Menschen anfangen, ist niemals der Anfang; denn die Wirklichkeit ist – ihnen zuvorkommend – stets schon da.

*Odo Marquard*

schaffen muß das Ziel bei der Abfassung des Ausschreibungstextes und der Veranstaltungsankündigung sein. Das bedeutet, daß die Rahmenbedingungen der Veranstaltung in dem Text eindeutig formuliert sein sollten.

Rahmenbedingungen sind z.B.:
– zielgruppenspezifische Bedingungen der Mitgliedschaft in der Veranstaltung (evtl. Alter, Beruf, Vorkenntnisse usw.);
– kursverlaufstypische Bedingungen der Mitgliedschaft in der Veranstaltung (z.B. regelmäßige Teilnahme, Internatscharakter, Prüfungen, Prüfungstermine usw.);
– Zeitstruktur (Termine der Veranstaltung, Zeitpunkt, Zeitdauer, Frequenz der Einzelveranstaltungen);
– anfallende Kosten (Kursgebühren, Nebenkosten usw.);
– Ziele und Inhalte der Veranstaltung;
– angewandte Methoden und Verfahren (hier besonders die Erwartungen des Dozenten an die Qualität der Beziehung, z.B. wie weit er sich eine Steuerung des Lehr-/Lernprozesses durch die Teilnehmer erhofft, wie er seine eigene Rolle als Dozent versteht).

Häufig erhalten Teilnehmer, nachdem sie ihre Interesse an einer Veranstaltung aufgrund des ihnen zusagenden Ausschreibungstextes angemeldet haben, vor dem Kursbeginn weitere Materialien. Hier gilt ebenso, wie für die Formulierung des Ankündigungstextes, daß Anfangsschwierigkeiten durch den Realitätsgehalt solcher Unterlagen entscheidend mitbestimmt werden.

In einem zweiwöchigen Seminar mit Internatscharakter für betriebliche Ausbilder (das deren pädagogische Qualifizierung zum Ziel hatte) machten wir im Dozententeam Erfahrungen, die die hier dargestellten Probleme weiter zu verdeutlichen vermögen. Von diesem Seminar will ich berichten.

Die bereits zum Seminar angemeldeten Teilnehmer erhielten vom Träger der Veranstaltung (ohne detaillierte Absprache mit den Dozenten) vor Beginn ein längeres Einladungsschreiben mit mehreren Anlagen. In einer dieser Anlagen waren bis ins kleinste Detail die Anreisemöglichkeiten zu dem gar nicht so abseits gelegenen Seminarort *individuell* (d.h. für jeden Teilnehmer gesondert) aufgeführt; ergänzt um das Angebot der Abholung am nächstgelegenen Bahnhof. Auf einem weiteren Blatt waren alle Kurspausen aufgeführt und mit dem Hinweis versehen, was in diesen Pausen für die Verpflegung der Teilnehmer getan werden würde. Eine dritte Anlage enthielt eine höchst differenzierte Detailstruktur des Tages- und des gesamten Veranstaltungsverlaufes in seiner inhaltlichen und zeitlichen Reihenfolge. Mit diesem bereits recht dicken Brief versandte der Träger noch ein Handbuch, das, so der Begleittext im Anschreiben, »die Grundlage für die 14 Tage des Seminars bildet«. Der Umfang dieses Buches war mit 461 Seiten sicher auch für einen »lesegewohnten Menschen« entmutigend.

# Ein Beispiel für einen Ausschreibungstext

```
Kirchengemeinde St. Lucas        Telefon 0333/66666
Bildungszentrum
Herrmannstrasse 15
6999 Kirchhausen                 14. September 1983


Die Pubertät: Der Prozeß der Ablösung zwischen Eltern
              und Kindern
_____

Die Phase der Pubertät ist durch häufig heftige Auseinan-
dersetzungen zwischen den Kindern/Jugendlichen und ihren
Eltern geprägt. Wie kommt es dazu? Welchen Anteil daran
haben die Eltern? Wie kann in solchen Konflikten gehan-
delt werden?

Wir (Frau Müller und Herr Meier) möchten gerne mit betrof-
fenen Eltern gemeinsam Antworten auf diese Fragen erarbei-
ten. Deshalb laden wir alle interessierten Eltern zu unse-
rem 6 Abende umfassenden Seminar herzlich ein.

Mit Hilfe konkreter Fallbeispiele, durch intensive Gepräche
und durch die gemeinsame Arbeit an literarischen Texten zum
Thema "Pubertät" erhoffen wir uns ein vertieftes Verstehen
dieser kritischen Phase in der Familie.

Wir werden teilweise in zwei Gruppen arbeiten, die nach In-
teressen und Erfahrungen zusammengesetzt werden. Vorträge
werden nicht gehalten. Da die Erfahrungen der Kursteilneh-
mer im Mittelpunkt stehen sollen, ist uns das Gespräch sehr
wichtig.


Ort der Veranstaltungen:     Zeit der Veranstaltungen:

Bildungszentrum der          Donnerstag, 14.10.83, 19.30 Uhr
Lucas-Gemeinde
Herrmannstrasse 15           Donnerstag, 21.10.83, 19.30 Uhr
Seminarraum 3                Donnerstag, 28.10.83, 19.30 Uhr
                             Donnerstag,  4.11.83, 19.30 Uhr
Leitung:                     Donnerstag, 11.11.83, 19.30 Uhr
Emilie Müller                Donnerstag, 18.11.83, 19.30 Uhr
Franz Meier

Kosten:

Die Seminargebühr
beträgt DM 90,--             Anmeldung:
nehmen beide Eltern
teil, zusammen DM 140,--     Telefonisch oder per Post
                             bis zum 10.10.83


                     gez.:  Müller
```

Dieses »Einladungspäckchen« war zweifelsohne vom Absender gut gemeint, den Veranstaltungsbeginn hat es jedoch stark beeinflußt, d.h. in unserem Falle erschwert. Wir Dozenten hatten nämlich eine Seminarkonzeption erarbeitet, die zwar auf einer stützenden und unterstützenden Interventionsweise beruhte, aber doch auch zum Ziel hatte, die Eigeninitiative, die Eigenverantwortung und die Eigenaktivität der Teilnehmer zunehmend zu fördern.

Diesem Vorhaben jedoch widersprachen die erwartungsstrukturierenden Impulse, die von dem oben skizzierten Einladungsschreiben und dem Versenden des Handbuches ausgingen. Die Teilnehmer kamen mit einer (sicherlich nicht ausschließlich hierauf zurückzuführenden) starken Fürsorge- und Versorgungserwartung zur Veranstaltung; die vorgelegte Detailplanung machte es ihnen ja auch schwer, individuelle Einflußmöglichkeiten in methodischer und inhaltlicher Hinsicht innerhalb des Kursverlaufs zu erwarten oder zu erhoffen.

## Die Kursrealität aber war anders

Wir setzten zwar am Anfang stützende Strukturen, ließen aber auch Räume für gemeinsame Entscheidungen, nahmen uns Zeit zum Kennenlernen und kamen relativ bald mit dem den Teilnehmern zugesandten Detailplan in Konflikt. Dies erhöhte bei den Teilnehmern die Unsicherheit, da sie ihre im voraus geweckten Erwartungen nicht mit der Veranstaltungsrealität in Einklang bringen konnten.

Zweifelsohne liegt der kritische Punkt in diesem Fall insbesondere in der mangelnden Abstimmung zwischen dem Träger der Veranstaltung und den Dozenten bei der Versendung von Vorausinformationen – aber dies ist sicher keine in der Erwachsenenbildung ungewöhnliche Situation. Die Erschwernisse, die die geschilderten Informationen für den Beginn mit sich brachten, ließen sich u.a. dadurch beheben, daß das Einladungsschreiben bei Folgeseminaren erheblich weniger umfänglich war, kein Buch mehr im voraus versandt wurde und in dem verschickten Text die konzeptionellen Grundlagen der Dozenten sehr deutlich formuliert wurden.

Als besonders sinnvoll und hilfreich hat sich dabei das Angebot eines Seminarteilnehmers herausgestellt, der unter der Diskrepanz seiner durch das Einladungsschreiben geweckten Erwartungen und der von den Dozenten maßgeblich bestimmten Veranstaltungsrealität litt, dies produktiv umsetzte und auf der Basis seiner Erfahrungen einen Vorschlag für ein Einladungsschreiben für zukünftige Kurse verfaßte.

## Checkliste »Kursankündigung«

*Thema:*

a) Welches Thema will (soll, kann) ich anbieten?
b) Welchen Kurstitel muß ich wählen, damit er
  – alle Stoffgebiete, die unter das vorgegebene Thema fallen, umfaßt und
  – meinen Kurs gleichzeitig von möglichen angrenzenden, aber nicht von mir vorgesehenen Themenbereichen abgrenzt?

*Teilnehmer:*

a) Welche Adressatengruppe wird sich durch das Thema vermutlich besonders angesprochen fühlen?
b) Welche Teilnehmergruppe möchte ich mit dem Kurs besonders ansprechen?
c) Wie kann ich darauf hinwirken, daß die von mir ins Auge gefaßten Teilnehmer im Verhältnis zu der ohnehin schon interessierten Adressatengruppe nicht unterrepräsentiert sind?

*Text:*

a) Auf welche vermutlichen Interessen, Lernerfahrungen und sozialen Voraussetzungen muß ich in der Kursankündigung Rücksicht nehmen?
b) Habe ich in der Kursankündigung hinreichend deutlich gemacht, auf welchen Eingangsvoraussetzungen der Kurs aufbaut?
c) Welche Lernziele können in der Kursankündigung bereits angegeben werden, damit die Teilnehmer ein realistisches Bild über den voraussichtlichen Kenntniszuwachs durch den Kurs erhalten?
d) Wie kann ich so auf die Verwertbarkeit der im Kurs zu erwerbenden Stoffkenntnisse, Abschlüsse, Zertifikate usw. hinweisen, daß die Adressaten den Nutzen des Kurses weder unter- noch überschätzen?
e) Ist die sprachliche Form der Kursankündigung der angezielten Teilnehmergruppe angemessen?
f) Ist die Ankündigung insgesamt so unmißverständlich formuliert, daß sich der angezielte Teilnehmerkreis auch tatsächlich angesprochen fühlen kann?

*Rieken, H.: Kursvorbereitung, Lerneinheit 2, in: Nebenberufliche Qualifikation, Beltz Verlag, Weinheim und Basel 1982, S. 14*

Vorm Beginnen sich besinnen macht gewinnen.

*Des Volkes Weisheit*

## Wie begrüßen? Das »Sich-Kennenlernen«

Das erste Zusammentreffen von Teilnehmern und Dozenten ist, wie Interaktionen generell, durch Regeln, und d.h. durch alltägliche Routinen, geleitet. Dazu gehört, daß bei einer kleinen Teilnehmeranzahl und einer langfristig geplanten Zusammenarbeit das Ritual des Händeschüttelns zumindest zwischen Dozenten und Teilnehmern üblich ist. Ansonsten besteht jedoch die Erwartung physischer Distanz. Prior und Oelkers (1975, S. 161) bemerken dazu:

> »Außer in erotischen Beziehungen laufen Interaktionen stets so ab, daß die Teilnehmer in angemessener Entfernung voneinander placiert sind; körperliche Berührungen in Alltagsbegegnungen sind höchst selten und finden wenn, dann ritualisiert statt, etwa im Begrüßungs- und Verabschiedungszeremoniell.
> Das Durchbrechen dieser allgemein geteilten Erwartung physischer Distanz stiftet Verwirrung, weil damit eine interaktionssichernde Regel verletzt wird.
> Beispiel: Während eines Alltagsgesprächs, etwa in einem öffentlichen Lokal, kommt ein Teilnehmer einem anderen plötzlich und ohne Ankündigung so nahe, daß er dessen Nase berührt; die Folge ist Perplexität bei dem anderen, die sich, wenn der eine für sein Verhalten keine Erklärung gibt, bis zu hohen Aggressionsgraden steigern kann. Umgekehrt ist es für den einen außerordentlich schwierig, diese Regel überhaupt einseitig zu durchbrechen.«

Unterbleibt die Begrüßung durch Händedruck seitens des Dozenten ganz, ist dies eine die Unsicherheit und die Verwirrung eher vermehrende einseitige Regelverletzung. Die zur Arbeitsfähigkeit notwendige Überbrückung der gegenseitigen Fremdheit (der ja nach Entwicklung und Ziel der Veranstaltung ja auch die Überwindung der physischen Distanz folgen kann) ist am ehesten dadurch gewährleistet, daß zuerst einmal an selbstverständliche Umgangsweisen des Alltags angeknüpft wird, d.h. die Erwartungen der Teilnehmer wenigstens teilweise erfüllt werden.

Ganz anders, verunsichernd nämlich, wirken hier »Kennenlernspiele«. Sie sind fremd, überraschend, ungewohnt und erhöhen die Zurückhaltung der Teilnehmer. Zudem sind sie ein sehr massiver Eingriff des Dozenten, der sich u.a. in sehr detaillierten und engen Spielregeln ausdrückt. Diese sind andererseits notwendig, denn das »Kennenlernspiel« kann nur dann gelingen, wenn der Druck auf die Teilnehmer, ihre Distanz zu überbrücken und entsprechende Fragen, die vom Dozenten vorgegeben werden, zu beantworten, sehr hoch ist, jedenfalls höher als die Tendenz der Beteiligten, sich zurückzuhalten, abzuwarten. In der Realität stellt sich dies ja meist so dar, daß das Kennenlernen zwar als Spiel bezeichnet wird, aber eher die Form eines verkrampften Kampfes zwischen Dozent und Teilnehmer annimmt (vgl. dazu den Abschnitt »Spiele in Anfangssituationen«).

Auch hier will ich wieder anhand eigener Erfahrungen aus Seminaren Vorschläge entwickeln und Interventionshinweise geben:

Die »Reihum-Vorstellung« zu Beginn von Veranstaltungen verläuft meist sehr mühsam und ist in großen Gruppen nicht empfehlenswert. Sie hat jedoch bei kleineren Gruppen den wichtigen Vorteil (z.B. gegenüber dem »Kennenlernspiel«), daß sie die gegenseitige Fremdheit in ihrer realistischen Ausprägung auch ausdrückt. Sie ist m.E. die deutlichste Form der Realitätsdemonstration. Sie zeigt die unsichere Anfangsstimmung der Anwesenden und läßt sie auch intensiv zum Erlebnis aller Beteiligten werden. Daher halte ich, trotz der häufigen inhaltlichen Dürftigkeit der Aussagen in dieser Reihum-Vorstellung, an dieser Form in kleineren Gruppen gerne fest. Jeder kann dabei, wenn er will, seinen Namen auf eine bereitliegende und aufstellbare Karte schreiben, wobei dabei meist schon deutliche unsicherheitsreduzierende Signale und entsprechende Beziehungsangebote (z.B. hinsichtlich der Anrede) gesetzt werden. Manche Teilnehmer schreiben nur ihren Nachnamen, manche nur den Vornamen, andere beides. Dies sollte man auch so individuell und unterschiedlich belassen, u.a. deshalb, weil für die Entwicklung einer Arbeitsbeziehung, die das Subjekt mit dessen Interessen, Hoffnungen und Wünschen ernst nimmt, Differenzierungen in der Anfangsphase notwendige Voraussetzungen sind.

Für den Veranstaltungsverlauf sehr positiv wirkt sich eine bei Wochenseminaren inzwischen verbreitete Form des Anfangs aus: Die Teilnehmer reisen bereits vor dem Beginn der ersten Lerneinheit am vorherigen Abend (meist zum Abendessen) an und erhalten hierdurch Gelegenheit, ohne weitere Vorstrukturierung jene Kontakte aufzunehmen, die sie wünschen – und zwar so zögernd, wie jeder das möchte.[1]

---

1 Die Dozenten sind hierbei selbstverständlich nicht ausgenommen. Auf den vielbeschäftigten, erst am darauffolgenden Morgen zur ersten inhaltlichen Lerneinheit anhechelnden Dozenten oder Referenten sollte man getrost verzichten. Er macht symbolisch deutlich, daß der Abend vorher überflüssig war, daß es erst jetzt, wo er da ist, richtig losgeht. Beziehungsarbeit, so seine symbolische Botschaft, ist sekundär, vernachlässigbar.

## Vorstellungen

Mit der Wahl der Vorstellungsform der Kursleiter in der 1. Unterrichtsstunde wird für den weiteren Verlauf des Lehrgangs vieles vorentschieden: Der Kursleiter ist (...) den Teilnehmern zunächst Orientierungspunkt für eigenes Verhalten. In diesem Zusammenhang ist es wichtig, eine Form der Vorstellung zu wählen, die den Teilnehmern in ihren eigenen Verhaltensweisen hilft, sich zu öffnen. Grundsätzlich lassen sich 3 Formen der Vorstellung des Kursleiters denken, die jede für sich bestimmte Signalwirkung für die Teilnehmer hat:

a) Jeder Kursleiter stellt sich nur mit Namen und Unterrichtsgebiet vor.
b) Der Kursleiter stellt zunächst seinen eigenen beruflichen Werdegang vor.
c) Der Kursleiter stellt zusätzlich seine bisherige Tätigkeit in der Weiterbildung vor.

Zu a: Durch diese Form der Vorstellung wird lediglich dokumentiert, daß der Kursleiter Träger einer spezifischen Funktion ist. Gleichzeitig wird deutlich, daß sich zwei grundsätzlich voneinander unterschiedene Interessengruppen gegenüberstehen: Lehrende und Lernende. Diese rein formal ausgerichtete Art der Vorstellung knüpft an bisherige Erfahrungen an, die die Teilnehmer im Lernprozeß gemacht haben. Die traditionelle Hierarchie in der Lernsituation wird fortgesetzt, und die antizipierte Erwartungshaltung der Teilnehmer wird somit bestätigt.

Zu b: Der Kursleiter schildert kurz seine Ausbildungsgänge und seine bisherigen praktischen Erfahrungen im Berufsleben. Mit dieser Form der Selbstdarstellung, die je nach Selbstverständnisund Selbsteinschätzung unterschiedlich ausfallen kann, verstärkt sich bei den Teilnehmern die antizipierte Erwartungshaltung. Er stellt seine Überlegenheit gegenüber den Teilnehmern dar, entsprechend des traditionellen Schemas von Kursleiter und Rezipient, seine Fachkompetenz und -autorität werden von vornherein ersichtlich.

Zu c: Um die eingefahrenen Erwartungshaltungen der Teilnehmer nicht zu unterstützen und zu verstärken, sollte bereits bei der Vorstellung der Kursleiter eine Form gewählt werden, die dieser Einstellung entgegenwirkt. Der Kursleiter sollte die Rolle des Funktionsträgers durch einen persönlichen Bezug ergänzen. Dazu könnte z.B. ein kurzer Bericht seiner bisherigen Lernerfahrungen dienen, mit kurzer Benennung von Problemfeldern, die sich bei herkömmlichen Weiterbildungsveranstaltungen gezeigt haben. Möglicherweise sollte er signalisieren, daß Vorbehalte und Ängste der Teilnehmer verstanden und in der Lernsituation mitberücksichtigt werden können.

*EMKA-Projekt: Weiterbildung mit Arbeitslosen, Bd. 2: Eingangsphase, Bonn 1980, S. 82/83*

Zeit zum Kennenlernen nehmen und auch Zeit dafür lassen, ist m.E. sehr wichtig. Es wäre aber eine Abwertung und eine Illusion, wenn das »Sich-Kennenlernen« durch die Reih-um-Befragung oder den informellen Kontakt am Abend vor der ersten Lerneinheit damit auch schon beendet wäre. Versteht man Kennenlernen umfassend, ist dies ein unabgeschlossener Prozeß, der über den gesamten Verlauf der Veranstaltung andauert; wobei dieser speziell über die Gemeinsamkeiten und die Unterschiedlichkeiten in der Bearbeitung der Lehr-/Lerninhalte und der Forcierung unterschiedlicher Ziele erfolgen kann.

Es würde Beziehungsarbeit als zentralen Bestandteil des Lehr-/Lernprozesses generell abwerten, ebenso die Interventionen des Dozenten hierzu am Beginn von Veranstaltungen, wenn man die Begrüßung, die erste Annäherung der Teilnehmer und der Dozenten, als abgeschlossene Phase betrachten würde, die ausschließlich als Vorbereitung und bessere Voraussetzung für den kommenden Lehr-/Lernprozeß dienen soll. Das wirkliche Kennenlernen geschieht nur über die gemeinsame inhaltliche Arbeit, und dort bewährt es sich letztlich.

## Warum die gegenseitige Vorstellung und die Nennung des Namens wichtig sind

Anfänge sind gekennzeichnet durch Definition (d.h. Festlegungen) von Personen. Der Eigenname ist die markanteste Form, jemanden am Anfang festzulegen. Daher steht am Beginn unseres Lebens die Namensgebung (die mehr oder weniger feierlich im Taufritual bzw. der standesamtlichen Eintragung geschieht). Hierdurch findet eine Identitätsdefinition statt, die – was den Vornamen betrifft – lebenslang anhält. Der Eigenname ist das konstante Identitätsmerkmal von Individuen in unserer Gesellschaft.

Fast immer, wenn wir soziale Felder verlassen, um in andere einzutreten, bei Grenzüberschreitungen also, wird eine solche Veränderung in ihrer Bedrohlichkeit reduziert, indem man durch die Namensnennung, die Unterschrift, das Herzeigen des Personalausweises (Identitätskarte), Konstanz ausdrückt. Der Name ist der Veränderung von Ort, Zeit und sozialem System enthoben. Unsere Sozialordnung erfordert Eigennamen, um soziale und individuelle Identität zu institutionalisieren und abzusichern.

Diese gesellschaftliche Konvention der Namensnennung tritt am Beginn jedes Gruppenprozesses als selbstverständliche Erwartung auf. Eine solche Zuordnung von Name und Person ist aus drei Gründen wichtig, da:
– die Gruppenmitglieder so ihre Basis-Identität einbringen können, sich als Individuum (mit spezifischen Namen) kenntlich machen können (das heißt, sie können erkannt und angesprochen werden);

– die einzelnen Gruppenteilnehmer Individualität zugesprochen bekommen und sie sich diese selbst zusprechen können (das heißt sie können an sich selbst und ihrer Geschichte anknüpfen);
– die Gruppe eine besondere Gruppe wird und sich damit von anderen Gruppen unterscheidet (durch den Sachverhalt, daß Günther, Frank, Chris, Karl und Traute eine Gruppe bilden; Emil, Theo, Anna, Astrid und Cornelia eine andere).

---

## Kennenlernen: Das Spiel mit den Namen

»Die US-amerikanische Spielregel, die auf Tagungen, Kongressen, Konferenzen und sogar auf manchen Cocktails den Teilnehmern vorschreibt, ihr Namensschild an der Brust zu tragen, gibt es in eingeschränkterem Maße auch längst hier. Was dadurch in Gang gesetzt wird, läßt sich als absurdes Ich- oder Nicht-Ich-Angebot, als furchtbaren Ich-Ausverkauf betrachten, als phantasielose Uniformierung, als Prüfungssituation, als Schmuck (ähnlich einer Brosche oder einem Orden), als Ausweis, als erleichterndes Mittel zur Kontaktaufnahme, als Eselsbrücke im Umgang, als Gedächtnisstütze, und viele andere Aspekte mögen einem dazu noch einfallen. Einer erliest da den anderen am Revers. Für jemanden, der nicht zu einer solchen Schilder tragenden Gruppe gehört, ist das Ritual erschreckend komisch, und es hat, begegnet man diesen Namensträgern beispielsweise im Fahrstuhl oder einer Hotelhalle, durch die Masse, Übermächtigkeit und Abgeschlossenheit (auch des Raums) bedrohlichen Charakter. Das Individuelle ist darin verloren. Man steht da als Einzelner, steht dieser Masse gegenüber, die sich der Etikettierung gestellt und gefügt hat, und fragt sich nach den Beweggründen, die sie dazu bewogen haben, fragt sich, wo liegt das Einverständnis, was für eine Identifikation ergibt sich aus dem Namensschild oder wo liegt die Identität innerhalb der Spielregel oder soll man das Gründeln, Zweifeln, Fragen lassen, weil es allerorts in unbefriedigendes Abseits führt, – handelt es sich nur um ein Spiel mit Projektionen.

Ich habe mich überall dort, wo ich mich durchsetzen konnte, geweigert, meinen Namen anzustecken. Wo es nicht ging: in manchen deutschen Rundfunk- und Fernsehanstalten und bei einem Empfang im ehemaligen Haus von Thomas Mann in Pacific Palisades. Überbewertung einer Floskel? Wenn ich das Schild zu tragen habe, komme ich mir wie ein Objekt vor, eine Ware, ein Aus- und Schaustellungsstück, und ich bewege mich auch wie eine Glieder- oder Schaufensterpuppe: verdinglicht, reklamiert, dem Muster-Blick zur Überprüfung und Verbildlichung preisgegeben, und ich bemerke in dem Blick ein Bild von mir, das ich so nicht will, weil ich auch den Blick so nicht will. Ich gehe lieber, was vielleicht altmodisch ist, aber natürlicher und oft sehr umständlich, auf jemanden zu, den ich nicht kenne, dem ich aber begegnen möchte, indem ich mich zu ihr oder ihm durchfrage. Ich rede erst und habe so später auch andere Blicke. Es ist ein diskreteres und privates Anrede- und Blickritual, ein Such- und Findespiel, das die ganze Person umfaßt und sich nicht abstrakt am Etikett des Namens orientiert. Es bleibt Spiel, genauer Umspiel, und bekommt keinen einen oder einzigen Sinn. Es liefert den Waschzettel oder den Firmennamen nicht mit.«

*Plessen, E.: Spielkiste, in: Kursbuch Nr. 63, 1981, S. 96/97*

## Veranstaltungsbeginn durch einen Institutionsvertreter

Viele Institutionsvertreter halten es für sinnvoll und notwendig, daß sie als repräsentant des sogenannten Maßnahmeträgers die Teilnehmer begrüßen und die Veranstaltung damit offiziell eröffnen. Zweifelsohne gelingt es ihnen damit, dem Kursanfang etwas Weihevolles zu geben, die entscheidende Frage aber ist eine andere: Erleichtert ein solches Vorgehen die komplizierte Situation zu Beginn von Kursen oder erschwert dies die Entwicklung eines fruchtbaren Bildungsprozesses? Vor einer Antwort auf diese Frage ein Protokollauszug, der vergegenwärtigt, wie sich die angesprochene Situation üblicherweise darstellt.

### *Protokoll eines Anfangs (Auszug)*

9.00 Uhr

Zwei gut gekleidete Herren (Anzug und Krawatte) mittleren Alters betreten den Raum. Die Teilnehmer(-innen) unterbrechen ihre Gespräche und blicken erwartungsvoll nach vorne. Die beiden Herren sind anscheinend fast allen Teilnehmern bekannt. Herr F., der Leiter der Institution, und Herr B., der Dozent. Herr F. stellt sich und Herrn B. vor. Er sagt, daß er noch einiges Notwendige zu erledigen habe und daß danach der Kursus beginnen könne. Er teilt, indem er zu jedem Teilnehmer hingeht, ein Formular aus, das sie sogleich ausfüllen sollen (dieses Formular enthält die üblichen Daten zur Person: Alter, Beruf, Vorkenntnisse usw.). Über den Zweck dieser Maßnahme und die Verwendung der Antworten läßt er nichts weiter verlauten. Mit dem Fragebogen schenkt Herr F. jedem Teilnehmer einen mit dem Namen der Trägerinstitution gekennzeichneten Kugelschreiber. Diese Versorgung mit einem notwendigen Produktionsmittel wird freudig akzeptiert, unter anderem wird dies dadurch sichtbar, daß die mitgebrachten Schreibwerkzeuge von fast allen Teilnehmern zur Seite gelegt werden und das Formular mit dem eben überreichten Stift ausgefüllt wird.

   Nach kurzer Wartezeit, die der Institutionsvertreter F. und der Dozent B. zu einer leisen – aber deshalb nicht weniger auffälligen – Unterhaltung benutzen, sammeln beide, F. und B., die Formulare wieder ein.

   F. bedankt sich bei den Teilnehmern und kündigt an, er wolle noch einige Worte über die Trägerinstitution verlieren. Von der Ankündigung geht er, ohne seinen Redefluß zu unterbrechen, zur Realisierung dieses Vorhabens über: Zahlen über Bildungsaktivitäten, Teilnehmerquantitäten (speziell deren Zuwächse in den letzten Jahren), über die Ausweitung des Angebotsprogrammes und – mit besonderer Betonung – Ausführungen zu dem durch bestandene Prüfungen und erhaltene Zertifikate dokumentierten Erfolg der Bildungsmaßnahmen. Kaum ein Zweifel kann danach mehr bei den Teilnehmern bestehen, daß sie die richtige Wahl mit dem Besuch dieses Kurses bei gerade diesem Träger getroffen haben.

Anerkennende Worte für den bereits seit mehreren Jahren sehr erfolgreich an der Institution lehrenden Dozenten beschließen die Darstellung des Institutionsvertreters. Die Ausführungen beendet Herr F. mit der (in diesem Falle obligatorischen) Formulierung, daß er die Teilnehmer nun nicht länger vom Lernen abhalten möchte und daß er ihnen viel Erfolg beim Kursus wünsche.

9.25 Uhr

Mit einem an alle Anwesenden gerichteten Abschiedsgruß nimmt er die eingesammelten Formulare und verläßt den Raum, nicht ohne Herrn B., der ihm die rechte Hand entgegenstreckt, durch einen kräftigen Händedruck in ganz besonderer Weise zu verabschieden. Zweifelhaft bleibt, ob darin Dank zum Ausdruck kommen soll, daß B. die Dozenten-Aufgabe übernommen hat, oder ob es eher die Geste des »Hals- und Beinbruch!« war, die F. zu dieser Demonstration motivierte.

## *Be- und Entlastung*

In einem Seminar zur pädagogischen Qualifizierung von nebenberuflichen Dozenten (die alle an der gleichen Institution ihre Kurse anbieten) machten wir (das Dozententeam) dieses Problem zum Inhalt einer Gruppenarbeit. Es hatte sich im Kurs nämlich herausgestellt, daß die dort übliche Eröffnung von Veranstaltungen durch den Institutionsvertreter, der nur in der ersten Stunde auftauchte und sonst bei den meist wöchentlich stattfindenden Veranstaltungen niemals wieder (höchstens noch zur Verleihung von Zertifikaten am Schluß), für die Dozenten sehr problematisch war. Die gemeinsam von uns und den Teilnehmern entwickelte Aufgabenstellung einer Gruppenarbeit hatte zum Inhalt, die für die Kursleiter belastenden, aber auch die entlastenden Momente einer Veranstaltungseröffnung durch einen Institutionsvertreter zu erarbeiten. Die auf vielfältigen Erfahrungen basierenden Argumente, die die Teilnehmer dieses Dozentenqualifizierungsseminars zusammengestellt haben, beantworten die Frage nach dem pädagogischen Sinn eines solchen Tuns eindeutig. Das Ergebnis auf der folgenden Seite.

**Entlastende Aspekte**

– Die Institution, für die man als Dozent/als Dozentin arbeitet, stellt sich durch deren Vertreter selber vor.

– Organisatorische Mängel können auf den Institutionsvertreter abgeschoben werden.

– Der Dozent/die Dozentin wird für die Probleme des Anfangs nicht alleine von den Teilnehmern verantwortlich gemacht.

– Der Dozent/die Dozentin wird von Bürokratischem entlastet, z.B. wenn der Institutionsvertreter die Kontrolle der Rahmenbedingungen (z.B. Bezahlung der Kursgebühr usw.) übernimmt.

**Belastende Aspekte**

– Die Führungsrolle des Dozenten/der Dozentin wird undeutlich, da die Teilnehmer zwei Leiter erleben.

– Prestigeverlust durch eine hierarchische Unterordnung (»Ich übergebe an Frau/Herrn …«)

– Die Anfangssituation wird durch die eher bürokratischen Interessen des Institutionsvertreters bestimmt und d.h. erschwert.

– Der Institutionsvertreter macht häufig Versprechungen, die der Dozent einlösen muß (z.B. über die Ziele der Veranstaltung, über die Qualität des Dozenten, dessen Erfolge usw.).

– Häufig besteht eine Diskrepanz in der Qualität des Umgehens mit den Teilnehmern zum Dozentenverhalten (verstärkt die Teilnehmerunsicherheit).

– Der Dozent/die Dozentin bringt sich nicht selbst ein, wird vom Institutionsvertreter eingebracht.

– Häufige, unterschwellig spürbare Konkurrenz zwischen dem Institutionsvertreter und Dozenten.

– Die vom Institutionsvertreter vorgetragenen Institutionsziele (Institutionsideologie) werden den Dozenten von den Teilnehmern ebenso unterstellt, obgleich sie diese nicht immer teilen.

## Welche Informationen in der Anfangsphase?

Die belastende Unsicherheit am Beginn von Veranstaltungen macht die Aufnahme und Verarbeitung von Informationen in dieser Phase problematisch. Trotzdem sollten Informationen vom Dozenten gegeben werden – nur nicht mit der Erwartung, daß diese auch in allen Aspekten von den Teilnehmern aufgenommen und behalten werden. Informationen haben am Anfang von Veranstaltungen primär eine *Integrationsfunktion*. Der sehr hohe Informationsverlust in der Eröffnungsphase kann dadurch reduziert werden, daß den Teilnehmern das Gesagte zusätzlich schriftlich gegeben wird, daß das Wichtige für alle immer sichtbar an die Tafel (auf ein Flipchart) geschrieben wird.

Zentral jedoch ist die Frage: Welche *Inhalte* sollen die Informationen haben, die zu Beginn von Veranstaltungen gegeben werden? Dies sind zuerst einmal jene, die auch im Ausschreibungstext, im Einladungsschreiben, genannt sind. Aus zwei Gründen sollten sie wiederholt werden; einmal um ihre Wichtigkeit zu betonen, zum anderen, um evtl. Nachfragen zu beantworten.

In den in diesem Kapitel schon mehrmals angesprochenen Veranstaltungen (die ich mit Kollegen leitete), habe ich das Einladungsschreiben häufig nochmals vorgelesen, die mir besonders wichtig erscheinenden Passagen betont und danach abgewartet, ob von den Teilnehmern Zusatzinformationen angefordert wurden.

Neben den im Ausschreibungstext genannten Informationen (besonders die Bedingungen der Mitgliedschaft, Veranstaltungskonzeption und andere Rahmenbedingungen) sollte über die Zeit-Inhalts-Struktur des folgenden Kursabschnittes und über das Arbeitsinteresse des Dozenten informiert werden. So könnte z.B. bei länger dauernden Veranstaltungen, die Information gegeben werden, daß die nächsten beiden Stunden der Orientierung im Hause dienen werden. Eine solche »Hauserkundung« ist m.E. eine sehr sinnvolle und stark entlastende Form der Informationsvermittlung. Ihre Erfahrungen in einem Kolleg mit der »Hauserkundung« schildert *Helga Schuler-Jung* (Bielefeld 1981, S. 56) sehr anschaulich:

*Hauserkundung:*
*Wir boten folgende Vorgehensweise an: An der Tafel wurden Suchaufträge gesammelt und an je zwei Kollegiaten verteilt (z.B.: wo sind die Werkstätten und wie und wann können sie genutzt werden? Wo ist das Photolabor und wer ist dafür zuständig? Wo sitzt die Kollegleitung? Wo und wie kann man den Hausmeister erreichen? Unter Zuhilfenahme eines Lageplans (Hellschreiber) erläuteten die Kollegiaten der übrigen Kursgruppe das Ergebnis ihrer Erkundungen.*
*Bei der Durchführung zeigte sich aber, daß auf diese Weise eine sinnvolle Orientierung im Gebäude nicht zu leisten ist. Deshalb machte ich mit denjenigen, deren Informationsbedürfnis über die Räumlichkeiten noch nicht gestillt war, einen Rundgang, während Sigi mit den übrigen die Kursplanung vorbereitete.*

*Aus dieser Erfahrung zogen wir den Schluß, in dem nächsten Orientierungssemester folgendes Vorgehen vorzuschlagen: Zunächst soll der Lageplan mit Hilfe des Hellschreibers analysiert und ein Begehungsplan festgelegt werden. Die Kollegiaten sollen sich darauf vorbereiten, die Einführung bei der Begehung einzelner Abschnitte zu übernehmen. Die Lehrenden stehen für Erläuterungen zu den einzelnen Räumen zur Verfügung.*

Und noch etwas: Aus dem Schachlexikon Kapitel »Eröffnung«:

*Keine voreiligen ungerechtfertigen Angriffsversuche.*

Alle die Informationen in Anfangsphasen müssen primär unter dem Aspekt ihrer illusionsreduzierenden Funktion ausgewählt und aufbereitet werden. Es geht nämlich besonders darum, durch Informationen die Situation zu entmystifizieren, d.h. die Beteiligten an die Wirklichkeit der Situation heranzuführen und an die Realitäten zu erinnern.

## Die Problematisierung der Situation: Metakommunikation als Hilfe

Die von Dozenten in gruppendynamischen (und diesen Konzepten verwandten) Veranstaltungsformen gewonnenen Erkenntnisse und Handlungskompetenzen verleiten diese häufig dazu, die Anfangssituation mit ihren Schwierigkeiten zum Thema in der Veranstaltung zu machen. Ist dies sinnvoll?

Erhofft wird meist, daß sich die Teilnehmer aus der Erhellung der Situation Handlungsmöglichkeiten erschließen, um die individuellen und sozialen Schwierigkeiten hierdurch aktiv anzugehen. Es ist zu bezweifeln, daß solches immer gelingt, oder besser: Dozenten müssen hierbei stützend eingreifen, damit solche metakommunikative Aufklärung produktiv werden kann.

Für viele Teilnehmer ist diese Form der Situationsproblematisierung ungewohnt und gewöhnlich; Metakommunikation erhöht die Komplexität der Situation entscheidend, nämlich um eine weitere Kommunikationsebene. Komplexität wird also damit nicht reduziert, sondern erhöht, obgleich das Bedürfnis nach Reduktion in der Anfangsphase sehr stark ist. Das heißt auch, daß die Verarbeitungsmöglichkeiten solcher, vom Dozenten gemachten Situationsanalysen und Interpretationen in dieser Situation sehr gering sind. Die Gefahr, daß gleichzeitig auf mehreren Ebenen miteinander geredet wird, daß die Ebenen schnell wechseln, ist groß; die Verwirrung steigt häufig, statt daß sie vermindert würde.

Andererseits sollte bereits zu Beginn von Veranstaltungen deutlich gemacht werden, daß der Lehr-/Lernprozeß und dessen Entwicklung auch ein zentraler Inhalt ist, da dies Voraussetzung für eine gemeinsame Kursgestaltung ist. Wahrscheinlicher ist das Gelingen, wenn die metakommunikative Analyse der Situation vom Dozenten mit konkreten Hinweisen und Vorschlägen verbunden wird. Solches reduziert die überkomplexe Situation wieder und gibt den Teilnehmern (und dem Dozenten) dringend benötigte Orientierung. In dem Kapitel: »Mir nach, ich folge Euch« wird am Beispiel von Seminarregeln ein Verfahren hierfür vorgestellt. Dies wäre gleichzeitig der Einstieg in eine kontinuierlich durchzuführende Prozeßanalyse innerhalb des Lehr-/Lernprozesses, durch die dieser seiner naiven Inanspruchnahme (wenigstens teilweise) beraubt wird und durch die die Veranstaltungsrealität als von allen Beteiligten beeinfluß- und veränderbar verstanden werden kann. Dies erfordert einen schwierigen Balanceakt vom Dozenten, so wie ihn Victor *Klempner* treffend beschrieben hat:

*»Vata«, fragt ein Junge, »wat hat'n der Mann auf dem Seil vor'ne Stange?«*
*»Det is seine Blangsierstange, da hält er sich dran feste.«*
*»Ick denke, er braucht sich nicht halten, er looft so.«*
*»Schafskopp! An wat muß er sich doch halten, sonst fällt er ja runter.«*
*»Aba Vata, wenn nu die Blangsierstange fällt?«*
*»Dummer Junge? Wovon soll die denn fallen? Er hält ihr doch feste.«*

*»Das sind nur Vorschläge. Die Entscheidung liegt letztlich natürlich bei Ihnen.«*

148

## Auch das noch: Der Antrag auf Ausnahme vom Verbot des vorzeitigen Maßnahmebeginns

*»Um Ihnen, verehrte Leserschaft, das Ausmaß meiner Verstörung zu veranschaulichen, muß ich etwas weiter ausholen. Als später Achtundsechziger, irregeleitet von falschen emanzipatorischen Parolen, habe ich seinerzeit allerlei studiert – Soziologie, Politologie, Philosophie, dazu ein wenig Linguistik und Erdkunde fürs Lehrfach – Sie ahnen schon: meine Examina lösten auf dem Arbeitsmarkt nur verhaltene Begeisterung aus.*

*Aber da war die Erwachsenenbildung. Ein Eldorado für jeden, der sich dem freien, selbstbestimmten Lernen verschrieben hatte und mit alten Schultraumata und Lehrerpsychosen aufräumen wollte. Ich wurde Pädagoge.*

*Und es begannen fette Jahre. Von der Mengenlehre (erinnern Sie sich noch?) über kleine Basteleien zu Weihnachten bis zur Propädeutik einer negativen existentialen Theologie habe ich alles angeboten, was sich nur in Unterrichtsstunden und Teilnehmertage packen ließ. Wir hatten Zulauf, unsere Statistik wies einen beruhigenden Aufwärtstrend auf, mein Gehalt auch.*

*Alles schien in schönster Ordnung. Habe ich mir in all den Jahren blinder Aktivität je ernsthaft die Frage gestellt, wann eine Bildungsmaßnahme eigentlich beginnt? Ich sage ehrlich: Nein!*

*Unsere Kurse begannen einfach abends um acht, so wie die Tagesschau oder das Konzert der Osnabrücker Symphoniker. Manchmal fing ein Vortrag fünf Minuten später an, wenn das Gedränge an der Abendkasse groß war. In den ländlichen Bezirken ließ der Beginn auch schon mal auf sich warten, bis der Pastor oder sein Kaplan eingetroffen waren. Wie gesagt: alles in schönster Ordnung.*

*Und nun sitze ich hier vor meiner Schreibmaschine und dem Antrag auf Ausnahme vom Verbot des vorzeitlichen Maßnahmebeginns. Denn die Tagung, die ich gerade plane, ist eine Mitarbeiterfortbildung. Und Mitarbeiterfortbildungen sind Projekte. Und Projekte sind eine feine Sache.*

*Vor allem sind alle Projekte gleich. Ob Sie ein heruntergekommenes Schlößchen in der Lüneburger Heide zum Gästehaus der niedersächsischen Landesregierung umbauen oder einen Studiennachmittag für Ihre Seidenmalerei-Dozentinnen planen – in jedem Fall machen Sie ein Projekt und dafür gelten die vorläufigen Verwaltungsvorschriften der Landeshaushaltsverordnung für die Projektführung in Form einer Festbetragsfinanzierung (kurz: gem. Nr. 1.3. der Vorl. VV/VV-GK zu § 44 LHO) mit dem generellen Verbot des vorzeitigen Maßnahmebeginns. Und deshalb muß sich jemand – ich kenne ihn nicht, aber ich bewundere seinen klaren, analytischen Verstand – die Frage vorgelegt haben, der ich so lange ausgewichen bin; nämlich wann eine Tagung wirklich beginnt.*

*Nehmen wir ein Beispiel: Wenn ich meiner Bekannten, einer leidenschaftlichen Kunsterzieherin, abends beim Squash vorschlage, im nächsten Winter einmal eine Tagung zur*

*Kreativitätsförderung im Erwachsenenalter zu machen – mehr als ein »ja, ja« wird sie nicht über die Lippen bringen, denn Squash strengt an – hat dann die Maßnahme schon begonnen? Sind wir vielleicht zwischen zwei harten Bällen rechtsverbindliche Abmachungen eingegangen? Habe ich am Ende gar mit japsender Stimme ein Honorar vereinbart?*

*Fragen über Fragen. Sie ahnen, liebe Leser, warum ich mir die Haare raufe. Zu meinem Glück ist die Bürokratie nicht nur streng und penibel wie ein Vater, sondern zugleich tröstlich und sanft wie eine Mutter. Sie läßt uns nicht allein. Und deshalb hat sie den Antrag auf Ausnahme vom Verbot des vorzeitigen Maßnahmebeginns erfunden. Den fülle ich jetzt aus. Aber soll ich ihn auch unterschreiben?*

*Ehrlich gesagt, ich weiß gar nicht, ob die Kreativität wirklich der Renner im kommenden Winter wird. Vielleicht kommt mir was Aktuelleres dazwischen. Und außerdem steckt meine Bekannte, die Kunsterzieherin, mitten in einem dicken Identitätskonflikt. Sie will Squash und Erziehung aufgeben und nur noch Kunst machen. Wenn aus dem Konflikt eine Krise wird, läßt sie mich mit der begonnenen Maßnahme glatt im Regen stehen.*

*Deshalb frage ich mich jetzt, ob ich bei der Verwaltungsstelle des Niedersächsischen Bundes vorsichtshalber einen Antrag auf Ausnahme des vorzeitigen Maßnahmeabbruchs stellen soll. Sicher ist schließlich sicher, oder?«* (Reinhard Hohmann)

*Aus: eb – berichte & informationen, Heft Nr. 47 – 22. Jahrgang 1990*

# Der Umgang der Wissenschaft mit dem Anfang 14

»Wehret den Anfängen!«

## Eine Buchbesprechung als Beispiel für eine Tendenz

Die Aufforderung, den Anfängen zu wehren, ist Alltagserfahrung. Mal wird sie in der Zeigefingerpose von moralischen Grundbesitzern an uns herangetragen, mal als kämpferische Formel im politischen Gewühl um Anhänger für Interessenpositionen. Davon bleibt der Wissenschaftler, der sich zwar von solch Alltäglichem weit entfernt glaubt (ja häufig meint, seine professionelle Identität nur hierdurch sichern zu können), nicht unberührt.

»Wehret den Anfängen«, dies ist der unausgesprochene, der unreflektierte, aber daher auch der sehr einflußreiche Duktus, der den (wenigen) wissenschaftlichen Abhandlungen zum Thema »Anfangsphase« zugrunde liegt. Und mehr als die detailliert ausgeführten Untersuchungsergebnisse, mehr als das Gesagte und Geschriebene, ist es jene stille Tendenz-Haltung des »Wehret den Anfängen«, die dann auch die Einstellung der akademisch ausgebildeten Praktiker prägt. Resultat solcher Sozialisation sind die in der Bildungspraxis weit verbreiteten Abwehrattitüden gegenüber Anfängen, so als sei der Beginn von Lernprozessen ein Feind, den es gelte – mit welch raffinierten Mitteln auch immer (und allein hierauf konzentriert sich die pädagogische Phantasie – zu besiegen.[1]

Markantes Beispiel hierfür ist die Schrift von Jürgen Bader, die bei Bock & Herchen (1979) erschienen ist: »Lernschwierigkeiten in der Anfangsphase beruflicher Weiterbildungslehrgänge. Eine Untersuchung zu Erscheinungsformen und Ursachen sowie lehrgangsorganisatorischen und unterrichtspraktischen Maßnahmen ihrer Überwindung.« Trotz des etwas umständlich klingenden Titels und des ansehnlichen Preises (DM 38,–) ist das Buch bereits nach kurzer Zeit in zweiter Auflage erschienen.

Zu Baders Ausführungen will ich nun Stellung nehmen, da sie mir symptomatisch für die Einstellung gegenüber Anfängen in pädagogischen Situationen, speziell aber in der Erwachsenenbildung und in der Theorie der Erwachsenenbildung scheinen: Dem wissenschaftlich angeleiteten pädagogischen Feldzug unter dem Motto »Wehret den Anfängen«.

### Zum Inhalt

Die Arbeit hat neun Kapitel, die sich in drei Schwerpunkten zusammenfassen lassen. In einem ersten Teil (S. 32ff.) werden Hypothesen für die im zweiten Abschnitt ausgewerteten Befragungsergebnisse gesammelt. Seine eigene Leistung realistisch einschätzend, spricht der Autor dabei nicht von Hypothesenentwicklung, sondern von Hypothesen-

---

1 Die Geburt der Erziehung aus dem Schoße des Militärs wird hier wieder deutlich. Man sollte sie auch nicht verdrängen, aber die doch recht ansehnliche Entwicklung weg von diesem Entstehungsort auch nicht vergessen. Zumindestens Schulreife kann man der Erziehung inzwischen konzedieren.

sammlung. Abgeleitet werden die Hypothesen nur sehr dürftig. Weder eine didaktische Theorie, die ja fürs Handeln in der Erwachsenenbildungspraxis, auf das das Buch hinaus will, naheliegend wäre, noch eine Situationstheorie, die z.B. etwas über die Psycho- und die Soziodynamik von Anfangssituationen aussagen könnte, werden zur Begründung der Hypothesen herangezogen.

Nach der Auswertung und der Integration der Teilnehmer- und Dozentenbefragung zu Erscheinungsformen von Schwierigkeiten in Anfangsphasen von beruflichen Weiterbildungslehrgängen (S. 73ff.) zieht Bader dann Konsequenzen für die Praxis von einschlägigen Lehr-/Lernveranstaltungen, indem er Maßnahmen zur Verringerung von Anfangsschwierigkeiten darlegt (S. 128ff.).

## Nun zur detaillierten Kritik

Zuerst eine Analyse der Untersuchungsmethoden. Gleich zu Beginn (S. 13) wird die für die Untersuchung zentrale Frage gestellt: »Welcher grundlegende Erklärungsansatz kann für das Auftreten von Anfangsschwierigkeiten herangezogen werden?« Der Leser, der erwartet, jetzt auch Erklärungsansätze präsentiert zu bekommen, deren Kritik zu einer Entscheidung hinsichtlich eines vom Autor getragenen Ansatzes führen würde, sieht sich jedoch dabei im Stich gelassen. Die Entscheidung findet unter der Hand statt, und zwar äußerst einseitig. Es werden nur solche Erklärungsansätze überhaupt in Betracht gezogen, die das Auftreten von Anfangsschwierigkeiten beim *Lernenden* suchen. Damit steht auch fest, wo die Analyse angesetzt wird. Eine Bestätigung findet im weiteren diese unausgesprochene Entscheidung durch die Abgrenzung dessen, was als Anfangsschwierigkeit bezeichnet wird: Ausschließlich nämlich werden Untersuchungen über Lernen, Lernfähigkeit und Lernschwierigkeiten herangezogen, und zwar auch wieder nur jene, die überhaupt nur den Lernenden im Blick haben.

Methodisch wird damit bereits ausgeschlossen, daß Anfangsschwierigkeiten etwas mit Situationen, mit Interaktionen (z.B. mit dem Mangel an Interaktionen) zu tun haben. Systematisch wird hierdurch die Etikettierung der Teilnehmer vorbereitet; der Teilnehmer mit Schwierigkeiten wird zum »Fall«.

Ein zusätzliches Problem ist, daß die angeführten Forschungsergebnisse von ihm unproblematisiert auf seine spezifische Fragestellung (Lernschwierigkeiten in der Anfangsphase) übertragen werden. Deutlich fallen die Begründungsschwierigkeiten Baders auf, die Erscheinungsformen von Anfangsschwierigkeiten überhaupt zu differenzieren. Dies liegt letztlich darin begründet, daß er glaubt, mit der wissenschaftlichen Literatur allein auskommen zu können. Für eine Fragestellung, deren Antwort in die Praxis eingreifen soll, wie dies ja der Untertitel seiner Schrift verspricht, eine unzureichende Methode. Keinerlei Erfahrungen aus Lehrgängen, z.B. in der Form von Lehrgangsbeobachtungen, eigener Dozententätigkeit, keine Falldarstellungen, weder Erfahrungsberichte von Praktikern noch

Schilderungen und Erzählungen von Teilnehmern gehen in die Untersuchung ein. Wie soll aber Praxis sinnvoll gestaltet werden, wenn diese bei den Überlegungen erst gar nicht in den Blick gerät! Es ist zwar nicht unüblich, aber doch paradox, nach dem Motto vorzugehen: Man behandle etwas, bevor man es behandelt, damit man es besser behandeln kann. Von Chandlers Philip Marlowe[1] hätte man besseres lernen können, daß nämlich die Erforschung von Sachverhalten zwischenmenschliche Erfahrungen voraussetzt.

Diese Enthaltsamkeit gegenüber vielfältiger Praxis wird durch die von Bader eingesetzten Forschungsinstrumente weiter vervollkommnet. Er entscheidet sich für eine standardisierte schriftliche Befragung, ohne auf die (vielerorts publizierten) Problematiken eben dieses Instrumentes mit einem Wort einzugehen (vgl. dazu besonders H. Berger 1974). Erfahrungen von Teilnehmern und Dozenten werden durch dieses Vorgehen systematisch ausgeblendet, was gesammelt wird, sind Daten, nicht Erfahrungen.

Im besten Fall werden dabei *Ergebnisse* von sozialen Prozessen erfragt, völlig unberücksichtigt bleibt der Prozeß ihrer Entstehung, ihrer Entwicklung, ihrer Veränderung. Die Rechtfertigung für den Fragebogen als zentrales Forschungsinstrument wird auch nicht aus dem Untersuchungsgegenstand entwickelt, sondern aus Gründen der Vergleichbarkeit und der leichten Beantwortbarkeit gewählt.

Dieses Vorgehen ähnelt sehr stark der Handlung jenes Betrunkenen, der nachts unter einer Laterne nach seinem verlorenen Schlüssel sucht und auf die Frage eines vorbeikommenden Passanten, ob er sich denn sicher sei, hier seinen Schlüssel verloren zu haben, antwortet: »Nein, da bin ich mir überhaupt nicht sicher, aber hier ist es so schön hell.«

Guten Tag, guten Tag,
Frau Hopsassa,
was macht denn
Frau von Trallala?

Ich dank, ich dank,
ich danke schön,
ich werd mich gleich
erkundgen gehen.

Wie weit dies getrieben wurde, soll an einem Beispiel verdeutlicht werden. Als ein Teilergebnis der Untersuchung wird errechnet, daß zwischen der Kursgröße und den Anfangsschwierigkeiten der Weiterbildungsteilnehmer *kein* signifikanter Zusammenhang nachgewiesen werden kann (S. 105). Dies mag für ein Sprachlabor mit Sitzplätzen gelten, die gegenüber den jeweiligen Nachbarn hin abgegrenzt sind. Aber jeder in der Erwachsenenbildung Tätige, der in seinen Veranstaltungen zuläßt, daß Teilnehmer auch einmal den Mund aufmachen, vielleicht sogar ein Interesse äußern, weiß (ohne den Aufwand eines Fragebogens), daß die Probleme der Koordination, der Entscheidungsmodalitäten usw. bei größeren Lerngruppen auch langfristiger und schwieriger, speziell in der Anfangsphase, anzugehen sind. Nur bei einer Perspektive, die alle Schwierigkeiten den Teilnehmern zuschreibt bzw. nur die sieht, die die Teilnehmer als isolierte Individuen haben, wird man bei solchen Untersuchungsergebnissen nicht stutzig.

---

1 Vgl. hierzu auch den brillanten Artikel von C. Ginzburg (1980): »Spurensicherung: Der Jäger entziffert die Fährte, Sherlock Holmes nimmt die Lupe, Freud liest Morelli – die Wissenschaft auf der Suche nach sich selbst.« Vgl. auch Goethes »Maximen und Reflexionen«: »Wir lernen die Menschen nicht kennen, wenn sie zu uns kommen; wir müssen zu ihnen gehen, um zu erfahren, wie es mit ihnen steht.«

»Diese Bedeutungen«, so Falk und Steinert (1973, S. 30), »bringt vielmehr der Forscher aufgrund seiner sozialen Kompetenz mit und sofern er hauptsächlich mit Fragebogen arbeitet, wird er vielleicht nie bemerken, wie eingeschränkt seine Erfahrungen und damit auch seine Kompetenz ist. Vor allem bleiben ihm damit die ›Hintergrunderwartungen‹ verborgen, die Regeln, die Interaktion erst möglich machen, aber nicht bewußt werden, so lange sie nicht durchbrochen werden.«

## Und jetzt zu dem, was daraus für die Bildungspraxis gefolgert wird ...

Wurden schon bei der Untersuchung und bei der Durchführung der Analyse deutliche Berührungsängste gegenüber der Praxis von beruflicher Erwachsenenbildung gezeigt, so wird dort, wo es um Maßnahmen geht, Anfangsschwierigkeiten zu überwinden, die Praxis um so fester in den Griff genommen – allein die Militanz der Begriffe, die für die pädagogischen (?) Aktivitäten gebraucht werden, macht dies deutlich. Als wenn es sich um die Austreibung von Seuchen handle, werden Anfangsschwierigkeiten »erfolgreich bekämpft« (S. 123), wird »gezielt gegen sie vorgegangen« (S. 123), werden diese »überwunden« (S. 11), werden »Maßnahmen zur Beseitigung« (S. 32) entwickelt.

Dies alles kann man nur erklären und verstehen, wenn man sich in einer uneingestandenen Feindstellung zum Anfang von Veranstaltungen befindet und die Tätigkeiten von Dozenten in der Erwachsenenbildung am Berufsbild eines für die Seuchenbekämpfung verantwortlichen Angestellten eines Gesundheitsamtes ausrichtet. Und dabei geht es einem solchen »Notarzt« dann nicht etwa primär um die Gesundung der von der Krankheit Befallenen, sondern primär um die Verringerung drohender ökonomischer Verluste. Nach Bader: »Nicht erfolgreich bekämpfte Anfangsschwierigkeiten führen in vereinzelten Fällen zu Kursabbruch und damit zu bildungsökonomischen Effizienzeinbußen« (S. 124). Die bereits durch die Methode vorbereitete Etikettierung der Teilnehmer trägt dann solche Früchte. So ist es dann nur die konsequente Ausführung der Verfeindungsoptik, wenn Baders Empfehlungen zur »Überwindung von Anfangsschwierigkeiten« wie Strafmaßnahmen für unfolgsame Kinder klingen. Unter anderen werden Tests zur Homogenisierung der Teilnehmer zu Beginn von Veranstaltungen bevorzugt (bis hin zu soziometrischen Analyseverfahren; und dies am Anfang, was soll da eigentlich an Rollendifferenzierung festgestellt werden, wenn sich noch gar nichts getan hat?)[1]

---

1 Diese Leichtfertigkeit, mit der wissenschaftliche Methoden und Verfahren zu didaktischen Interventionen verwendet werden, ist leider allzusehr verbreitet (z.B. bei de Corte u.a. 1975, S. 78/79). Sie zeigt, daß Wissenschaftler sich und ihre Instrumente häufig stark überschätzen und sich elitär gegenüber Praxis verhalten, wenn es um die Bewältigung praktischer Probleme geht. Wie beschränkt die Instrumente der empirischen Sozialforschung sind, zeigt sich dort, wo es um die angemessene Situationsbewältigung geht, nicht daran, ob eine Sache richtig oder falsch ist.

Eine Maßnahme, die Bader in seinem Buch besonders heraushebt, ist der dem Lehrgang vorgeschaltete Vorkurs zum Zwecke des Auffrischens und Angleichens von Vorkenntnissen (S. 175). Vor dem Anfang ein Vorkurs, als wenn dieser nicht auch ein Anfang wäre mit seinen jeweils spezifischen Anfangsschwierigkeiten. »Nur in der Schule selbst«, so Goethe in Maximen und Reflexionen, »ist die eigentliche Vorschule.«

Braucht man einen Anfang vor dem Beginn? Oder ist diese Praxis an der von Franz Gründler erdachten Flasche mit zahllosen Windungen orientiert: Gründler erhoffte sich damit, daß man in eine solche Flasche hineinsprechen kann, um sie dann schnell zu verschließen. Der Schall sollte durch ein hundertfältiges Echo hin- und hergeworfen werden, und eine Stunde später würde man dann nach dem Öffnen der Flasche die Worte noch hören können (vgl. dazu Breger 1981, S. 115).

Solche Praxis, solche Empfehlungen zur Überwindung von »Lernschwierigkeiten in der Anfangsphase von beruflichen Weiterbildungslehrgängen« gehen in ihrer Logik von einer der beiden Prämissen aus:

– Es gibt einen Anfang vor dem Anfang.
– Durch entsprechende Maßnahmen kann der Anfang eines Kurses (mit dessen je spezifischen Schwierigkeiten) verhindert werden.

Dies scheint mir das Kernproblem in der Untersuchung von Bader zu sein und aller jener, die daran ihre Bildungspraxis orientieren: Sie alle würden den Anfang von Lehr-/Lernprozessen gerne »abschaffen.«

Was ist eigentlich das Problem? Ist es etwa nicht klug, mit dem Anfang zu beginnen? Oder gibt es Schwierigkeiten, den Anfang zu finden? Solche Ratlosigkeit ist die Konsequenz aus der Feindeshaltung, mit den Anfängen und den Schwierigkeiten dort begegnet wird. Bader und alle die vielen Theoretiker und Praktiker, die in ähnlicher Weise denken und handeln, können Anfangsschwierigkeiten nicht als etwas *Selbstverständliches*, das immer wieder neu verstanden werden muß, als etwas, das sich aus der Dynamik dieser Situation notwendigerweise ergibt, verstehen und akzeptieren. Der Anfang von Lehr-/Lernsituationen ist eben kein Ding, mit dem beliebig manipulativ umgegangen werden kann; er ist eine Situation, in der es an unzweideutigen Handlungsmöglichkeiten und an unzweifelbarem Wissen mangelt. Mit dieser *vernünftigen Ratlosigkeit gilt es pädagogisch sinnvoll umzugehen*, denn produktiv wird das Problem des Beginns dort angegangen, wo es nicht gelöst, d.h. nicht durch eine Lösung beseitigt wird. Dies kann man u.a. aus dem Traditionsbestand abendländischer Sprichworterkenntnis, daß »aller Anfang schwer ist«, schließen.

Würden nicht vorschnell Anfangsschwierigkeiten etikettierend den Teilnehmern zugeschrieben, würde man sich auf die Situation des Anfangs in Lehrgängen *einlassen*, dann würde auch deutlich, daß die Probleme des Beginnens nicht einfach personalisiert werden können, daß sie vielmehr aus der sozialen Situation und deren qualitativer Struktur zentral

156

erklärbar sind. Unter solcher Perspektive geht es aber nicht darum, Schwierigkeiten zu »bekämpfen« oder diese als Lehrender für die Lernenden vorsorglich zu lösen. Es geht darum, die Probleme von Anfangsphasen als Probleme ernst zu nehmen und sie als die Probleme aller Beteiligten zu sehen, um sie schließlich auch gemeinsam lösen zu können. »Man kann ein Leben«, so Franz Kafka, »nicht so einrichten wie ein Turner den Handstand.« Und Anfänge ebensowenig.

Dazu gehört, daß ich mich als Wissenschaftler, der sich mit diesem Thema beschäftigt, ebenso wie als Dozent, der diese Situation mit den Teilnehmern praktisch zu bewältigen hat, zum Anfang nicht wie zu einem Gegner verhalte. Beide, der theoretisch Interessierte wie auch der Praktiker, müssen sich dem Eindruck des Anfangs auch (teilweise) ausliefern, sie müssen sich auf den Beginn der jeweiligen Veranstaltung einlassen. Es gibt Probleme, die gelebt, nicht gelöst werden müssen. Der Anfang ist ein solches. Er ist ein Abenteuer, dem ein Zauber innewohnt.

> Den Rätseln ihrer Regeln, den Plänen ihrer Gefahren nahezukommen, ist ein besserer Wahn als der, sie beherrschen zu können.
>
> *Karl Kraus 1435, S. 382*

*Gabelsberger 1945: Ende und Anfang*

## Wissenschaftliches zum Anfang – eine unwissenschaftliche Zusammenstellung

Zum Anfang von Lehr-/Lernprozessen haben sich verschiedene Autoren mit mehr oder weniger wissenschaftlichen Ambitionen geäußert.

Generelles zu diesem Thema kann man bei A. Bichler (1978, S. 82/83) nachlesen:

*Menschen beeinflussen Menschen überall und zu allen Zeiten (…). Obgleich es immer wieder Unterrichtsstunden gibt, die über einen gelungenen Einstieg nicht hinauskommen, steht die Bedeutung dieser Phase im Hinblick auf den Lernerfolg außer Zweifel.*

Wenn dies nicht hilft, die praktischen Probleme anzugehen, dann vielleicht die Ergebnisse empirisch forschender Erziehungswissenschaftler. Bei de Corte u.a. (1975, S. 75/76) ist zu lesen:

> Es gibt nichts Trügerischeres als eine offensichtliche Tatsache.
>
> *Sherlock Holmes*

*Alle übrigen Variablen der Anfangssituation, die wir feststellen können, sind nicht für alle Unterrichtslernprozesse gleich wichtig. Je nach den Zielen, die man erreichen will, kann eine Variable sehr relevant sein, weniger relevant oder sogar völlig bedeutungslos. Es kommt nur darauf an, festzustellen, welche Anfangsvariablen von Fall zu Fall wichtig sind.*

Dies setzen die gleichen Autoren in Handlungsanweisungen um. Zweifelsohne ein schwieriges Unterfangen. Zwei Ratschläge, die alle Probleme lösen:

*Aus dem allen ergibt sich, daß der Lehrer bei Beginn eines Unterrichtslernprozesses über die Anfangssituation seiner Schüler informiert sein muß. Obwohl die Schüler in der Beschreibung der Anfangssituation eines Unterrichtslernprozesses natürlich einen sehr wichtigen Faktor darstellen, muß man beim didaktischen Handeln nicht nur an die Schüler denken.*
*Wenn das Lernziel nicht auf die Anfangssituation abgestimmt ist, besteht die Gefahr, daß der Lehrer zu hoch oder zu niedrig greift.*

Nehmen wir an, daß der Griff des Lehrers in diesem Fall nicht allzu wörtlich gemeint ist. Hilfe finden wir auch bei Pütt (1975, S. 95 und 104):

*Wie gestalte ich die »Initialphase«, die »zielmotivierende Eröffnungssituation« des Unterrichts, bei der die Schüler mit »innerer Anteilnahme« interessiert in »den Sog der Sache geraten«, wobei Kind und Gegenstand mit hoher dialogischer Spannung zueinander geführt werden?*

Kompliziereke begab sich zum Professor Gotthelf Schubert und trug ihm seinen unbesiegbaren Zweifel und seine noch unbesiegbarere Sehnsucht nach etwas Stichhaltigem vor. Schubert hob das linke Knie und drückte es krampfhaft gegen sein rechtes Auge. Darauf hob er den linken Arm sehr lange hoch, spreizte die Finger wiederholt kräftig und schrie dann: »Heureka! Richte dich doch nach Goethe! Was fruchtbar ist, allein ist wahr!« – Als ihn aber Kompliziereke fragte: »Was ist denn fruchtbar?« wußte Professor Schubert keine Antwort, schämte sich, wurde rot, dachte vergebens nach und sagte dann, er wäre sehr müde und müßte schlafen gehen. Ganz bezeichnend für die Art der Akademiker, lieber zu Bett zu gehen als schwierige Probleme zu lösen.

*Mynona: Prosa, Bd. 1: Ich verlange ein Reiterstandbild, hrsg. v. H. Geerken, München 1980, S. 162*

und die Antwort:

*Gute Eröffnungssituationen sind altersgemäß, sachbezogen, offen und weittragend.*

Oder vielleicht: quadratisch, praktisch, gut.

Falk (1982, S. 101) konkretisiert dies für den Beginn einer Berufsausbildung.

*Schaffung pädagogischer Situationen, die die Auszubildenden bewältigen können, ist eine notwendige Voraussetzung zur Vermeidung von Problemen in der Anfangsphase der Ausbildung.*

Und das alles ganz konkret unter motivationspsychologischem Aspekt: dazu Wellenhofer (1979, S. 349):

*Kernfunktion der Eröffnungsphase ist die lineare, also direkt auf das Thema ausgerichtete sachbezogene Motivation. Dabei handelt es sich um den Aufbau einer dem Denkvermögen und der Erlebnisfähigkeit angemessenen Bedürfnisspannung im Schüler.*

»Jeder Mensch verrät sich vollkommen in seinen Einteilungen.«

*Elias Canetti*

und weiter …

*Gleich zu Beginn dieses unterrichtlichen Grundaktes ist durch entsprechende Lehrakte der Denkbereich einzugrenzen, innerhalb dessen die erforderlichen Problemlösungsstrategien einzusetzen sind.*

»Gehn S' das is schön, sag'n
S' es noch einmal.«

*K. Kraus*

Ganz Wichtiges für den Lehrer/Dozenten gibt uns zum Problem »Anfangssituation« Hell (1980, S. 21) mit auf den Weg:

*Der Schulbeginn beginnt mit der Anwesenheitspflicht des Lehrers (eine Viertelstunde vor Unterrichtsbeginn) (...)*
*Mit Beginn der Anwesenheitspflicht des Lehrers betreten meistens die Schüler auch schon das Klassenzimmer. Es sollte eine Selbstverständlichkeit sein, daß sie den Lehrer grüßen (und er natürlich die Schüler!)*

In diesem Sinn: Grüß Gott, liebe Leser![1]

---

1 Obgleich boshaft und einseitig, ist mit dieser Kritik kein Anspruch auf wissenschaftliche Objektivität verbunden.

*Zum Beispiel: Anfänge* **15**

Vier Anfänge aus vier verschiedenen
Erwachsenenbildungsveranstaltungen

## Beispiel 1:
## Mit dem Kennenlernen fängt der Lehrgang an

Anregung zur Einstiegsphase für die Ausbildung und Fortbildung von Erziehern

### Die Anfangssituation im Lehrgang

Blockierung in der
Anfangssituation

Welche Gedanken und
Gefühle bestimmen
die Anfangssituation?

Es ist immer das gleiche Problem! Jeder weiß, daß das Lernen in Gruppen nur in motivie-
renden, angstfreien Situationen möglich ist. Die Anfangssituation in einem Lehrgang
strotzt jedoch geradezu von Momenten, die ganz und gar den Einstieg in Lernprozesse
blockieren können:

Alle sind weit gereist, nur selten hat jemand gemeinsam mit einer Kollegin frei bekommen und konnte zu zweit die Fahrt antreten. Für manche Frauen ist es auch die erste Reise,
die sie ganz alleine in eine Großstadt unternehmen. Bis man es vom Bahnhof oder der
Autobahnabfahrt zur Nordweststadt geschafft hat, gibt es häufig noch genug Unsicherheiten. Ist man endlich angekommen, gilt es das Zimmer zu finden in einem Hochhaus, das
durch verzweigte Flure und viele Hinweisschilder verwirrt. Das Kaffeetrinken in der Cafeteria bleibt frustrierend, weil immer mehr Menschen auch von verschiedenen Lehrgängen hineinströmen – man weiß nicht, wer zu dem Lehrgang gehört, zu dem man sich
angemeldet hat.

Wenn dann der Ort gefunden ist, an dem es losgehen soll, gibt es unzählige Ablenkungen: man sitzt in einem fremden Raum, man schaut herum, wer noch dazu gehört, erste Abschätzungen über Personen passieren. Verschiedene Gefühle und Erwartungen überlagern sich: In diese Situation nun mit Vorstellungen zum Lehrgangsverlauf zu platzen oder gar ein Eingangsreferat zum Thema zu halten, wäre wirklich fatal, denn keiner der Teilnehmer kann sich jetzt ganz auf die inhaltliche Sache konzentrieren.

Erst muß die Anfangs-situation aufgegriffen werden, dann beginnt die Arbeit am Lehrgangsthema

Wir begrüßen kurz die Teilnehmer und stellen uns, das Lehrgangsteam, vor. So weiß jeder zumindest am Anfang, wer der Anwesenden zum Hause gehört und wer gleichsam »Fremder« ist.

Im Anschluß daran bieten wir eine Arbeit an, die sich auf die Situation *»Ich bin hier fremd, komme von X und sitze hier mit einem Wust von Erfahrungen«* bezieht. Wir greifen also direkt auf, was für alle aktuell ist – die Anfangssituation im Lehrgang.

## Wie sich Lehrgangsteilnehmer kennenlernen können

Im folgenden werden drei Lehrgangsstufen beschrieben. In zwei Lehrgängen waren ausschließlich Erzieher Teilnehmer, zu dem anderen Lehrgang kamen Dozenten aus Fachschulen/-akademien für Sozialpädagogik. In allen Lehrgängen wurden völlig verschiedene Methoden gewählt, doch in jedem Fall ging es uns darum, daß das *»Kennenlernen«* zum Thema gemacht wird.

Was kann alles »Kennen-lernen« bedeuten?

Dabei verstehen wir den Prozeß des Sich-Kennenlernens möglichst umfassend: Mit jemandem etwas zusammen machen, den anderen bei einer Arbeit erleben, sich vorstellen, Zeit zum Nachdenken haben, andere anschauen können, sich selbst oder anderen beim Sprechen zuhören, die Arbeitsräume erkunden, etwas von den Arbeitsformen erfahren, mit dem und dem sprechen, Motive aufschnappen, jemanden suchen, sich anregen lassen, gleiche Interessen finden.

In allen Beispielen wird das Erleben des Fremdseins und die Überwindung dessen durch Darstellung der Individuen in dieser Situation hervorgehoben.

## Beispiel 1 – Fragen zur Situation »Fremdsein«[1]

Lehrgangsthema:
»Pädagogische Arbeit mit Kindern ausländischer Arbeitnehmer im Elementarbereich«
Erste Lehrgangswoche
Zielgruppe: Erzieher

1   Die beiden übrigen Beispiele sind hier nicht abgedruckt.

Kursteilnehmer in der
»Fremde« – Ausländer
in der Fremde

Bei diesem Lehrgang hat das thematische Aufgreifen der Situation »Lehrgangsbeginn – sich fremd sein« nicht nur Bezug zu teilnehmer- oder situationsorientierten Arbeitsformen. Es steht auch im inhaltlichen Zusammenhang zum Problem »gemeinsame Erziehung deutscher und ausländischer Kinder«. Denn gerade in der Arbeit mit ausländischen Familien werden Erzieher mit Andersartigkeit konfrontiert, erleben sich und das Verhalten von ausländischen Kindern und deren Eltern als fremdartig, unverständlich. Das Sich- hineinfühlen-Können in die Lebenssituation von ausländischen Familien bedarf besonders der Fähigkeit, sensibel für eigene Gefühle, Bedürfnisse und die der anderen zu sein, sich mit aktivem Interesse mit Fremdartigkeit auseinanderzusetzen.

Zur Erklärung unserer Vorgehensweise nun ein Auszug aus einem Protokoll:

*Montag, 24.3.1980 »Nach einer kurzen Begrüßung und dem Vorstellen der Referenten des Lehrgangs hat das Tagungsteam in die Fragestellungen für die Kennenlernrunde eingeführt. Diese Fragestellungen gingen von der Überlegung aus, daß alle Teilnehmer des Lehrgangs mit ihrer Herfahrt und dem Hiersein in Frankfurt ein Stück Fremdheit an sich selbst erleben und daß in der Kennenlernrunde von diesen Erlebnissen und Erfahrungen mit ›Fremdsein‹ ausgegangen werden sollte. Dazu hat das Team fünf Fragen eingeführt:*

Fragen nach dem Erleben
von Fremdsein

*– Wie haben mich Kollegen, Kinder oder andere Menschen verabschiedet, als sie hörten, daß ich für eine Woche zum Lehrgang fahre?*
*– Was habe ich auf der Fahrt hierher erlebt und welche Gedanken sind mir in bezug auf die kommende Woche durch den Kopf gegangen?*
*– Was habe ich gedacht, als in in diesem Haus angekommen bin?*
*– Was habe ich in der Zeit zwischen ›Ankommen und Kaffeetrinken‹ gemacht und gedacht?*
*– Wie habe ich das Kaffeetrinken im Kasino erlebt?«*

Individuelle Wahrnehmungen und Erlebnisse
werden ausgesprochen

In fünf kleinen Gruppen sollte nun über diese Frage diskutiert werden, wobei jede Gruppe sich nur einer *einzigen* Frage zuwenden sollte. Die Teilnehmer wurden aufgefordert, sich die Frage auszuwählen, mit der sie spontan etwas anfangen könnten und dann kleine Gruppen zu bilden. Die Gruppen hatten etwa eine Stunden Zeit, über die Fragestellung zu diskutieren und ihre Erfahrungen und Erlebnisse auszutauschen. Anschließend sollten sie ihre Ergebnisse der Diskussion in Form einer *Bildgeschichte* oder *Collage* oder in *Worten* auf einer Wandzeitung wiedergeben.

Nach dieser Kleingruppenarbeit haben wir im Plenum nacheinander die einzelnen Wandzeitungen aufgehängt und darüber gesprochen. Dabei wurden *persönlich formulierte Wahrnehmungen* und *Gedanken* ausgesprochen, die sicherlich durch die direkten Fragen (und der Forderung nach darstellender Wiedergabe) hervorgerufen wurden. Es wurde im Plenum über das gesprochen, was *direkt vor-lag, vor den artigen und klugen Fragen zum Themenbereich.*

*»Es kam heraus, was die Kolleginnen von einem erwarten, wenn man heimkommt, daß man ein schlechtes Gewissen hat, wenn die Mitarbeiterinnen nun mehr Kinder übernehmen müssen, daß man froh ist, endlich mal nur für sich arbeiten zu können, daß andere gesagt haben, im »Deutschen Verein« ginge es nicht praxisnah genug zu. Andere erzählten noch etwas verschämt, daß sie zum ersten Mal alleine gereist sind. Einige meinten, daß die kühle Einrichtung in den Zimmern erschreckend sei, andere empfanden gerade das als wohltuend. Eine Teilnehmerin erzählte ganz spontan, daß sie sich Blumen, Tischdecke und Kerzen mitgebracht hätte, »weil sie das schon kenne«. In einer Strichmännchenzeichnung kam zum Ausdruck, daß die Essensausgabe am ersten Tag wie im Krankenhaus, »so steril«, erlebt wurde. Sie hatten beobachtet, daß sich manche Teilnehmer aus anderen Kursen schon kannten. Eine Teilnehmerin berichtete, wie entmutigt sie wurde, nachdem sie wiederholt an den Tischen nach Teilnehmerinnen zu »ihrem« Lehrgang gefragt hatte und niemand da war. Nun hörte sie, daß es den anderen ähnlich ergangen ist.«*

Man kann nicht sagen, daß sich die Scheu, etwas von sich zu zeigen, *von sich* zu sprechen, in den ersten Stunden vollständig gelegt hätte. Aber in der Feedback-Runde am Abend haben viele gesagt, daß sie überrascht und froh waren, daß der Einstieg leicht gemacht worden ist, daß es nicht langweilig war und sie sich ernstgenommen fühlten.

*Unter »Feed-back-Runde« verstehen wir eine gegenseitige Rückmeldung über den bisherigen Verlauf des Lehrgangs. Jeder Teilnehmer äußert dabei seine emotionale Befindlichkeit und seine Einschätzung über die bisherige inhaltliche Arbeit.*

Feedback

(Dürk, M./Ehrhard, A./Hollmann, E./Trunzer, C.: Erfahrungslernen – Wie geht das? Eigenverlag des Deutschen Vereins für öffentliche und private Fürsorge, Frankfurt am Main 1981, Materialien für die sozialpädagogische Praxis 5, S. 20–22)

## Beispiel 2:
## Aus einem Kursus der Weiterbildung zur Sekretärin

Nach Begrüßung der Teilnehmerinnen, Klärung evtl. strittiger organisatorischer Probleme und Vorstellung der Kursleitung werden die Teilnehmer gebeten, sich zu kleinen Gruppen von je vier bis fünf Personen zusammenzufinden. Diesen Gruppen gibt die Kursleitung nun ungefähr folgende Erklärung bzw. Arbeitsanleitung:

*»Da Sie in dieser Zusammensetzung über längere Zeit intensiv miteinander arbeiten und lernen werden, ist es sinnvoll, daß Sie sich zu Beginn eines solchen Kurses miteinander bekannt machen. Darüber hinaus sollen Sie Gelegenheit haben, sich untereinander über Ihre Erwartungen und Ansprüche an den Kurs und die Kursleitung zu verständigen, um diese hier geltend machen zu können.*

*Dazu schlägt Ihnen die Kursleitung folgende Regelung vor:*

*Als erstes sollten Sie sich in den jetzt gebildeten kleinen Arbeitsgruppen kurz vorstellen. Dabei können sie neben der Nennung ihres Namens auch alle jene Angaben über Ihre bisherigen beruflichen Tätigkeiten und Erfahrungen, aber auch über sich selbst machen, die Sie für sinnvoll halten.*
*Anschließend sollte die Gruppe das ihr von der Kursleitung ausgehändigte Arbeitsblatt diskutieren. Es enthält Impulse zu einem Gespräch sowie einige Leitfragen. Ein Gruppenmitglied sollte sich bereit erklären, die wichtigsten Ergebnisse – evtl. unter Anwendung vorhandener Steno-Kenntnisse – festzuhalten.*
*Nach ca. 20 Minuten werden wir Sie bitten, sich zu neuen Gruppen mit anderen Teilnehmerinnen zusammenzufinden und ein weiteres Arbeitsblatt zu diskutieren. Dies soll solange wiederholt werden, bis Sie sich alle einmal kennengelernt haben.*
*Anschließend sollen die Ergebnisse in einem Plenargespräch gesammelt und ihre Bedeutung für die Kursgestaltung und den Kursverlauf geklärt werden.«*

Selbstverständlich muß sich die Kursleitung auch während der Gruppenarbeit ständig bereithalten, um auftauchende Fragen zu klären und, wo nötig, den Gruppen Hilfestellung zu geben.

Die am Schluß dieser Lerneinheit wiedergegebenen Arbeitsblätter thematisieren folgende, für Kursplanung und Verlauf relevante Gebiete:

A  Motivation der Kursteilnehmer
B  Qualifikationsanforderungen an die Sekretärin
C  Rollenproblematik der Sekretärin I (als Frau und Arbeitnehmerin)
D  Rollenproblematik der Sekretärin II (Stellung im Betrieb)
E  Rechtliche und politische Aspekte der Berufstätigkeit
F  Die Zukunftschancen der Sekretärin

Für die Auswertung der Gruppenarbeit im Plenum empfiehlt es sich, die Beiträge der Gruppen stichwortartig an einer Tafel oder auf großformatigen Papierbögen (Wandzeitung) festzuhalten. Dies gibt der Kursleitung später, bei der Darstellung des geplanten Programmverlaufs, die Möglichkeit, immer wieder auf die Beiträge der Teilnehmer zurückzukommen.
   Die Ausführungen der Kursleitung selbst müssen zunächst den »amtlichen Rahmen« des Kurses deutlich machen. Dazu müßte den Teilnehmern die Rechtsverordnung erläutert und Auszüge aus der Empfehlung eines Lernzielkatalogs vorgestellt werden. Anschließend können Kursleitung und Teilnehmer gemeinsam überlegen, wie die artikulierten Erwartungen in dem so gesetzten Rahmen zum Tragen kommen können. Dabei wäre auch besonderes Augenmerk auf die Frage der Arbeitsformen, möglicher Wege der Selbstkon-

trolle von Leistungsfortschritten und den Stellenwert fachübergreifender Lerneinheiten zu richten.

(Pyschik, J.: Weiterbildung zur Sekretärin. Ein Beitrag zum beruflich-politischen Lernen, Bonn 1979, S. 422/423 – Schriftenreihe der Bundeszentrale für politische Bildung Bd. 151, Lerneinheit 1: Einstieg in den Lehrgang)

## Beispiel 3:
## Aus einem Kursus zur Weiterbildung mit Arbeitslosen

### *Planung der Eingangsphase Freiburg*

*1. Tag:*
Nach formloser Begrüßung werden vier Gruppen gebildet; die Mitarbeiter verteilen sich auf die Gruppen. Zur Vorstellung sagt jeder kurz seinen Namen und schreibt ihn auf bereitliegende Kärtchen zum Anstecken. Die Mitarbeiter schlagen vor, sich mit dem Vornamen und »Sie« anzureden. Als Einstiegsmöglichkeit zum Kennenlernen wird das Interviewspiel erklärt: Die Gruppe legt gemeinsam einige Fragen von allgemeinem Interesse fest und schreibt sie auf (nicht mehr als 6 Fragen). Anschließend befragen sich je zwei Gruppenmitglieder, Mitarbeiter eingeschlossen, notieren die Antworten und stellen sich nachher gegenseitig die Gruppe vor. Dauer je Interview ca. 5 Minuten. Zwischenfragen bei der Vorstellung sind erwünscht. Es folgt eine Pause mit gemeinsamem Kaffeetrinken. Danach treffen sich die Gruppen wieder in gleicher Zusammensetzung. Der Stundenplan wird bekanntgegeben. Wichtig ist die Information, daß die Teilnehmer während ihrer Teilnahme am HASA-Kurs von der Berufsschulpflicht befreit sind. Fragen zum Verlauf des Kurses sollen beantwortet werden (z.B.: Wahlfächer, Teilnahmekriterien zum Englischunterricht, Prüfungsfächer, Rauchen im Unterricht, Entschuldigung bei Fernbleiben von Unterricht: Teilnehmer sollen möglichst anrufen oder zumindest am nächsten Tag ihr Fehlen begründen). Zum Schluß soll der nächste Tag kurz angekündigt werden.

### *Zum Verlauf der geplanten Eingangsphase in Freiburg*

Sinnvollerweise wird zunächst die Umsetzung des Planes der Eingangsphase auf die einzelnen Tage diskutiert, am Ende erfolgt dann eine Gesamteinschätzung des Freiburger Kursleiter-Teams.

*1. Tag:*

Der erste Tag verlief überwiegend wie geplant. Alle Teilnehmer waren pünktlich erschienen, einige bereits eine halbe Stunde vor Beginn. Sie waren großteils unsicher, wortkarg und abwartend. Nach Begrüßung und kurzer Vorstellung der Mitarbeiter erklärte Kristine die geplante Aufteilung in Gruppen, welche sich zögernd bildeten. Zwei Kleingruppen griffen den Vorschlag des gegenseitigen Interviews auf. In den anderen beiden kam von den Teilnehmern der Wunsch, sich selbst vorzustellen.

In den eingerichteten Gruppen gab es, zu unserer Überraschung, sehr bald einen intensiven Austausch über bisherige gesammelte Erfahrungen der Teilnehmer. Es wurde über Hobbies, Joberfahrung und Schulerfahrung in erstaunlich lockerer Atmosphäre berichtet. Hier gab es zum Teil haarsträubende Berichte, etwa über schlimmste Prügelstrafen und Ausnutzung als billige Arbeitskraft in einem kirchlichen Heim.

Im Unterrichtsverlauf lockerte sich die zu Beginn auch sehr angespannte Atmosphäre immer mehr. Am Ende des ersten Tages war allgemein das »Du« als Anredeform – auch der Kursleiter – entstanden.

Bewußt haben wir am ersten Tag darauf verzichtet, das Thema Schule zu problematisieren, obwohl immer wieder Ansätze dazu von den Teilnehmern selbst kamen. Uns erschien der Zeitpunkt dafür als zu früh.

Viele Fragen der Teilnehmer richteten sich auf Informationen zur Kursorganisation. Hier stand vor allem die Frage des Fehlens und notwendiger Entschuldigungen, der Organisation der Räume etc. im Vordergrund. Die Kursleiter bemühen sich, möglichst alle sie betreffenden vorgegebenen Regeln zu begründen.

(EMKA-Projekt: Weiterbildung mit Arbeitslosen, Band 2: Eingangsphase, Bonn 1980, S. 40–43/44)

## Beispiel 4:
## Einstieg in einen Bildungsurlaub mit Arbeiterfamilien

### *»Sie kommen« – Der Lehrgangsbeginn ist Teil der Bildungsarbeit*

Insbesondere durch das neugierige Verhalten der Kinder nehmen die Familien die Bildungsstätte schnell in »Besitz«. Auch einige Betriebsbekanntschaften führen dazu, daß die meisten Teilnehmer sich selber miteinander bekannt machen. In der Form gemeinsamer Familienspaziergänge wartet man geduldig das Eintreffen der letzten Teilnehmer und die daran anschließende Zimmerverteilung ab. Ein erstes Plenum mit Erwachsenen *und* Kindern gibt Informationen über die Bildungsstätte und einen ersten Einblick in die einzelnen

Programme, die inhaltlich aufeinander bezogen sind. Gemeinsame Aktivitäten, soweit sie einer längeren Vorbereitung bedürfen, werden besprochen und z.T. von einzelnen Teilnehmern »in die Hand genommen«. Danach erfolgt ein gemeinsamer Rundgang durch die Bildungsstätte, um die verschiedenen »Lernorte« bekanntzumachen. Die Gruppenräume der Kinder werden eingehend betrachtet, damit sich alle schon einmal ein Bild von den Angebotsmöglichkeiten machen und auch die Eltern späteren Aufforderungen zum aktiven Besuch der Kinderspiele etwas ungehemmter nachkommen können. Am Abend kommt es meistens zu einem mit Familienspielen beginnenden gemütlichen Beisammensein, welches endgültig die Teamer und die Teilnehmer mitten in die Lehrgangsarbeit führt. Denn die oft bis in die Nacht ausschweifenden Gespräche, ihre »informelle« und nach den Regeln des Erzählens organisierte Form, bieten Anregungen für jeden Teilnehmer, sich in die Runde einzubringen. Vor allem den Frauen, die ja meistens keine Erfahrungen in der Bildungsarbeit mitbringen.

## »Arbeiten müssen wir alle« – Die Vorstellungsrunde

Während sich die Kinder in ihrem »Programm« durch Familienbilder, Gruppenzeichnungen oder Spiele gegenseitig vorstellen, können die Erwachsenen in der am nächsten Morgen beginnenden Vorstellungsrunde auf die am Abend zuvor gemachten Erfahrungen zurückgreifen. Die Gesprächsrunde wird nun insoweit formalisiert, als mit Hilfe eines an der Tafel oder Wandzeitung festgehaltenen Leitfadens die einzelnen sich reihum vorstellen. Dieser Leitfaden bzw. die Vorstellungsstichpunkte sind allerdings mehr als die sonst üblichen Personaldaten und gleichzeitig weniger als die in der Bildungsarbeit häufig gebrauchte Frage nach *den* Erfahrungen oder Interessen. »Angefangen von den persönlichen Daten über Elternhaus, Kindheit, Schule, Freundschaften, Ausbildung, Berufserfahrung und -ausübung bis hin zur gegenwärtigen Situation in Familie und Beruf und den denkbaren oder erwünschten Perspektiven für die Zukunft hatte jeder Gelegenheit, sich anhand dieses roten Fadens den anderen vorzustellen. Es wurden Verständnisfragen gestellt, und es ergaben sich erste Diskussionen zu dem Gesagten« (Protokollauszug vom Okt. 1981).

Ein solche zeitlich sehr ausgedehnte Vorstellung ermöglicht u.E. zum einen, daß jeder zunächst relativ frei darin ist, sich dem anderen vorzustellen, da es keine festgelegte Reihenfolge und kein unbedingtes Einhalten aller Stichpunkte gibt. Zum anderen sorgt die Thematisierung von Lebensbereichen und deren In-Beziehung-Setzen durch die Erfahrungsschilderungen der einzelnen Teilnehmer dafür, daß in jeder Vorstellungsrunde eine ungeheure Vielfalt persönlicher Erlebnisse mit sehr unterschiedlichen Bewertungen sozusagen immer in einem bearbeitbaren Rahmen bleibt: d.h. im Rahmen des Lebenszusammenhangs. Da dieser als Zusammenhang der Existenz von Arbeiterfamilien immer auch über wirtschaftliche, soziale und kulturelle Gemeinsamkeiten real bestimmt ist, ermöglicht u.E. eine solche Vorstellung den Teilnehmern (und dadurch auch den Teamern) eine von ihnen selbst mit dem Verfahren der gegenseitigen Vergewisserung kontrollierte Erfahrungsdiskussion. Diese Diskussion liefert dadurch nicht einfach »lebendigen Rohstoff« für eine Zusammenfassung objektiver Interessen von Arbeiterfamilien, sondern es werden Lebenserfahrungen und -formen vorgezeigt in ihren Eigenheiten. Eigenheiten, die in der alltäglichen Praxis des Familienlebens der einzelnen Familien den gelebten Zusammenhang der ganzen Klasse dem Bewußtsein zugänglich machen. Denn die in einer solchen Vorstellungsrunde von den Teilnehmern immer wieder vorgenommene *Einheit* der Schilderung der eigenen Situation, deren Bewertung und die daraus folgende Entwicklung einer Perspektive ist die sprachliche Artikulation von Bewußtsein. Da es sich bei den Männern und den berufstätigen Frauen meistens um in der Schichtarbeit Beschäftigte handelt, kristallisiert sich das *Verhältnis von Berufsbelastungen und Familienleben* als thematischer Schwerpunkt immer wieder in besonderer Weise heraus. Gleichwohl wird diese besondere Belastung durch die Schichtarbeit als allgemeines Problem der Arbeitsbelastung und deren Folgen für das Familienleben sowie die Freizeit gesehen.

Dadurch, daß dieses Verhältnis in einem Familienseminar zum Thema gemacht wird, ändert sich der Umgang mit einer solchen Frage erheblich. Denn zum einen werden die Belastungen durch die Arbeit von *allen* Diskussionsteilnehmern betont und plastisch geschildert, vor allem dann, wenn die Teamer als Unterstützung für die am Anfang des Lehrgangs noch oft in einem typischen Rollenverhalten befangenen »Nur«-Hausfrauen mit der Frage »Wie schwer ist denn eure Arbeit?« für einen entsprechenden Diskussionsvorschlag plädieren. Zum anderen werden durch die Schilderungen der Frauen und auch durch die meist bildlichen Darstellungsformen der Kinder (welche die Eltern in der Woche in ihren Gruppenräumen des öfteren aufsuchen) die Folgen der Arbeitsbelastungen der Männer und die Folgen der Einkommenssituationen als gelebte, tagtäglich ertragene Belastungen der anderen Familienmitglieder deutlich. Ebenso erfahren manche Frauen von männlichen Teilnehmern zum erstenmal, welchen Belastungen, Kontrollen und z.T. Demütigungen der eigene Mann am Arbeitsplatz ausgesetzt ist. Das gegenseitige, überraschende »Das hast du mir aber nie gesagt« wirkt dann für viele oft wie eine Befreiung von den scheinbar nie anders als »Naturereignis« bzw. »Schicksal« erfahrenen Arbeitsbelastungen im Alltag. Betroffenheit wird zum Problem, weil durch die Hilfe anderer von sich selbst distanzierbar. Kindererziehung und häusliche Vorsorge der Frauen werden in Abhängigkeit vom Zeitrhythmus des Mannes dargestellt. Und spätestens wenn der meist sehnsüchtig gemeinte Zwischenruf der Männer »Ihr könnt den ganzen Tag doch machen, was ihr wollt, bei soviel freier Zeit« ertönt, ist die Vorstellungsdiskussion an einem Punkt angelangt, wo sich die Arbeitsgruppenthemen durch das Engagement der Teilnehmer und die widersprüchliche Beschaffenheit der Lebenswirklichkeit der Familien im Verlauf des Lehrgangs praktisch selber herausbilden.

(Göbbel, N.: Bildungsurlaub mit Arbeiterfamilien: Was können Familien lernen? in: Görs, D. [Hrsg.]: Arbeiten und Lernen, München 1983, S. 134–136)

## Andere Anfänge – ähnliche Problem

Kommentierte Literaturhinweise

### *Schulanfang*

*Borgmeier, Christa M./Fölling-Albers, Maria/Nilshon, Ilse:* Situation Schulanfang, Kohlhammer Verlag, Stuttgart/Berlin 1980.

In mehreren Aufsätzen, die unterschiedliche, sich vielfach ergänzende Aspekte des Schulanfangs zum Thema haben, gehen die Autorinnen (und ein Autor) speziell auf die psycho- und soziodynamische Situation der Schulanfänger ein. Sie machen sehr konkrete und anschauliche Vorschläge, wie die Schuleingangssituation sinnvoll bewältigt werden kann. Für Lehrer, besonders aber für Eltern mit demnächst schulpflichtigen Kindern, möchte ich dieses Taschenbuch sehr empfehlen.

*Sustek, Herbert:* Kindgerechter Schulanfang, Königstein/Ts.: Scriptor, Frankfurt 1987.

Eine leicht lesbare, Ratschläge nicht scheuende Abhandlung zum Problem Schulanfang. Das Thema wird sehr breit angegangen, viele Aspekte werden angeschnitten. Für Lehrer und für Eltern zur Einführung sehr gut geeignet. Wer sich mehr und vertieft mit dem Schulanfang beschäftigen will, dem gibt Sustek kommentierte Hinweise auf weiterführende Literatur.

### *Studienanfang*

*Preuss-Lausitz, Ulf/Sommernkorn, I.N.:* Zur Situation von Studienanfängern, in: Neue Sammlung 8. Jg. (1968), S. 434–453.

Ein bereits älterer, aber sehr aktueller Aufsatz über die zentralen Probleme der Studienanfänger. Eine dort zitierte Studentin benennt die Orientierungsprobleme:

»Es war am Anfang schwierig, sich zurechtzufinden. Ich bin prompt in die falsche Richtung gelaufen. Man muß sich durchfragen, und viele wissen dann auch nicht Bescheid. Ich bin da bei ganz unmöglichen Stellen gelandet, am Schluß auch beim AStA, da hat ein Mädchen für mich rumtelefoniert und mich dann ins Institut geschickt. Ich wußte ja gar nicht, wo ich hin sollte, wußte auch nicht, daß das Institut Meinecke-Institut heißt. Dann hatte ich Schwierigkeiten, hinzukommen, in die Bibliothek darf man nicht mit Mantel und Tasche, und das wurde in einem sehr unfreundlichen Ton gesagt; ich verstand gar nicht, warum, denn ich wußte doch gar nicht, daß ich durch die Bibliothek mußte zu den Räumen« (Historikerin).

Darum geht es u.a. in diesem Aufsatz.

*Schülein, J. A.:* Subjektive Krisen im sozialwissenschaftlichen Studium, in: Neue Praxis Heft 4/1977, s. 314–327.

Schülein behandelt in diesem Aufsatz u.a. die Krise beim Beginn eines sozialwissenschaftlichen Studiums. Speziell erklärt er das, was als »Identitätskrise« bei Studienanfängern in diesen Fächern verbreitet ist. Er zeigt auf, wie diese Identitätskrise produktiv genutzt werden kann.

## *Berufsstart – Anfang einer betrieblichen Ausbildung*

*Wittwer, Wolfgang:* Die neuen Auszubildenden kommen – Wie der Beginn der Ausbildung sinnvoll bewältigt werden kann, Bd. 2 Ausbildung gestalten, Beltz Verlag, Weinheim und Basel 1992.

Dem Leser wird die »Anfangsproblematik« auf zweifache Weise nahegebracht. Zum einen erlebt er den Anfang in der betrieblichen Ausbildung anhand der Erlebnisse von Karin. Zum anderen werden diese »Erlebnisse« analysiert, und es wird gezeigt, wie unter pädagogischen Gesichtspunkten der Ausbildungsanfang gestaltet werden kann.

Der Beginn der Berufsausbildung stellt für den Jugendlichen mehr als den Wechsel des Lernortes dar. Der Eintritt in den Ausbildungsbetrieb bedeutet für ihn die Konfrontation mit einem völlig neuen Bereich, der Arbeits- und Berufswelt. So verändert sich beispielsweise sein Tagesablauf; es werden plötzlich von ihm neue Verhaltensweisen erwartet, die ihm z.T. widerstreben.

Auf den Auszubildenden wirkt diese neue Situation in körperlicher, geistiger, sozialer und emotionaler Hinsicht belastend, was zu zahlreichen Konflikten führt. Der Ausbilder, der in den ersten Wochen und Monaten mit den Auszubildenden zu tun hat, muß daher die besondere Problematik der Anfangssituation kennen, damit er durch die Planung der Ausbildung sowie durch sein persönliches Verhalten dem Jugendlichen bei der Erschließung der Arbeits- und Berufswelt helfen kann.

Für betriebliche Ausbilder, Ausbildungsleiter und Ausbildungsbeauftragte ist diese in Kursen zur Ausbilderqualifizierung erprobte Falldarstellung ebenso lesenswert wie für Lehrer an berufsbildenden Schulen und Eltern von Schulabgängern.

> »Am schönsten in der Kunst sind die Anfänge. Nach den Anfängen kommt immer gleich das Ende.«
>
> *Picasso*

# Der Anfang vom Ende – das Ende des Anfangs 16

Das Gegenteil eines Anfangs ist nicht das Ende, es ist *kein* Anfang. Das Ende ist vielmehr eine Folge des Anfangs. In der Reimgestalt von Volksweisheiten:

> *»Aller Anfang ist schwer,*
> *doch ohne ihn kein Ende wär.«*

Vor manchen Resultaten eigener Anfänge drückt man sich lieber, daher auch die Schwierigkeiten, »Schluß machen zu können«. Dozenten und jene, die über Dozenten schreiben, unterscheiden sich darin nur sehr wenig.

Auch dieses Buch ist nur von der Form her abgeschlossen, das Thema steht weiter an seinem Anfang – und das ist gut so,

> *»Wie glücklich waren wir doch, Margot, weißt du noch, als unsere Probleme, wie man das nennt, noch nicht gelöst waren.«* (Serres 1981, S. 119)

denn:

> *»Jeder Tag bringt neues Licht – bringt er's nicht, so bringt er's nicht.«* (Georg Kreisler)

---

### Sorry

- Waiter, what was in that glass?

- Arsenic, sir.

- Arsenic. I asked you to bring me absinthe.

- I thought you said arsenic. I beg your pardon, sir.

- Do you realise what you've done, you clumsy fool? I'm dying.

- I am extremely sorry, sir.

- I distinctly said absinthe.

- I realise that I owe you an apology, sir. I am extremely sorry.

FLANN O'BRIEN

---

174

# Literatur

Adorno, Theodor W.: Drei Studien zu Hegel, Suhrkamp, Frankfurt 1975.

Adorno, Theodor W.: Erziehung zur Mündigkeit, Suhrkamp, Frankfurt 1975.

Adorno, Theodor W.: Soziologie und empirische Forschung, in: ders.: Ges. Schriften Band VIII, Frankfurt 1972, S. 196–216.

Allen, Woody: Nebenwirkungen, Rowohlt, Reinbek 1983.

Ausbilder-Förderungszentrum (AFZ): Einstiegsphase, Referentenleitfaden, Essen 1979.

Baak, M. u.a.: Erwachsenenbildung einmal nicht aus der Vogelperspektive – konkrete Erfahrungen »betroffener« Sprachkursleiter, in: Hessische Blätter für Volksbildung, 31. Jg. (1981), S. 359–363.

Bader, Jürgen: Lernschwierigkeiten in der Anfangsphase beruflicher Weiterbildungslehrgänge, Bock + Herchen, Bad Honnef 1982.

Bahrdt, Hans Paul: Industriebürokratie, Stuttgart 1958.

Barthes, Roland: Die Lust am Text, Suhrkamp, Frankfurt 1974.

Berger, Hartwig: Untersuchungsmethode und soziale Wirklichkeit, Hain, Frankfurt 1985.

Bichler, Albert: Die Einstiegsphase in ihrer Bedeutung für den Lernerfolg, in: Pädagogische Welt 32 Jg. (1978), S. 82–88.

Bichsel, Peter: Arbeitserziehung. Die heutige Schule als Ersatz für die Kinderarbeit, in: Freibeuter Nr. 5 (1980), S. 77–82.

Bloch, Ernst: Das Prinzip Hoffnung, Werkausgabe Band 5, Frankfurt 1977.

Brecht, Bertolt: Gesammelte Werke, Bd. 12, Suhrkamp, Frankfurt 1976.

Brecht, Bertolt: Herr Bertolt Brecht sagt, zusammengestellt von Monika und Martin Sperr, Weismann/Frauenbuch, München 1970.

Breger, Norbert: Närrische Weisheit und weise Narrheit in Erfindungen des Barock, in: Ästhetik und Kommunikation, 12. Jg. (1981), Heft 45/46, S. 114–122.

Brocher, Tobias: Gruppendynamik und Erwachsenenbildung, Braunschweig 1967, [16]1981.

Bruckner, Pascal/Finkielkraut, Alain: Die neue Liebesunordnung, Hanser, München 1980.

Brück, Horst: Die Angst des Lehrers vor seinem Schüler, Rowohlt, Reinbek 1985.

Buchinger, Kurt: Die Wiederkehr mythologischer Vorstellungen in Gruppen, in: Gruppenpsychotherapie und Gruppendynamik, Band 17 (1981), S. 57–76.

Callois, Roger: Les jeux et les hommes. 1958 (dt. Die Spiele und die Menschen, Frankfurt 1982).

Cicourel, Aaron V.: Sprache in der sozialen Interaktion, München 1975.

Calvino, Italo: Wenn ein Reisender in einer Winternacht, Hanser, München 1985.

Corte, E. de u.a.: Grundlagen des didaktischen Handelns. Kapitel IV: Anfangssituation, Weinheim 1975.

Cremerius, Johannes: Die Bedeutung des Dissidenten für die Psychoanalyse, in: Psyche, 36 Jg. (1982), S. 481–514.

Dürk, Martin u.a.: Erfahrungslernen – Wie geht das? in: Materialien für die sozialpädagogische Praxis (MSP) 5, Kohlhammer, Stuttgart 1981.

Dybowski, Gisela/Thomssen, Wilke: Praxis und Weiterbildung, Bremen 1982.

EMKA-Projekt: Weiterbildung mit Arbeitslosen. Band 2: Eingangsphase, Bonn 1980.

Falk, G./Steinert, H.: Über den Soziologen als Konstruktur von Wirklichkeit, das Wesen der sozialen Realität, die Definition sozialer Situationen und die Strategien ihrer Bewältigung, in: Steinert, H. (Hrsg.): Symbolische Interaktion. Arbeiten zu einer reflexiven Soziologie, Stuttgart 1973, S. 13–45.

Falk, Heinz R.: Probleme in der Anfangsphase der betrieblichen Berufsausbildung, Verlagsanstalt Handwerk, Düsseldorf 1982.

Frey, Karl: Die Projektmethode, Beltz Verlag, Weinheim und Basel 1992, 5. Auflage.

Gehlen, Arnold: Einblicke, Klostermann, Frankfurt 1978.

Geißler, Karlheinz A.: Zur Ideologiekritik gruppenpädagogischer Methoden, in: Zeitschrift für Gruppenpädagogik, 3. Jg. (1977), Heft 3, S. 23–46.

Geißler, Karlheinz A.: Entwicklung des pädagogischen Verhältnisses durch Arbeit an der Dozentensubjektivität, in: Schlutz, E. (Hrsg.): Die Hinwendung zum Teilnehmer – Signal einer »reflexiven Wende« in der Erwachsenenbildung? Bremen 1982, S. 32–43.

Geißler, Karlheinz A./Hege, Marianne: Konzepte sozialpädagogischen Handelns, Beltz Verlag, Weinheim und Basel 1992, 6. Auflage.

Geißler, Karlheinz A./Kade, Jochen: Die Bildung Erwachsener, Perspektiven einer subjektivitäts- und erfahrungsorientierten Erwachsenenbildung, Beltz Verlag, Weinheim und Basel 1982.

Geißler, Karlheinz A.: Zeit leben. Quadriga, Weinheim/Berlin 1992, 4. Auflage.

Ginzburg, Carlo: Spurensicherung: Der Jäger entziffert die Fährte, Sherlock Holmes nimmt die Lupe, Freud liest Morelli – die Wissenschaft auf der Suche nach sich selbst, in: Freibeuter, Nr. 3 (1980), S. 7–17 (1. Teil) und Nr. 4 (1980), S. 11–36 (2. Teil).

Göbbel, Narziss: Bildungsurlaub mit Arbeiterfamilien: Was können Familien lernen? in: Görs, D. (Hrsg.): Arbeiten und Lernen, München 1983, S. 131–140.

Gudjons, Herbert: Interaktionsspiele, in: Westermanns Pädagogische Beiträge, 34. Jg. (1982), S. 466–471.

Handwörterbuch des Deutschen Aberglaubens (herausgegeben von Eduard Hoffmann-Krayer) Band 1, de Gruyter, Berlin/Leipzig 1987.

Hegel, G.W.F.: Phänomenologie des Geistes, Suhrkamp, Frankfurt 1970.

Hell, Peter: Schul- und Unterrichtsbeginn im Sinne eines zeitgemäßen Schullebens, in: Pädagogische Welt, 34. Jg. (1980), S. 21–24.

Hoffmann-Axthelm, Dieter: Stichwort: Technik und Sozialisation, in: Ästhetik und Kommunikation, 13. Jg. (1982), Heft 48, Berlin, S. 20–33.

Hughes, Patrick/Brecht, George: Die Schweinwelt des Paradoxons, Vieweg, Wiesbaden 1978.

Huizinga, J.: Homo ludens, Basel 1938, dtsch. 1944, Rowohlt, Reinbek 1987.

Kafka, Franz: Tagebücher 1910–1923, Fischer, Frankfurt/M. 1989.

Kamper, Dietmar: Dekonstruktionen, Guttandin u. Hoppe, Berlin 1979.

Kejcz, Yvonne u.a.: Typen der Lernstrategie auf dem Bildungsurlaub. Einführung und Analyse der Lernstrategie Typ 1, BUVEP Endbericht Bd. IV, Heidelberg 1980.

Klassen, Bettina/Rieken, Hermann: Dozentenleitfaden. Die Durchführung von Fortbildungskursen für nebenberufliche pädagogische Mitarbeiter in der Erwachsenenbildung, Weinheim 1982.

König, Karl: Strukturierende Faktoren in Gruppenpsychotherapie und Gruppenarbeit – Wer oder was strukturiert einen Gruppenprozeß, in: Gruppenpsychotherapie und Gruppendynamik, Band 11 (1977), S. 211–220.

König, K.: Gruppenarbeit und Arbeitsgruppe, in: Gruppenpsychotherapie und Gruppendynamik, Band 13 (1978), S. 354–363.

Koester, W.: Unterschiede: Wie ich auszog das Fürchten zu verlernen, in: Anfänge in Gruppen, Hannover o.J., S. 28–35.

Kreutzer, Leo: Mein Gott Goethe, Essays, Rowohlt, Reinbek 1980.

Lampugnani, V. M.: Partizipation am Protest. Architektur zwischen Konsumgut und Kulturprodukt: Überlegungen zu einer nachdenklichen Avantgarde, in: Freibeuter Nr. 12 (1982), S. 52–71.

Legnaro, Aldo: Wenn einer neben dem Common Sense herläuft – Zum Beispiel Till Eulenspiegel, in: Kölner Zeitschrift für Soziologie und Sozialpsychologie, 26. Jg. (1974), S. 630–636.

Lichtenberg, Georg Ch.: Aphorismen, Essays, Briefe, hrsg. von Blatt, K., Dieterich'sche Verlagsbuchh., Leipzig 1963.

Lichtenberg, Georg Ch.: Sudelbücher, Bd. 1, Hanser, München 1981.

Loch, Wolfgang: Kommunikation, Sprache, Übersetzung, in: Psyche, 35. Jg. (1981), S. 977–998.

Luhmann, Niklas: Rechtssoziologie, 2 Bände, Westdeutscher Verlag, Wiesbaden.

Luhmann, Niklas: Institutionalisierung – Funktion und Mechanismus im sozialen System der Gesellschaft, in: Schelsky, H. (Hrsg.): Zur Theorie der Institutionen, Düsseldorf, ²1973, S. 27–42.

Luhmann, Niklas: Macht, Enke, Stuttgart 1988.

Lyotard, Jean F.: Postmoderne für Kinder, Passagen, Wien 1987.

Mader, Wilhelm/Weymann, Ansgar: Zielgruppenentwicklung, Teilnehmerorientierung und Adressatenforschung, in: Siebert, H. (Hrsg.): Taschenbuch der Weiterbildungsforschung, Baltmannsweiler 1979, S. 346–376.

Mandl, Heinz/Huber, Günther L.: Förderung und Hemmung kognitiver Komplexität in der Schule, in: Zeitschrift für Pädagogik, 23. Jg. (1977), S. 195–210.

Mannheim, Karl: Mensch und Gesellschaft im Zeitalter des Umbaus, Darmstadt 1958.

McCall, G./Simmons, J.L.: Identität und Interaktion, Düsseldorf 1974.

Merton, Robert K.: Auf den Schultern von Riesen. Ein Leitfaden durch das Labyrinth der Gelehrsamkeit, Hain, Frankfurt 1989.

Methoden für die Gruppenleiter-Schulung, in: Zeitschrift für Gruppenpädagogik, 8. Jg. (1982), S. 157–169.

Meueler, Erhard: Erwachsene lernen, Klett-Cotta, Stuttgart 1986.

Mills, Theodore: Soziologie der Gruppe, München 1974.

Morgenstern, Christian: Galgenlieder, Palmström und andere Grotesken, Piper, München 1989.

Mückenberger, Ulrich: »Wir stehen noch in den Kinderschuhen«, Krise-Gewerkschaften-Bildungsarbeit in: Bergmann, K./Frank, G. (Hrsg.) Bildungsarbeit mit Erwachsenen, Reinbek 1977.

Müller, Peter: Wie beginnen? in: Katechetische Blätter 10. Jg. (1980), S. 299–305.

Müller, Peter: Methoden in der kirchlichen Erwachsenenbildung, Kösel, München 1982.

Münch, Winfried: Die Institution Schule. Der Lehrer und sein berufliches Handeln, Diss. phil., Frankfurt 1983.

Musil, Robert: Die Schwärmer, Rowohlt, Reinbek 1982.

Mynona: Prosa, Bd. 1: Ich verlange ein Reiterstandbild, hrsg. von H. Geerken, Edition Text u. Kritik, München 1980.

Negt, Oskar/Kluge, Alexander: Geschichte und Eigensinn, Frankfurt 1981.

Norberg-Schulz, Christian: Genius loci, Klett-Cotta, Stuttgart 1982.

Pagés, Max: Das affektive Leben der Gruppen – Eine Theorie der menschlichen Beziehungen, Klett-Cotta, Stuttgart 1974.

Pasolini, Pier P.: Ketzererfahrungen – Empirismo eretico. Ullstein, Berlin 1982.

Pavese, Cesare: Handwerk des Lebens, Fischer, Frankfurt 1979.

Plessen, Elisabeth: Spielkiste, in: Kursbuch Nr. 63 (1981), S. 81–100.

Pawla, E.: Lohn des Schweigens, in: Frankfurter Rundschau vom 21. Sept. 1986.

Pohlen, Manfred/Wittmann, Lothar: Über konzeptabhängige Wahrnehmungsweisen in der Gruppenanalyse, in: Gruppenpsychotherapie und Gruppendynamik, Band 14 (1979), S. 117–131.

Prior, Harm/Oelkers, Jürgen: Sozialpädagogisches Training mit Lehrern, Heidelberg 1975.

Pütt, H.: Die Unterrichtsöffnung als didaktisches Gesamtmoment, in: Neue Unterrichtspraxis, 12. Jg. (1979), S. 95–105.

Pursche, P.: Das erste ist das Schwerste: in SZ-Magazin Nr. 41, 11. Okt. 1991.

Pyschik, Jürgen: Weiterbildung zur Sekretärin. Ein Beitrag zum beruflich-politischen Lernen, Bonn 1979 (Bundeszentrale für politische Bildung Bd. 151, Lerneinheit 1: Einstieg in den Lehrgang).

Regel, G.: Begegnung, in: Anfänge in Gruppen, Hannover o.J., S. 64–87.

Richter, Horst Eberhard: Lernziel Solidarität, Rowohlt, Reinbek 1974.

Rieken, Hermann: Kursvorbereitung, Lerneinheit 2, in: Nebenberufliche Qualifikation, Weinheim 1982.

Rutschky, Katharina (Hrsg.): Schwarze Pädagogik. Quellen zur Naturgeschichte der bürgerlichen Erziehung, Ullstein, Berlin 1988.

Sartre, Jean P.: Porträts und Perspektiven, Rowohlt, Reinbek 1971.

Sbandi, Pio: Gruppenpsychologie. Einführung in die Wirklichkeit der Gruppendynamik aus sozialpsychologischer Sicht, Pfeiffer, München 1973.

Schmidt, Arno: Zwischenfrage zur POE-Frage, in: Der Rabe, Heft 1 (1982), S. 23–34.

Serres, Michel: Der Parasit, Suhrkamp, Frankfurt 1987.

Siebert, H./Dahms, W./Karl, Ch.: Lernen und Lernprobleme in der Erwachsenenbildung, Paderborn 1982.

Slater, Philip E.: Mikrokosmos: Eine Studie über Gruppendynamik, Fischer, Frankfurt 1970.

Sloderdijk, Peter: Zur Welt kommen – Zur Sprache kommen. Suhrkamp, Frankfurt 1988.

Stapelfeld, H./Hoppe, J.R.: Der Situationsansatz im pädagogischen Alltag, in: Deutsche Jugend, Jg. 28 (1980), S. 9–18.

Starobinski, Jean: Montaigne, Hanser, München 1986.

Steinwachs, Ginka: Ansätze zu einer gastronomischen Maieutik, in: Habs, R./Rosner, L.: Appetit-Lexikon, Neuausgabe der 2. Aufl. von 1894, München 1977, S. 419–443.

Strauß, Botho: Paare, Passanten, Hanser, München 1981.

Strauß, Botho: Beginnlosigkeit, Hanser, München 1992.

Tagiuri, R./Petrullo, L.: Person perception and interpersonal behavior, Stanford 1958.

Theweleit, Klaus: Männerphantasien, 2 Bände, Frankfurt 1977.

Wagner, W.: Der Bluff, in: Prokla 7, 3. Jg. (1973).

Waldenfels, Bernhard: Möglichkeiten einer offenen Dialektik, in: Waldenfels, B./Broekman, J. M./Pazanin, A.: Phänomenologie und Marxismus, Band 1: Konzepte und Methoden, Frankfurt 1977, S. 143–158.

Walser, Martin: Händedruck mit Gespenstern, in: Habermas, H. (Hrsg.): Stichworte zur geistigen Situation der Zeit, Band 1: Nation und Republik, Suhrkamp, Frankfurt 1979, S. 39–50.

Walser, Robert: Es war einmal. Frankfurt/Zürich 1986.

Weidemann, Bernd: Lehrerangst. Ein Versuch, Emotionen aus der Tätigkeit zu begreifen, Ehrenwirth, München [2]1983.

Wellhofer, W.: Die Eröffnungsphase als Grundakt des Lernprozesses. in: Monatshefte für die Unterrichtspraxis, 47. Jg. (1979), S. 348–352.

Wilder, Billy: Du sollst nicht langweilen! in: Süddeutsche Zeitung, SZ am Wochenende Nr. 187, 1992.

Wittgenstein, Ludwig: Philosophische Untersuchungen, Suhrkamp, Frankfurt 1977.

Yalom, Irwin D.: Theorie und Praxis der Gruppenpsychotherapie. Pfeiffer, München 1989.

## Bildnachweis

*»This is my first book, but
if I like it I may buy
another in the near future.«*

S. 13: Susanne Adler/Voller Ernst
S. 18: Pascale Thomae, Edgar Lorenz: Kunstaufsicht, Glyptothek München, Arbeit mit Video und Photographie, 1992
S. 20: Friederike Hentschel
S. 35: Manon: Das Doppelzimmer (II), Zürich/Schweiz
S. 44: Roland Bühs
S. 59: Dostal/Voller Ernst
S. 60: Musical Sommersault, The Bettmann Archive 1991
S. 73: Tomi Ungerer: Kompromisse, Diogenes Verlag, Zürich 1982
S. 80: The four Marx brothers: Zeppo, Harpo, Groucho and Chico, Green Wood 1992
S. 112: Theo Frey
S. 119/120: Aus: Titanic, Gernhardts Erzählungen, Frankfurt 1983
S. 124: Christine Stromberger
S. 148: Aus: Die Rübe, Magazin für kulinarische Literatur, Nr. 1, hrsg. von Vincent Klink und Stephan Opitz, Haffmans Verlag, Zürich 1988
S. 157: Jehan Thierry, München

Nach dem Anfang die Suche nach dem guten Ende:
Karlheinz A. Geißler: Schlußsituationen, Beltz Verlag, Weinheim und Basel 1992

*»Soviel Anfang war nie«*
*Hölderlin*

# W Beltz Weiterbildung

## Training

In dieser Reihe werden in Einzelbänden Themenkomplexe ausführlich behandelt, die nicht nur Bildungsprofis ansprechen. Auch zum Selbststudium sind die Trainingsbücher bestens geeignet.

Karlheinz A. Geißler
**Schlußsituationen**
Die Suche nach dem guten Ende
156 S. Br. DM 42,–
ISBN 3-407-36304-4
Eine Gruppe trennt sich, die Teilnehmer nehmen Abschied und für die gelernten Inhalte müssen Übergänge geschaffen werden. Dieses Buch gibt Hinweise zur Gestaltung von Übergängen und Schlußsituationen in Kursen und Seminaren.

Martin Hartmann/Rüdiger Funk/ Horst Nietmann
**Präsentieren**
Präsentationen: Zielgerichtet und adressatenorientiert
189 S. Br. DM 38,–
ISBN 3-407-36302-8
Der Leser wird schrittweise durch die einzelnen Phasen der Vorbereitung und Durchführung von Präsentationen geführt. Auch die Gestaltung einer anschließenden Diskussion sowie Visualisierungen und der Einsatz von Medien werden berücksichtigt.

Birgit B. Lehner
**Selbsicher werden**
Hemmungen überwinden –
Mut zur aktiven Lebensgestaltung
154 S. Br. DM 38,–
ISBN 3-407-36305-2
Die eigene Meinung vertreten, Wünsche und Gefühle äußern, sich durchsetzen – wer möchte dies nicht können? Dieses Buch zeigt, wie Selbstbewußtsein aufgebaut werden kann. Viele Übungen helfen, alte Denkmuster zu verarbeiten und neues Verhalten zu entwickeln.

Birgit B. Lehner
**Selbstsicher handeln**
Erfolgreich in Beruf und Alltag
166 S. Br. DM 38,–
ISBN 3-407-36308-7
Nein heißt nein – und danach handeln, dies kann gelernt werden. Das Buch zeigt, wie Fähigkeiten zur selbstbewußten Kommunikation entwickelt werden können und auf dieser Basis Probleme im Beruf und Privatleben souverän gemeistert werden.

Jörg Knoll
**Kurs- und Seminarmethoden**
Ein Trainingsbuch zur Gestaltung von Kursen und Seminaren, Arbeits und Gesprächskreisen
202 S. Br. DM 38,–
ISBN 3-407-36301-X
Die unterschiedlichsten Kurs- und Seminarmethoden für Veranstaltungen im Bereich von Weiterbildung und Erwachsenenbildung sind in diesem Buch zusammengestellt.

Regula Schräder-Naef
**Lerntraining für Erwachsene**
»Es lernt der Mensch, so lang er lebt«
204 S. Br. DM 38,–
ISBN 3-407-36300-1
Dieses Buch richtet sich an alle Erwachsenen, die erneut vor Lernanforderungen gestellt werden.

## Fachbuch

In der Reihe Fachbuch wird das notwendige Hintergrundwissen vertieft. Praktische Erfahrungen und wissenschaftliche Erkenntnisse werden gekonnt verknüpft.

Kurt R. Müller (Hrsg.)
**Kurs- und Seminargestaltung**
Ein Handbuch für Mitarbeiter/-innen im Bereich von Training und Kursleitung
290 S. Br. DM 39,80
ISBN 3-407-36601-9
Dieses Handbuch greift konkrete Probleme der Erwachsenenbildung auf. Behandelt werden Themen wie z.B. Lernverweigerung, Dozentenängste, Autoritätskonflikte, schwierige Teilnehmer, Motivationen, Anfangs- und Schlußsituationen

Preisänderungen vorbehalten

**Beltz Verlag**
**Postfach 100154**
**6940 Weinheim**